엄마도 피곤해

La fatigue émotionnelle et physique des mères
by Violaine Guéritault

ⓒ Odile Jacob, 2004, 2008
KOREAN language edition published by Wowlife, Copyright ⓒ 2017

KOREAN translation rights arranged with LES EDITIONS ODILE JACOB
through AGENCY-ONE, SEOUL KOREA

이 책의 한국어판 저작권은 에이전시 원을 통해 저작권자와의 독점 계약으로 와우라이프에 있습니다.
신저작권법에 의해 한국 내에서 보호를 받는 저작물이므로 무단전재와 무단복제를 금합니다.

엄마도 피곤해

비올렌 게리토 지음 / 최정수 옮김

내가 무한히 사랑하고
매일 훨씬 더 많이 사랑하는
아이들 레오와 멜로디에게……

S. C.에게,
내가 무척 사랑하는 모든 것들로 인해
결국 그를 이해시킬 수 있었다…….

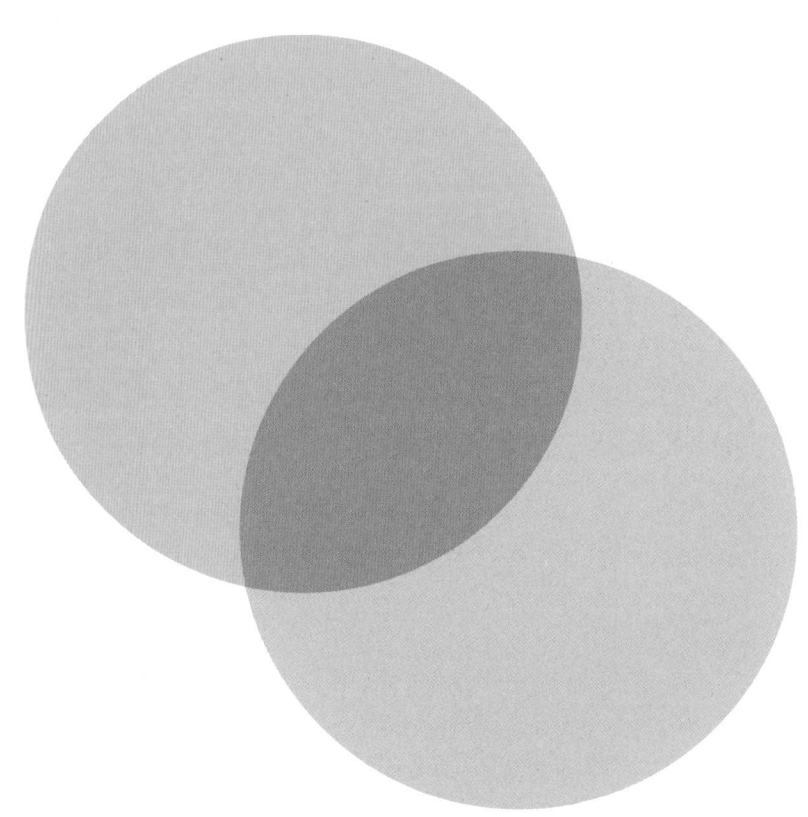

차례

서문		8
머리말		11
1장	"엄마, 왜 그렇게 지쳐 있어요?"	17
2장	과중한 일과: "더는 견딜 수가 없어요"	55
3장	통제력이 있는가, 없는가? 그것이 문제로다	75
4장	예측 불가능한 일상	89
5장	인정의 부재: "상을 바라는가?"	101
6장	지원의 중요성: "여보, 우리 이야기 좀 해!"	119
7장	실수할 권리조차 없다	133
8장	모성이 나에게 말해줬다면……!	147
9장	스트레스, 끊임없는 스트레스……	161
10장	작은 스트레스가 점점 커진다	179
11장	"선생님, 심각한 문제인가요?"	199
12장	'지치지' 않으려면 어떻게 해야 할까?	231
부록	아빠들이여, 귀 기울여라!	285
맺는말		297
감사의 말		305

서문

일하는 것은 피곤하다. 우리는 그것을 알고 있다. 기업 임원진이 겪는 스트레스에 대해 한 번쯤 다루지 않는 주간지가 있던가? 최근에는 소진(burn-out)이라는 개념이 등장했다. 소진은 간호사와 사회복지사들에게서 처음 관찰된 현상으로, 통제 불가능한 근무 환경에서 과로하는 모든 직업인에게서 발견된다.

비올렌 게리토는 미국의 대학교에서 심리학 강의를 하고 두 자녀를 키우면서 소진이라는 주제에 관해 박사 학위 논문을 썼다.

대서양 양쪽에 사는 여성들의 이야기에 귀 기울이면서, 그들의 경험을 자신의 경험과 비교하면서, 그녀는 많은 것을 요구받지만 인정받지 못하고, 반복적이지만 임기응변의 감각을 요구하며, 지칠 때가 많지만 휴식이 허락되지 않는 직업이 존재한다는 것을 알게 되었다. 바로 엄마라는 직업이다.

이 책은 소진이라는 현상이 엄마들을 위협한다는 사실에서 나온 결과물이다. 하지만 엄마를 마냥 희생자 취급하는 태도는 바람직하지 않을 것이다! 아이를 낳고 키우는 것은 여성으로서 진정한 성숙에 이르는 길이며, 여성이 지니는 가장 고귀한 사명이 아니던가? 그러니 여성들이 귀여운 천사들과 함께 많은 시간을 보내는 것에 대해 어떻게 불평할 수 있겠는가?

내 친구 하나는 이런 이야기를 털어놓았다. "일을 마치고 귀가했는데 아이들이 큰 소리로 고함을 지르며 싸우고 있으면, 한 명씩 붙잡고 때려주고 싶어." 하지만 그 친구는 아이의 뺨 한 대 때린 일만으로도 미안해서 어쩔 줄 몰라 했다. 물론 그 친구는 유명한 정신분석가 프랑수아즈 돌토의 책을 읽었고, 여성 잡지에 실린 소아과 의사나 정신과 의사들의 조언도 읽었다.

비올렌 게리토는 엄마들이 스스로 완벽해야 한다는 의무감을 느낀다는 사실을 강조한다. 피로, 지침, 분노, 무관심 앞에서 그들은 자신이 자격 없는 엄마라고 느낀다. 일하지 않는 엄마들은 더욱 그렇게 느낀다. 자신이 가정주부라는 사실로 인해 이미 죄책감을 느끼며, 항상 기쁜 마음으로 아이들을 돌봐야 한다는 압박을 은연중에 받는 것이다.

이 책은 엄마들의 소진 현상을 인정하고 설명하는 것만으로 만족하지 않는다. 문제를 인정하는 것만으로도 벌써 절반은 치료된 것이나 마찬가지이므로, 소진의 여러 사례들을 보여주고 거기서 벗어나기 위한 조언까지 제시한다.

많은 엄마들이 이 책을 읽기를 바라지만 아빠들 또한 읽었으면 한다. 저자는 행복한 모성을 위해 아빠들의 역할이 매우 중요하다는 점을 강조하고 있다.

정신과 의사로서의 경험들을 떠올리면서, 나는 비올렌 게리토가 설명하는 것들을 충분히 이해할 수 있었다. 우리 사회에서 엄마들은 시련을 겪을 수밖에 없고, 많은 엄마들이 여러 상황에 대처하는 데 도움이 될 거라는 생각에 항우울제 처방전을 들고 진료실을 나간다.

그리하여 우리는 자연스럽게 이런 의문을 갖게 된다. 모성은 지극히 자연스러운 것인데 왜 그토록 고생스러워야만 하는가?

비관론자들은 자연의 섭리가 번식을 보장하기 위해 인간을 최적화했다고 말할 것이다. 하지만 자연의 섭리가 행복까지 보장해주지는 않는다. 행복이란 좋은 것이지만, 종족 보존에 필수적으로 딸려오지는 않는다.

통찰력 있는 사람들은 인류가 수십만 년 동안 자매, 이모나 고모, 할머니, 친척 아가씨들로 이루어진 여성 공동체 안에서 자식을 키웠으며, 부모와 자식으로만 이루어진 핵가족 형태는 인류 역사에 출현한 지 얼마 되지 않았다는 사실을, 핵가족은 정신과 의사라는 직업과 거의 비슷한 시기에 출현한 새로운 가족 형태라는 사실을 지적할지도 모르겠다!

깊이 생각해보고, 엄마라는 직업에 따르는 위험들을 인정하고, 엄마라는 고귀한 사명에 힘을 보태야 할 때이다.

비올렌 게리토는 이 책을 통해 그 사명을 훌륭히 완수했으며, 엄마들이 이 책을 읽고 영감을 받아 엄마 역할을 잘 해내도록 격려하고 있다.

프랑수아 르로르

머리말

이 책은 엄마들을 위한 책이다. 나는 엄마로서의 경험, 감정, 기쁨과 고통을 기꺼이 이야기해준 여성들에게 감사하며, 그들이 그 경험을 헤치고 앞으로 나아가기를 바란다. 이 책을 통해 자신들의 경험을 더 잘 이해하고, 혼자라고 느끼지 않기를 바란다.

내가 프랑스에서 그리고 미국에서 엄마들과 이야기를 나누면서 이 책의 집필을 구상할 때, 모성은 지리적 문화적 차이와 상관없이 큰 유사성이 존재한다는 것을 확인했다. 모든 엄마들이 아이를 낳은 것에 행복감을 느꼈지만, 어떤 엄마는 의기소침해 하고, 또 다른 엄마는 많은 스트레스를 받고 있었다. 대부분의 엄마들이 피곤을 느꼈고, 중한 압박감과 시간 부족으로 고생하고 있었다. 특기할 만한 것은 많은 여성들이 자기 혼자만 그런 양면적인 경험을 한다고 믿고 있었다는 사실이다.

엄마가 되는 일은 비할 데 없이 큰 기쁨과 행복을 안겨준다. 그러나 아이를 키우면서 엄마들은 남에게 떳떳하게 털어놓지 못하는 좌절과 불안을 경험한다. 하지만 우리 사회와 문화가 엄마의 의무를 당연한 것으로 여기는 탓에 엄마들이 매일 직면하는 문제를 제대로 고찰하지 못하고, 그 가치와 어려움을 제대로 인정하지 않고 있다. 엄마들은 예측 불가능한 사건이 끊임없이 일어나고, 타인의 인정을 받지 못하는 것은 물론 상황을 통제하기 힘들고, 정신적 정서적 물질적 지지를 받기도 힘든 스트레스 상황에서 1년 365일 24시간 동안 헌신해야 한다. 어떤 인간이 이런 중노동을 받아들이겠는가?

최근에 나는 엄마들이 받는 만성적 스트레스 문제에 관해 한 산부인과 의사와 이야기를 나누었다. 이 책에서 우리는 그 문제, 다시 말해 모성 소진 문제를 다룰 것이다. 나는 이 개념을 통해 '일하면서 매일 직면하는 우울증 문제'를 고찰할 수 있었다. 우리는 우울증에 대해 자주 이야기한다. 하지만 정말로 우울증이 문제인가? 어떤 엄마가 한계에 다다라 자신의 역할을 제대로 수행하지 못하고, 부정적이고 파괴적인 말을 하게 되고, 일상생활을 할 수가 없고, 심지어 아이들을 학대하기에 이르렀다. 이 엄마는 심각한 우울 상태라는 진단을 받았다. 그대로 두면 상태가 악화될 거라 했다. 이 경우 대부분의 의사들은 문제를 겪는 사람에게 초점을 맞춰 항우울제를 처방하고, 약이 효력을 발휘해 환자가 엄마 역할을 제대로 수행하게 되기를 기다린다. 그러나 불행하게도 시간이 지나면 문제가 재발하고, 과거의 처방이 미봉책이었다는 것을 인정하고 처음부터 치료를 다시 시작해야 하는 경우가 많다.

언제가 되면 엄마들이 겪는 스트레스 문제에 대해 애매하고 우회적인 설명을 늘어놓는 것을 그만두게 될까? 흔히 의사들은 엄마들이 겪는 우울증의 원인을 호르몬 불균형 탓으로 돌린다. 반면 정신분석학은 그들의 내면 심리에 초점을 맞춰 어린 시절에 겪은 엄마와의 갈등이 해결되지 못한 탓으로 돌린다.

우리 사회는 필요한 방편은 제공하지 않은 채, 엄마들이 모범적으로 역할을 수행하기를 기대한다. 엄마들이 지치고, 정신없이 분주하고, 할 일이 밀려 있는 것은 필시 그들이 혼란에 빠져 있기 때문이다. 엄마들이 공격적인 태도를 보이고, 걸핏하면 화를 내고, 신경이 극도로 곤두서 있다면, 이성보다는 감정에 좌우되는 성격이거나 극심한 생리전증후군 때문이다. 그들이 무너지는 것은 취약한 성격에 기인한 우울증 때문이다. 이 경우에는 그들이 일상에 필요한 생산성을 되찾을 수 있도록 치료약을 처방해 증세를 완화해주어야 한다.

구성원이 어떤 문제를 겪게 되면, 우리 사회는 그 문제를 이해하고 다음에 다시 검토할 수 있도록 정의 내리면서 합리적으로 다루려 한다. 그 문제를 설명하고, 분석하고, 이름 붙인다. 마침내 그 문제에 대한 정의가 내려지고 모두가 그 정의를 받아들이면, 다음 단계로 그 문제를 해결하려고 노력한다. 해결책을 찾아내려고 애쓰는 사람들은 이전 단계에서 내려진 정의에 도움을 청할 것이다. 그리고 문제의 해결책은 널리 받아들여지는 상식을 반영해 도출될 것이다. 하지만 문제에 대한 정의가 잘못 내려졌을 수 있고, 거기서 도출된 해결책 역시 부정확하고 부적합할 위험이 있다.

지쳐버린 엄마를 회복시키려고 애쓰는 것은 모성 우울증이라는 문제에 대한 불완전하고도 잘못된 정의에서 나온 해결책의 일례이다.

나는 이 책에서 호르몬 불균형이나 유전성 우울증에 관해 의학적 토론을 벌이지 않을 것이다. 사람은 유전자의 조합으로 이루어진 산물이지만, 주변 환경과의 상호작용을 통해 이루어진 산물이기도 하다는 사실을 통해 문제를 고찰할 수도 있지 않을까? 환경의 영향을 평가절하해서는 안 될 것이다. 여기서 환경이냐, 유전이냐 하는 토론을 벌이고 싶지는 않다. 차라리 엄마들이 겪는 우울증과 스트레스 문제를 다시 정의하고 검토해보자고 제안하고 싶다. 엄마의 우울증을 많은 엄마들이 처한 열악한 환경 탓으로 돌리지 않고 개인이 겪는 증상으로 여기는 태도는 바람직하지 않을 것이다.

이 책을 읽기로 결심했다면, 아마도 당신은 방금 내가 간략히 묘사한 어려움과 비슷한 어려움에 직면해 있을 것이다. 엄마 노릇은 까다로운 직무이며 상당한 책임을 요구한다. 보수를 받지도 못하고, 그 일을 수행하는 데 주변 사람들의 지원을 기대하기도 힘들다. 게다가 별로 존경받지도 못한다. 많은 여성들이 이 사실을 인정하지만, 엄마 역할과 관련된 어려움을 허심탄회하게 털어놓을 준비가 되어 있는 여성은 소수인 것 같다.

현대사회에서 엄마의 이미지는 건강하고 특별한 문제가 없어 보인다. 많은 엄마들이 자신의 역할을 완벽하게 그리고 정상적으로 수행하는 것처럼 보인다. 잡지와 텔레비전 광고에 등장하는 엄마는 멋지고 활기가 넘치며, 상황을 훌륭하게 타개하는 것 같다. 그러나 현실을 들여다보면 많은 엄마들이 미디어가 보여주는 엄마의 이미지와는 전혀 다르다는 것을, 그들이 때때로 책임감이라는 덫에 걸린 기분을 느끼며 고립 속에 살고 있다는 것을 알 수 있다. 그렇다면 아빠는 어떠냐는 질문을 하는 사람도 있을 것이다. 아빠 역시 가족 안에서 중요한 자리를 차지하며, 가족들에게 이롭거나 해로운 영향을 끼칠 수 있다. 하지만 이 책에서는 엄마의 경험에 초점을 맞추기로 했다. 아빠의 역할에 대해서도 간간이 언급은 하겠지만 말이다.

여성, 특히 엄마들은 우울증으로 많은 고통을 받는다. 여성 문제를 전문적으로 다루는 미국 심리학 협회의 한 분파는 엄마 역할을 한다는 것이 우울증을 유발하는 위험 요소 중 하나라는 사실을 확인했다. 다시 말해, 모성이라는 것 자체가 크든 작든 우울 상태를 유발할 잠재적 특성을 내포하고 있다는 것이다. 학회에서 이런 내용이 소개되자, 많은 사람들이 고개를 끄덕이며 동의하는 미소를 지었다. 하지만 대부분 사람들이 이런 사실을 당연하게 받아들이며, 그 사실을 진지하게 문제 삼지 않는다.

이 책은 우리가 '당연한' 것으로 간주하는 엄마의 스트레스를 재검토하는 것을 목표로 한다. 육체적이든, 정서적 혹은 심리적이든, 당연하게 여겨도 되는 고통은 존재하지 않는다. 한 엄마의 고통이 다른 엄마의 고통보다 더 설득력 있는 것도 아니다. 엄마가 되는 일은 비할 데 없는 만족감과 기쁨을 가져다준다. 하지만 당사자는 그것을 무거운 짐으로 느낄 수 있다. 사회에 의해 당연한 것으로 받아들여지고 요구될 수 있다는 뜻이다.

바로 이 사실에서 이 책의 둘째 목표가 도출되었다. 우리의 집단 무의식에 이 사실을 호소하고 우리 각자의 인식을 고취하는 것 말이다. 나는 문화적으로 당연한 것으로 받아들여지는 그 사실을 뒤흔들고, 모성이 처한 현실에 관한 우리의 관점을 바꾸고 싶다. 그러면 엄마들이 겪는 스트레스에 대한 깊은 이해와 인식이 가능해지리라는 희망을 품고 있다. 건강 전문가와 복지단체가 만성적으로 스트레스를 받는 엄마들에게 도움을 제공할 수도 있을 것이다. 나는 엄마들이 겪는 육체적 정서적 고갈 상태에 모성 소진이라는 이름을 붙였고, 이제부터 그것에 관해 이야기하고 싶다.

1장

"엄마, 왜 그렇게 지쳐 있어요?"

"아마도 신은 엄마를 창조한 뒤 흡족한 미소를 지었을 테고,
그 작품을 더 손보지 않기로 마음먹었을 것이다.
그 정도로 엄마라는 존재는 풍부하고, 심오하고,
온정과 힘, 아름다움이 넘쳐났다."

— 헨리 워드 비처

1

여느 날과 똑같은 하루

아침 6시 반. 알람이 계속 울린다. 여느 아침처럼 거의 코마 상태에서 잠에서 깨어나 시간에 쫓겨 이리 뛰고 저리 뛸 때의 내 마음을 어떻게 묘사해야 할까. 이때 내 능력은 아홉 살 난 아들 레오와 여섯 살 난 딸 멜로디가 제시간에 학교에 도착하는가, 문제없이 하루를 시작하는가의 여부로 가늠된다!

우선 욕실에 가서 샤워하고, 옷을 입고, 화장을 한다. 그다음에는 아이들 뒤치다꺼리를 해야 한다. 프랑스 앵포 라디오 방송의 뉴스가 내가 얼마나 늑장을 부리는지 5분마다 상기시킨다. 나에게는 그 뉴스가 무자비한 타이머처럼 느껴진다. 알람을 몇 시에 맞춰놓든 아침 시간은 뜻대로 흘러가지 않고, 어느 순간엔 결국 늦어버린다(대체 무엇 때문인지 아직 확인하지 못했다). 어쨌든 욕실에서 나올 때쯤이면 대개 오늘의 뉴스를 죄다 꿰게 되고(라디오 방송의 코너가 세 개나 지나갔다) 늦었다는 사실에 스트레스를 받게 된다.

아이들 방으로 쳐들어간다. 그리고 상황에 맞춰 구사하는 '아이들 잠 깨우기 기술' 중 온건한 방법(뽀뽀를 퍼붓고 간지럼 태우기 또는 프렌치 캉캉의 뮤지컬 버전) 혹은 과격한 방법(이것은 첫 번째 방법을 실행해서 얻은 결과에 따라 달라진다.)을 골라서 실행한다.

그다음엔 아이들을 위한 균형 잡힌 아침 식사를 준비하기 위해 주방으로 달려간다. 아침 식사를 준비하다가 언젠가 멜로디가 온건한 방법과 과격한 방법을 모두 시도하게 했던 일을 문득 떠올리며 혹시 아직도 자고 있는 건 아닌지 확인하기 위해 다시 아이들 방으로 쳐들어간다! 이후의 일은 대개 비슷하다. 익숙한 광란의 느낌은 제쳐놓고, 연거푸 이틀 동안 똑같은 사건이 일어나는 경우는 드물다는 점에서 그것을 '습관'이라고 부르기는 힘들 테지만 말이다.

이제는 두 아이가 시간 내에 옷을 입게 하는 것이 관건이다! 이 단계를 성공적으로 마치고 나면 신중하고도 비판적인 눈길로 아이들이 골라 입은 옷을 훑어본다. 다행스럽게도 옷의 색과 재질이 상황과 계절에 어긋나지 않았다(이를테면 2월 중순인데 여름 원피스를 입지는 않았다). 모든 것이 적절해 보인다. 문제가 없다. 다음으로는 준비물이 가방 안에 빠짐없이 들어 있는지 확인해야 한다. 전날 저녁 책가방을 완벽하게 싸놓아야 한다고 아이들에게 당부해 두었으므로, 조용히 책가방 검사를 한다. 숙제는 다 했나? 그렇다, 모든 것이 양호하다. 박물관 견학 동의서에 사인은 했나? 안 했다. 그런데 동의서를 어디에 뒀지? 전혀 생각이 나지 않는다! 하지만 불안해할 것 없다! 사방에서 동의서를 찾다가 주방 탁자에서 떨어져 도시락 뒤에 놓여 있는 동의서를 결국 찾아낸다. 거기에 사인을 해 아이 가방 안에 넣어준다. 해결됐다. 한숨 돌리고 내 몫의 빵조각 두 개와 오렌지 주스를 그럭저럭 먹어치운다. 커피 마실 시간은 없다…….

주방의 시계가 8시 30분을 가리키고 있다. 시간이 조금 남는다. 믿을 수가 없다! "가자!" 하고 아이들에게 말한다. 레오가 숨을 헐떡이며 나온다. 레오는 체육을 싫어하는데 오늘 체육 수업이 있다. 멜로디가 레오 뒤를 바싹 따라온다. 모두 층계참에 모였다. 개도 나왔다. 밖에 나왔다 하면 쏜살같이 엘리베이터 안으로 들어가 버리는, 멜로디 말에 따르면 '괴상한 스머프'지만 어쨌든 우리 모두가 좋아하는 개다(하지만 우리 집은 6층이다!) 마침내 아래층에 도착해서 내가 무엇을 보았을까? 세상에! "멜로디, 네 신발!" 멜로디가 신발 없이 양말만 신고 있다. 믿을 수가 없다……. 그리고 설상가상으로 개가 오줌이 마려운지 낑낑댄다! 다시 6층으로 올라간다. 그런데 이번엔 내 가방 안에 넣어둔 아파트 열쇠를 찾을 수가 없다. 가방 안을 뒤적여 열쇠를 꺼내느라 시간이 많이 지체된다. 점차 압박감이 느껴진다. 내 인내심이 시시각각 한계에 다다르는 중이다. 말과 어조를 가다듬으려고 노력하지만, 그러기가 점점 더 힘들어진다. 숨을 깊이 들이쉰다. 침착하자! 멜로디가 자기 방 침대 밑에서 오른쪽 신발을, 주방에서 왼쪽 신발을 찾아낸다. 왼쪽 신발은 왜 주방에 있었느냐고? 묻지 마라. 나도 모른다!

얼마 전까지만 해도 시간이 남았는데, 이제는 늦어버렸다. 그러니 뛰어야 한다! 두 달 전 발견한 지름길이 우리를 도와준다. 레오와 멜로디는 제시간에 학교에 도착한다. 작별의 뽀뽀, 웃음. 아이들이 하루를 시작하러 갔다. 다행히 개의 방광이 터지지 않았다. 모든 것이 양호하다. 자동차 안에서 마침내 혼자가 되었다. 갑자기 고요함이 내려앉는다. 쉽게 경험하지 못하는 느낌이다. '아이가 셋, 넷, 그보다 더 많은 사람도 있는데…… 그 사람들이 존경스러워!'라고 생각하며 잠시 숨을 돌린다.

전쟁 같은 일상을 글로 옮기면서 그때 느낀 스트레스를 다시 경험한다. 조용하고 차분하게 진행된 일은 하나도 없었던 것 같다. 하지만 이런 경험은 특별할 것도 놀라울 것도 없다. 상황과 전개 방식이 다를 뿐, 많은 엄마들이 평소에 다들 겪는 일이다. 수많은 일을 눈 깜짝할 사이에 해치워야 해서 느끼는 좌절감, 예기치 않았던 사건이 일어나 모든 것이 뒤죽박죽이 되는 것, 물질적 속박과 함께 쌓여가는 피곤함은 엄마들의 일상에 공통으로 존재한다. 주변 사람들이 그 스트레스를 이해하지 못할 경우, 고립된 채 주변의 지원을 받지 못할 경우에는 더욱 그렇다. 물론 밖에 나가서 일하지 않는 전업주부도 많다. 하지만 그렇다고 해서 그들이 매일 수행하는 많은 일들을 진정한 일로 간주하지 않아도 되는 걸까?

일곱 살과 네 살인 두 아이를 둔 35세의 마리는 엔지니어로 일하며 직장과 가정을 동시에 꾸려가고 있다. 어느 날 그녀가 나에게 이런 이야기를 털어놓았다.

"큰아들 니콜라가 태어났을 때, 난 아이의 생후 일 년을 유익하게 보내기 위해 일을 하지 않기로 했어요. 그 일 년은 멋지기도 했지만 무척 고통스러웠답니다. 삶이 더는 내 것이 아니라는 느낌이 자주 들었어요. 내 시간, 내 에너지가 엄마라는 역할 속에서 온데간데없이 사라져버리고, 내 삶은 온통 니콜라를 통해서만 존재하는 것 같았죠. 정서적 감정적으로 매우 강렬한 경험을 하긴 했지만, 그 경험은 동시에 매우 짜증나고 당황스러운 것이기도 했어요. 삶의 기준이, 특히 육아에 관련된 기준이 온통 흔들렸어요. 평소에 내가 꽤 확고한 기준을 갖고 있다고 생각했지만, 그건 아무것도 아닌 게 되어버렸죠. 모든 것이 연기가 되어 날아가 버린 것 같았어요. 모든 걸 처음부터 다시 시작해야 했죠. 내가 더는 나 자신으로서, 나 자신을 위해 존재하지 않았고, 내 정체성을 잃어버린 기분도 들었어요.

그해에 우리 가족의 경제는 큰 폭의 흑자를 기록했어요. 하지만 집 밖에서 직장생활을 하고 싶은 마음이 그 어느 때보다 간절했답니다. 나에게 그것은 개인적 균형의 문제였어요. 내가 아이만을 통해서가 아니라 다른 활동을 통해 자아를 실현하고 되찾아야 한다는 의미였지요. 나와 똑같은 필요를 느끼는 친구도 많았고, 다시 일하기를 원치 않는 친구도 많았죠. 하지만 사정을 살펴보면 그건 결국 균형의 문제더군요. 직장으로 복귀하는 일은 무척이나 혹독했답니다. 둘째 조에가 태어난 뒤에도 직장과 가정을 동시에 꾸려가야 했기 때문이에요.

피곤할 때가 많았고, 에너지가 바닥나 버리는 일도 종종 있었어요. 두 개의 삶을 동시에 사는 기분마저 들었죠. 그런데 둘 중 하나만, 즉 직장생활만 스트레스와 피로의 원인으로 인정되었어요. 사실 나는 직장에서 일과를 마치고 피곤한 몸으로 사무실을 나서는 즉시, 이제 집에 가서 두 아이와 함께 진짜 일과를 시작해야 한다는 느낌에 스트레스를 받았는데 말이에요. 물리적으로 따지면 집에서 아이들과 보내는 시간은 직장에서 보내는 시간보다 짧지만, 장담하는데 직장에서 보내는 시간보다 훨씬 더 힘들 때가 많았어요. 우여곡절 끝에 아이들이 잠들고 나면 진이 빠져 얼른 눕고 싶은 마음뿐이었죠. 여가를 가지며 긴장을 풀고 싶었지만 그럴 에너지가 없었어요."

정도의 차이는 있겠지만 많은 엄마들이 마리나 나의 경험에 공감할 것이다. 많은 엄마들이 온갖 함정이 숨어 있는 마라톤 같은 일과를 치러낸다. 그리고 대부분의 경우 그 함정들을 제어하지 못한다. 저녁이 되면 우리는 하루 동안 대엿새 분의 일과를 소화한 듯한 느낌을 받는다. 몹시 피곤하고 신경이 예민해진다. 태평양 한가운데에 있는 무인도에서 몇 시간 혹은 며칠 동안 아무도 없이(필수불가결한 조건이다!) 한갓지게 시간을 보낼 수만 있다면 가장 소중히 여기는 보물이라도 건네줄 수 있을 것 같다.

엄마의 생활은 수많은 사건과 스트레스 받는 상황들로 점철된다. 하지만 엄마가 받는 스트레스는 있는 그대로 인정받지 못한다. 여성이 자기 아이를 돌보는 것은 당연하다는 생각이 우리 사회에 널리 퍼져 있기 때문이다. 하지만 그 고정관념을 재검토하고 모성과 관련된 스트레스와 그 결과들을 새롭게 고찰하는 것은 엄마는 물론 아이들과 가족 전체를 위해서도 의미 있는 일일 것이다.

엄마는 스트레스를 받는다?

드물게 찾아오는 한가한 시간에, 나는 친구 크리스티나와 함께 커피를 앞에 놓고 앉았다. 역시 친구 사이인 우리 둘의 아이들은 정원에서 신나게 뛰어놀고 있다.

크리스티나가 나에게 말했다.

"걱정이야. 요즘 식욕이 뚝 떨어졌어. 거의 아무것도 못 먹고 잠도 잘 못 자. 아이들이 얌전히 굴 때도 말이야. 병원에 갔더니 스트레스 때문인 것 같대. 하지만 이해가 안 돼. 나는 요즘 아이들과 함께 집에 있잖아. 밖에 나가서 일하지 않잖아."

정말 스트레스 때문일까? 전업주부가? 밖에서 일도 안 하는데? 나 역시 엄마 역할을 감당하면서 이해되지 않는 스트레스를 겪은 적이 있다.

엄마가 매일 겪는 스트레스는 대개 주변 사람들로부터 별로 인정받지 못한다. 하지만 엄마는 다양한 의무와 책임을 짊어지고 있다. 그런 상태가 오래 계속되면 엄마는 힘들어진다. 그런데도 많은 엄마들이 자신의 일상을 이런 관점에서 보지 못한다. 주변 사람들과 주변의 분위기가 그런 기회를 허락하지 않기 때문이다.

엄마들에게는 할 일이 그득 쌓여 있고 그것이 온갖 종류의 좌절과 스트레스를 유발한다. 두통과 불면증은 물론, 구토감, 불안 발작, 현기증, 그 밖의 심각한 증상들로 고생하기도 한다. 하지만 그 엄마들이 밖에서 일하지 않을 경우, 진짜 일 때문에 감당해야 하는 책임이 없으므로 스트레스도 받지 않을 거라 여겨질 때가 많다. 심지어 엄마 자신도 엄마로서 자신의 의무에 대해 비슷한 의견을 갖고 있을 때가 많다.

"내가 스트레스 받는 이유를 정말 모르겠어요. 어차피 난 집에서 아이들을 돌볼 뿐이잖아요. 그건 직장생활과는 다른데!"

직장생활을 하는 엄마는 사정이 좀 다르다. 직장생활 때문에 스트레스 받는 것을 주변 사람들이 이해해준다. 나는 직장생활을 하는 엄마들을 많이 만나보았는데, 그들은 자신이 직장생활 또는 직장생활과 엄마 역할의 병행 때문에 스트레스 받는 것이 당연하다고 여겼다. 하지만 엄마라는 역할만으로 스트레스를 받는다는 사실은 인정하기 힘들어했다. 엄마가 하는 일은 행복해야만 하고, 따라서 그것을 스트레스의 근원으로 여길 수 없으며 그래서는 안 되는 것처럼 말이다.

나도 아들 레오를 낳고 일 년 동안 쉬다가 직장생활을 다시 시작했다. 그리고 다른 엄마들과 이야기를 나누면서, 밖에서 일하건 집에 있건 모든 엄마가 스트레스에 직면한다는 것을 알게 되었다. 그것은 엄마 역할에 내재된 본성이다. 상황이 이러한데 엄마들이 받는 스트레스와 그 영향을 굳이 숨길 필요가 있는가?

2세, 4세, 7세 세 아이의 엄마인 엘렌이 나에게 털어놓았다.

"나는 친정엄마 때문인지 엄마 역할을 너무 간단하게 생각했어. 그런데 나 자신이 엄마가 되고 보니 어른의 삶, 특히 엄마의 삶은 내가 생각했던 것보다 훨씬 더 어렵고 복잡하더라니까. 가족의 행복과 안락이 오직 나에게 달린 것처럼 느껴지는 날들이 있어. 엄마가 되면 주고, 주고, 또 줘야 하지. 가족들에게 최선을 다하고 싶지만 어쩔 수 없이 스트레스를 받게 돼. 하지만 아무도 그걸 이해하지 못하는 것 같아. 조건 없이 주는 것이 엄마의 숙명인 것처럼 말이야. 그건 당연한 일이고 자연의 법칙이지. 우리는 엄마이고, 엄마란 모름지기 아낌없이 줘야 하는 존재인 거야……"

사춘기의 자녀 둘을 둔 안나는 포기하는 것이 얼마나 힘든지 나에게 설명했다. 안나의 두 딸은 여자가 되어가는 중이었다.

"그 애들이 어른이 되어가는 모습을 옆에서 지켜보자니 지독히도 스트레스를 받아요. 나는 그 애들이 올바른 결정을 내리길 바라죠. 지금은 그 애들이 내리는 결정 하나하나가 무척 중요한 시기이고, 그 결과가 그 애들의 인생 전체에 영향을 미칠 수 있으니까요. 그런데 그 결정들에 대한 내 영향력이 점점 작아지는 것 같아서 힘들어요. 난 내 경험을 그 애들과 나누고 싶고, 여러 해에 걸쳐 내가 배운 것을 그 애들과 소통하고 싶어요. 하지만 막상 그런 이야기를 시작하면 우리 사이에 깊은 구렁이 파여 있다는 걸 깨닫게 되죠! 그 애들은 모든 걸 머리로만 이해하고, 나는 그게 도무지 이해가 안 돼요. 물론 나도 열여섯 살 땐 그 애들과 똑같았어요. 나중에 후회했던 기억도 나고요……. 하지만 아무 소용 없죠. 그 애들이 각자의 방식대로 커가는 걸 받아들이는 것 말고는 대안이 없어요. 엄마라는 건 그런 것이기도 한가 봐요……."

안나의 상황은 결국 악화되었다. 딸들과 의사소통을 하려고 노력하다가 지친 그녀는 두 손 들어버렸다. 방법을 모른 채 딸들을 자신이 원하는 대로 만들기 위해 몸부림치다가 지쳐버린 나머지 딸들을 포기하고 방치했다. 맏딸이 3주 동안 가출을 감행했고, 안나는 절망에 빠졌다.

공인회계사이며 6세와 10세 두 남자아이의 엄마인 바네사는 계획적인 성격 탓에 예기치 않은 일이 일어나거나 질서가 무너지는 것을 견디지 못한다고 말했다.

"아침에 일어나면 나는 그날 하루 동안 할 일들의 목록을 작성해요. 예기치 못한 일이 연이어 일어나서 하루가 거의 다 끝나가는데도 할 일을 제대로 완수하지 못할 때도 있죠. 그것만큼 실망스러운 일도 없고요.

얼마 전 아침엔 조에가 온몸에 열꽃이 피고 열이 40도까지 올랐어요. 그 날 하루는 완전히 뒤죽박죽이 되었고, 처리할 서류들에 손도 대지 못했죠. 그런 탓에 업무가 많이 지연되었어요. 곧이어 그레고리도 똑같은 증세를 보였고, 그 주 전체가 엉망진창이 되어버렸어요! 나는 매사가 완전 무결한 것을, 작은 숫자 하나, 소수점 하나도 틀리지 않는 것을 좋아해요. 매상 전표가 한 치의 오차도 없이 맞아떨어지길 바라죠. 그런데 엄마가 된 뒤엔 다른 삶을 경험하게 됐어요! 물론 아이를 원했어요. 하지만 삶이 그렇게 급격히 바뀌는 건 원치 않았죠. 계속 자유로워지고 싶었고, 문제가 되지 않는다면 내가 중요하게 여기는 일을 계속하고 싶었어요. 결국 엄마의 삶이 무엇인지 깨달았죠. 그건 내가 원했던 걸 제외한 모든 것이에요!"

나는 유복한 계층의 엄마, 중산층 엄마, 얼마 전에 첫 아이를 낳은 엄마, 나이 많은 엄마, 아이가 하나 있는 엄마, 아이가 네다섯 명 있는 엄마, 전업주부, 가정경제를 위해 두 가지 일을 하는 엄마, 싱글맘, 남편이 많이 도와줘서 결혼생활에 만족하는 엄마 등 많은 엄마들을 만나보았다. 처해 있는 상황이 어떠하든 '모성'과 '스트레스'라는 단어를 떠올리는 것만으로도 어김없이 다양한 감정이 느껴지고 온갖 종류의 이야기들이 떠오른다. 인정하기 힘들어하는 엄마들도 있지만, 대부분의 엄마들은 모성과 관련된 스트레스를 경험한 적이 있다고 인정한다. 이 스트레스에 관해 이야기하고 잘 이해하는 것이 중요하다.

엄마가 되면 매우 경이롭고 소중한 순간들을 경험하게 된다. 하지만 온종일 아이들과 함께 지내야 한다. 그것은 육체적으로는 물론 심리적 정서적으로도 견디기 힘든 노동이다. 다른 노동과 마찬가지로 중요한 노동이다. 그러므로 엄마가 받는 스트레스를 이해하는 것이 중요하다.

가까이서 살펴보면 엄마가 경험하는 스트레스가 생각 이상으로 해로운 결과를 가져올 수 있다는 사실을 알게 된다. 그것에 대해서는 다른 장(章)에서 상세히 다룰 것이다. 일단은 엄마가 고립 속에서 남몰래 스트레스를 받다가 우울증에 이르는 경우가 꽤 많은데도, 이제껏 그 스트레스를 일컫는 명칭이 없었다는 점을 강조하고 싶다. 엄마의 책임과 관련된 스트레스 요인이 꽤 모호한 방법으로 다뤄지고 잘못 정의되는 경우가 많기 때문이다. 그래서 그 스트레스를 식별하기가 어려워지고 예방하기도 까다로워지는 것이다.

소진(burn-out) 현상

스트레스와 그것이 미치는 영향은 내가 미국에서 심리학 박사 과정을 공부할 때 전공으로 삼았던 주제이다. 나는 최대한 주의를 집중해 스트레스라는 것이 무엇인지, 그것을 어떻게 정의하고 예방할 수 있는지 알아보려고 애썼다. 스트레스가 불러올 수 있는 피해를 알기 위해서는 주변을 살펴보는 것으로 충분했다.

마지막 8개월 동안 내 연구는 영어로 burn-out이라고 불리는 스트레스 형태에 주로 집중되었다. burn-out 혹은 고갈 증후군(syndrome d'épuisement)이라고 불리는 이 현상은 직장생활에서 발생하는 스트레스를 지칭하면서 프랑스에서도 사용되기 시작했다. 소진(burn-out)은 스트레스와 사촌 간이지만 정확하게 똑같은 개념은 아니다.

스트레스는 스트레스를 주는 요인에 대한 반응으로 우리에게 일어나는 육체적 정신적 현상들을 가리킨다. 모든 것이 '스트레스 요인'이 될 수 있다. 기차를 놓쳐버린 일, 한창 중요한 통화를 하는데 휴대폰 배터리가 나가버린 일, 상급자나 동료와의 말다툼이 스트레스 요인이 될 수 있다. 우리는 이런 스트레스 요인을 자신의 안락함과 안전에 해를 끼칠 수 있는 공격으로 감지한다. 그 공격을 받으면 육체는 자신을 지키기 위해 일종의 경계 상태에 들어간다. 근육이 수축되고, 심장 박동이 빨라지고, 동공이 팽창한다. 그리고 방어하기 위한 준비가 된다. 이것이 바로 1929년 월터 캐넌(Walter Cannon)이 설명한 투쟁 혹은 회피 반응(fight or flight response)이다.[1] 다시 말해 스트레스는 중대하고 심각하고 위협적인 하나 또는 여러 개의 스트레스 요인을 마주한 우리의 신체 반응을 뜻한다.

반면 소진(burn-out)은 중간 강도의 스트레스 요인에 오랫동안 반복적으로 노출되었을 때의 심리적, 정서적 그리고 생리적 상태를 가리킨다. 소진은 하나 또는 두세 개의 스트레스 요인에 뒤이어 나타나지는 않는다. 일시적, 즉각적으로 나타나는 스트레스 반응과 달리, 소진은 비교적 긴 잠복기를 거친 뒤에 나타난다. 다시 말해 반복되는 많은 스트레스 요인에 대한 반응으로서 나타나고, 일정한 지속 기간을 요한다. 다시 말해 소진은 일시적 스트레스 상태와는 비교도 안 된다.

오히려 소진을 지속적 스트레스의 결과로, 개인을 지치고 고갈되게

---

[1] W. B. 캐넌, 『고통, 굶주림, 두려움 그리고 격분에서 나타나는 육체적 변화』, 뉴욕, 브랜퍼드, 1929년.

하는 매일의 스트레스의 결과로 보는 것이 적절하다. 이 경우 특별한 생리적, 심리적 증상이 나타나며, 그 증상은 개인이 처해 있는 상황과 맥락에 장애가 된다.

그러나 지난 이십 년 동안 소진에 대한 연구는 주로 직업 분야와 관련되었고, 이 주제에 관한 내 연구 역시 얼마 동안은 그런 분야에 한정되었다. 그런데 연구를 하다 보니 소진에 대한 지식이 직업 분야가 아닌 다른 분야에도 적용될 수 있다는 사실을 깨닫게 되었다. 이를테면 엄마들의 경험에 말이다.

더 깊은 이해를 위해

이쯤에서 소진이라는 현상이 엄마들의 경험에 어떻게 적용될 수 있는지 이해하기 위해 소진의 개념을 간략하게 설명하고 넘어가야 할 듯하다.

소진이라는 현상이 직업 분야에서 처음 발견된 이상, 우선 그 분야와 관련지어 설명한 다음 엄마의 경험과 관련된 것으로 옮겨가겠다. 처음에 소진은 관계적 특성 때문에 정서 반응이 반복적으로 일어나는 직업 환경에서 주로 인정되었다. 그 특성은 다음과 같다.

- 정서적 육체적 고갈
- 일 그리고 일에 관련된 상황에 대한 거리감
- 과거에 수행한 일을 과소평가하고 더는 책임감을 느끼지 않으려

는 경향

미국에서 소진 현상은 불리한 환경에서 수년 동안 일한 변호사들에게 주로 나타나는 것으로 보고되었다. 온몸을 바쳐 일했지만, 결과적으로는 고객에게서 냉소적이고 비판적인 반응을 얻게 되고 그로 인해 육체적 심리적 고갈 상태에 빠지는 경우 말이다. 어떤 변호사들은 우울증에 빠졌고, 다른 변호사들은 그 직업을 그만두었다. 높은 자살률은 차치하고라도 말이다.

이런 정서 반응은 소진의 이론적 모델에 등장하는 단계들과 일치한다. 이 모델은 1980년대에 크리스티나 매슬랙(Christina Maslach) 박사가 만든 것으로, 연속되는 세 단계를 통해 소진을 설명하고 있다.[2]

1. 정서적 육체적 고갈
2. 비인격화 혹은 거리 두기
3. 과거, 현재 그리고 미래의 수행에 대한 부인(否認)과 생산성 저하

이런 단계에 이르게 하는 환경을 주의 깊게 관찰하면서, 각각의 단계들과 그 단계들이 출현하는 방식을 좀 더 자세히 살펴보자.

---

2 C. H. 매슬랙, 『소진 이해하기: 복잡한 현상을 분석할 때 가져야 할 명확한 논점』, W. S. 페인(Eds), 『일 스트레스와 소진』, 비벌리 힐스, CA, 세이지, 1982년.

정서적 육체적 고갈

소진의 첫 단계는 정서적 고갈이다. 이 단계에 처한 사람은 육체적 활력에 영향을 미치는 정서적 에너지를 거의 잃어버린다. 특히 감정노동에 종사하는 사람들이 이런 문제에 대면하기 쉽다. 그들은 대부분의 시간 동안 조건 없이 타인을 위해 봉사해야 한다. 자신이 맡은 일을 잘 수행하기 위해 정서적 에너지를 끊임없이 퍼 올려야 한다. 그런데 개인이 지닌 정서적 에너지에는 한계가 있어서 고갈되게 마련이며, 그렇게 되면 기쁜 마음으로 타인을 위해 봉사할 수가 없다. 에너지가 '바닥나서' 원상회복되기가 쉽지 않다.

이제는 에너지를 퍼 올릴 수가 없는데, 주변에서는 계속 봉사하기를 요구한다. 설상가상으로, 긴장을 풀면서 배터리를 재충전할 수도 없다고 느낀다. 그럴 기회가 좀처럼 주어지지 않기 때문이다. 그리하여 정서적 육체적 피로는 상시적인 것이 되어버린다. 아침에 잠에서 깨어나기가 힘들고, 그런 조건에서 또 하루를 보내야 한다는 생각만 해도 견딜 수 없다는 느낌이 든다. 그럴 능력이 더는 없는 것이다.

이런 현상은 의료계에도 나타난다. 특히 병으로 고통 받는 환자들을 보살피는 간호사들이 그렇다. 그들의 직업이 간호사이기 때문에, 사람들은 그들이 끊임없이 돌봐주고, 귀 기울여주고, 안심시켜주고, 지원해주기를 기대한다. 환자 한 명이 사라지면 다른 환자가 그 자리를 대신한다. 그 직업이 요구하는 바에 부응하려면 늘 엄청난 에너지를 퍼 올려야 한다. 그들이 맞닥뜨리는 상황은 정서적으로 중압감을 준다. 일에 대한 인정을 충분히 받지 못하는 것은 차치하고라도.

그렇게 몇 달, 몇 년을 보내고 나면, 지치고 고갈되어 새로운 하루를 시작하는 데 필요한 에너지를 찾아내기가 힘들어진다.

종합병원 암 병동에서 일하는 어느 간호사가 나에게 털어놓았다.
"아침에 일어나면 뱃속에 딱딱한 돌덩어리가 들어 있는 느낌이 들어요. 병원에 출근해서 해야 할 일을 생각만 해도 무척이나 걱정이 돼요. 환자들이 고통스러워하는 모습, 그러다가 사망하는 모습을 더는 견딜 수가 없어요. 물론 환자들을 상냥하게 대해주고, 고통도 덜어주고 싶어요. 하지만 더는 그럴 힘도 없고 의지도 없어요. 병원에서 일어나는 일은 잊고 누워서 쉬고 싶을 뿐이죠."

에너지가 바닥나도 한동안은 견뎌낼 수 있다. 하지만 그 기간마저 지나면 자신이 처한 상황에서 도망치지 않는 이상 상황을 견디고 책임을 감당하게 해주는 효율적인 방법을 찾아내야 한다는 것을 본능적으로 느끼게 된다. 그런 조건에서 계속 일할 수는 없다는 것을 의식하게 되는 것이다. 주변의 압력으로부터 어떻게든 자신을 보호해야 한다. 한숨 돌리고 얼마 남지 않은 에너지를 보존해야 한다. 그리하여 소진의 둘째 단계인 비인격화 혹은 거리 두기 단계로 진입하게 된다.

비인격화 혹은 거리 두기
이 단계는 주변 사람들이 자기에게 무엇을 기대하는지 정확히 알지만, 그 기대에 부응할 능력이 없다는 것을 스스로 느끼는 단계이다. 의무를 다하고 싶지만, 그럴 힘도 동기도 없다. 사람들이 기대하고 요구하는 일에 최선을 다하고 많은 열정을 쏟았지만, 그것에 대한 보답으로 돌아오는 것은 별로 없다. 의무를 다하기 위해 많은 시간과 에너지를 쏟았고, 그 결과 텅 비고, 고갈되고, 사기를 잃는다. 다시 회복하려면 고갈을 유발하는 요인에서 멀리 떨어져 휴식을 취해야 한다는 것을 본능적으로 느낀다. 하지만 그런 선택은 실현 불가능하다. 환경을 바꾼다는 것은 쉬운 일이 아니고, 그 자리에 머물러 최소한의 기능을 유지할 수밖에 없다.

문제는 예전처럼 생산적으로 일할 육체적 정서적 에너지가 남아 있지 않다는 것이다. 그러므로 더는 에너지를 '허비하지' 않기 위해 본능적으로 방어 메커니즘을 사용하게 된다. 자신, 관련된 사람들, 그리고 지나친 에너지를 요구할 가능성이 있는 상황 사이에 정서적 장벽을 세우는 것이다. 정서적 장벽은 부정적인 태도로 표출될 것이고, 그 사람은 자신의 에너지를 '갉아먹는' 사람이나 상황들을 멀리하려는 경향을 띠게 된다. 간호사나 사회복지사처럼 타인을 돌보는 일이 직업인 사람들을 예로 들어보자. 그들에게 이 단계는 환자나 고객을 사물처럼 대하고 거리를 두는 형태로 나타난다. 내가 인터뷰한 간호사들은 41세이고 사춘기 자녀 둘을 둔 상냥한 성격의 스미스 부인이 어떻게 해서 '14호실 간암 환자'가 되었는지를 나에게 설명해주었다.

타인을 돌보고 그들의 육체적 정신적 안락을 지키는 데 종사하는 사람들은 그들과 지나치게 결부되어 있다고 느끼는 경향이 있다. 타인을 도우려면 그들이 느끼는 것을 함께 느끼고, 불편하더라도 그들 입장에 서야 하기 때문이다. 소위 '감정이입적'인 이런 접근은 타인에게 도움을 주는 데 필수불가결한 것으로 보인다. 하지만 장기적으로 그렇게 접근하다 보면 상당한 에너지를 소모하게 된다. 에너지를 보존하려면 타인이 느끼는 것을 함께 느끼고 그들 입장에 서는 것을 다소간 의식적으로 중단해야 한다. 그렇게 환자나 고객을 대상화하면, 정서적으로 지나치게 집착하지 않고 그들을 돌볼 수 있다. 육체적 정서적 에너지를 아끼려는 사람은 자신의 의무를 정서적 고갈 없이 수행하게 해주는 이런 타협에 만족할 것이다.

하지만 이런 태도를 취하다 보면 이상(理想)을 잃게 되고, 고통스럽고 부정적인 자각으로 이어질 수 있다.

과거, 현재 그리고 미래의 수행에 대한 부인과 생산성 저하

일을 할 때 우리는 그 일이 자신의 가치를 높여줄 수 있는지, 자신이 그 일을 통해 사회에 긍정적 공헌을 할 수 있는지 생각한다. 사실 우리가 하는 일들에는 항상 이상주의가 깃들어 있다. 특히 그 일이 사회적 성격을 띨 때는 더욱 그렇다. 하지만 그 일에 종사하면서 소진의 첫 단계와 둘째 단계를 경험하고 나면, 일에 대해 가졌던 생각과 자신이 맞닥뜨리는 현실 사이의 차이를 자각하게 된다. 이런 껄끄러운 대면을 통해 자신이 되고 싶어한 것과 되었다고 여기는 것을 비교하게 된다. 그 둘 사이의 차이가 지나치게 크다고 판단될 경우, 과거, 현재 그리고 미래의 수행에 대한 부인과 생산성 저하를 보일 정도로 부정적이 된다. 이것은 소진의 셋째 단계이자 마지막 단계이기도 하다.

어떤 사회복지사는 이런 말을 했다.

"나는 아주 어릴 때부터 사회복지사가 되고 싶었어요. 그래서 처음 이 일을 시작할 땐 무척 자랑스럽고 사람들의 삶을 행복하게 바꿔주고 싶은 마음이 가득했죠. 하지만 시간이 흐르면서, 내가 만든 변화들이 제

한적이고 일시적이라는 사실을 깨달았어요. 일에 헌신했지만, 그 헌신이 크게 도움이 될지 확신할 수 없었죠. 그래서인지 열정이 모두 사라져 버렸고, 내 인생을 바꾸고 싶은 마음이 간절해요……."

직업적으로 되고 싶었던 것과 실제로 된 것 사이의 차이가 부정적으로 감지된다면, 자기비판이 필요하다. 이런 사람은 과거, 현재 그리고 미래의 수행들을 과소평가하는 경향이 있을 것이다. 자신이 이뤄낸 긍정적 공헌을 간과할 것이고, 자신이 한 시도들이 성공적이었다고 의식하더라도 그 영향을 과소평가할 것이다. 자신의 능력과 역량을 과소평가할 것이고, 판단에 대한 자신감도 잃을 것이다. 실패를 확인할 경우에는 상황이 더욱 심각해지고 잠재적으로 파괴적일 수도 있다. 새로운 계획이나 임무 역시 실현 불가능해 보이고, 이미 성취한 것은 무의미하거나 독창적이지 못해 보인다. 결국 자신이 일을 통해 타인의 발전에 긍정적으로 공헌할 수 있다는 확신을 잃어버린다. 안타까운 것은 그 사람이 자신감을 잃으면서 주변 사람들도 점점 그와 비슷해진다는 것이다.

소진으로 고통받는 젊은 심리학자의 증언을 살펴보자.
"나는 3년 전부터 결손가정을 위한 심리 지원 센터에서 상담 활동을 하고 있습니다. 처음엔 그 일을 하게 되었다는 사실에 흥분했고, 열정과 아량이 있었고, 인간적이었죠. 그런데 시간이 흐르면서 냉소적이 되고 거칠어졌어요. 2년 반이 지나자 무심해졌죠. 이제 겨우 스물여덟 살인데, 위기 상황에서 계속 일한 탓인지 위에 궤양이 생겼습니다. 긴장을 풀고 잠들기 위해 술을 마시게 되고 진정제를 복용하게 되었어요. 급기

야는 무슨 수단이든 동원해서 그 일을 그만두고 싶어졌죠. 하루하루 버티기 위해, 회계를 보거나 공장에서 일하는 것처럼 그 일을 수행하면 된다고 스스로에게 주문을 걸기에 이르렀어요. 그러다 보니 다른 사람들의 문제에 얽매일 필요가 없도록 단념하고, 얼마 동안 일과 거리를 둘 필요가 있겠다는 생각이 들었답니다. 괴로운 경험을 하는 것을 더는 견딜 수가 없었어요. 그런데 상담가인 내가 그런 상태에 처했다는 것은 그 직업이 주는 압박감에 대처할 능력이 없다는 뜻이고, 내 실패를 확인하는 것이나 다름없었습니다. 상급자들도 나를 신임하지 않았어요. 내담자들이 나에 대해 불평했기 때문이죠. 그런데도 나는 상황을 바로잡지 못했어요."

소진의 셋째 단계에 다다른 사람은 심리적, 육체적, 정서적으로 이미 약해진 상태이다. 그래서 자신을 소모하는 일에 시간과 에너지를 덜 쏟게 되고, 결국에는 최소한의 일만 하게 된다. 뿐만 아니라, 일의 질 또한 떨어진다. 양질의 일을 수행하려면 시간, 노력, 동기, 창의력, 개인적 헌신이 요구된다. 그런데 소진에 다다른 사람은 그런 양질의 일을 해낼 수가 없다.

소진 모델을 엄마에 적용하면

그렇다면 소진이라는 현상을 어떤 기준으로 엄마의 경험에 적용할 수 있는가? 몇 년 전 나는 예기치 않았던 일련의 상황 덕분에 직업 환경에서의 소진이라는 내 연구주제와 엄마로서의 내 경험을 비교하게 되었다. 그 비교를 통해 내 연구가 폭넓어지고, 소진에 대한 내 인식도 달라졌다.

그때 레오와 멜로디는 각각 다섯 살, 두 살이었다. 어느 일요일 아침, 나는 잠이 부족해 지친 몸으로 아이들과 함께 있었다. 레오와 멜로디는 성공적인 육아의 본보기로 등장하는, 밤에 깨지 않고 푹 자서 원기를 회복하는 훌륭한 아이들이 아니었다. 나 역시 그렇게 만드는 데 완패한 참이었다. 생각할 수 있는 모든 방법을 시도해봤지만 소용없었다. 굳이 변명하자면, 멜로디와 마찬가지로 레오도 건강에 조금 문제가 있어서 생후 일 년 동안 밤에 잠을 잘 자지 못했고, 이후 건강이 좋아졌음에도 불구하고 수면습관이 좋지 못했다.

아무튼 그날 우리는 한바탕 시리얼 전쟁을 치르며 우여곡절 많은 아침 식사를 마쳤다. 이후 레오와 멜로디는 거실에서 놀았고, 나는 세탁이라는 일상의 임무를 해결하려 애쓰고 있었다. 세탁기 앞에 몸을 숙이고 세탁물을 끄집어내는데, 두 아이가 다투는 소리가 들려왔다. 아이들이 지르는 비명의 크기와 비례해 내 안에 긴장감이 차올랐다. 나는 수면 부족과 버거운 생활 리듬 때문에 고갈되어 있었으므로, 잠에서 깨어난 뒤 열 번째로(적어도!) 찾아온 그 위기를 침착하게 넘길 여력이 없었다. 급기야 '일어날 일이 일어나고' 말았다. 아이들의 비명이 울부짖음으로 변했고, 누군가의 몸뚱이가 바닥에 내리꽂히는 둔탁한 소음과 찢어지는 듯한 외마디 비명이 들려왔다. 성대가 튼튼한 멜로디가 내는 비명이었다. 이윽고 자신의 결백함을 부르짖는 레오의 포효 소리가 이어졌다. 아이들의 다툼을 중재해줘야 한다는 생각에 몹시 피곤해졌고, 깊은 한숨이

절로 나왔다. 익히 알고 있는 공허감이 느껴졌다. 피로 때문에 몸이 마비된 느낌이었고, 아이들의 비명을 피해 달아나고만 싶었다. '견딜 수가 없어. 매일 이 모양이야…… 정말이지 이젠 도리가 없어.' 나는 속으로 되뇌었다.

이윽고 주변 몇 미터 안에서 벌어지고 있는, 내 아이들이 주연을 맡은 미니 드라마에 대해 소름 끼칠 정도로 초연함이 느껴졌다. 멜로디는 계속 큰 소리로 울부짖었다. 어디를 다친 것 같았다. 평소 나는 엄마의 본능으로 내가 모르는 사이에 아이들이 다칠 수 있다는 사실을 늘 염두에 두었지만, 그때는 거실에서 벌어지고 있는 그 사건에 완전히 무관심한 상태였다. 분노도, 불안도, 절박감도, 다른 어떤 감정도 느끼지 못했다. 그때껏 수없이 그랬던 것처럼 아이들에게 가서 말다툼을 중재하고, 위로해주고, 달래줘야 했을 것이다. 하지만 나는 그 자리에 꼼짝 않고 서 있기만 했다. 뭔가를 하려는 아주 작은 의지조차 없었다. 문제와 대면할 에너지가 없었다. 내면 깊숙한 곳에 숨겨진 에너지를 퍼 올려야 했지만 그러지 못했다. 속으로 이렇게 중얼거렸던 기억이 난다. '상황이 더 나빠지지는 않을 거야. 설령 무슨 일이 생겨도 상관없어.' 나는 아이들의 더욱 심해진 비명과 우는 소리가 전혀 들리지 않는 듯 다시 세탁물을 추리기 시작했다.

그런 상태로 몇 분이 흘렀다. 일을 마친 뒤에 마비 상태에서 벗어났다. 이윽고 나는 방금 일어난 일에 대해 곰곰이 생각해보았고, 그런 느낌이 처음이 아니라는 것을 깨달았다. 사실 그런 느낌은 퍽이나 자주 반복되었고, 어떻게 그 지경에 이를 수 있는지 나 자신도 의아했다. 어떻게 그런 냉정한 생각을 할 수 있었을까? 어떻게 내 아이들에게 일어날지도 모를 위험을 무시할 수 있었을까? 임신 중에 꿈꾸었던 이상적인 엄마 상과는 너무나 거리가 멀어 보였다.

나 자신에게 약속했던 성숙한 모성은 어디로 간 걸까? 현실은 너무나 달랐다. 친구들은 모두 너무나 잘 헤쳐가는 것 같았는데! 내가 무능하다는 것을 인정해야 했다. 내 최선은 충분하지 않았고, 상황은 한마디 말로 요약되었다. '나는 나쁜 엄마야.' 모든 것이 무너져 내리는 것 같았고, 주변의 엄마들이 나 같은 비극을 겪지 않는 것처럼 보였기 때문에 내가 느끼는 좌절감을 털어놓을 수도 없다는 생각이 들었다.

나는 그 상황을 좀 더 엄밀하게 분석하면서, 내 감정과 반응의 변화에 주목했다. 우선 심리적 육체적 고갈이 있었고, 그다음에는 두 아이에 대한 정서적 무관심이 이어졌다. 여기에 다시 엄마로서의 내 삶의 긍정적 측면에 대한 부인이 뒤따랐다. 마지막에는 스스로 나쁜 엄마라고 생각하면서 나 자신을 부정적으로 평가했다. 불현듯 나는 내가 경험한 다양한 감정과 내가 연구하는 소진의 모델 사이에 유사성이 존재한다는 것을 깨달았다.

소진에 대한 현행의 이론이 주로 직업 환경과 관련해 적용되는 것은 사실이다. 하지만 소진이 반드시 직업 환경에만 한정되는 현상은 아니다. 소진 모델은 내가 엄마 역할을 하면서 매일 하는 경험과 완벽하게 들어맞았다. 스트레스의 진행 양상이 매슬랙 박사의 이론과 똑같았고, 그 결과도 비슷해 보였다. 엄마로서 짊어지는 책임이 장기간 몹시 심한 스트레스를 불러왔다. 내가 느낀 육체적 정서적 고갈은 매우 실제적이었지만, 시간이 흐르면서 그 이유와 메커니즘을 잘 알 수 있었고, 덕분에 나 자신은 물론 주변 사람들에게까지 부정적 영향을 미치는 죄책감을 관리하는 데 도움을 받을 수 있었다.

이 발견 덕분에 엄마로서의 내 경험을 다른 시각으로 볼 수 있었고, 내 삶에 유효한 것들을 적절히 조절할 수 있었다. 그러면서도 그런 자각을 지극히 개인적인 것으로 여겼고, 다른 엄마들의 경험에까지 확대해 일반화할 생각은 감히 하지 못했다. 내가 모성 소진이라고 이름 붙인 현상을 다른 엄마들이 인정하고 공감할지 알고 싶긴 했다. 그래서 나는 범위를 확대해 내 연구에 새로운 차원을 부여하기로 했다. 이후 나는 엄마들의 스트레스를 다룬 책들을 탐독했고, 자신이 받는 스트레스에 관해 이야기하고 싶어하는 엄마들을 다방면으로 인터뷰했다.

이 주제에 대해 나와 처음 의견을 나눈 엄마는 가까운 친구인 도나였다. 도나는 세 아이와 함께 꽤 힘든 주말을 보낸 뒤 무척 의기소침한 상태였고, 나에게 이렇게 털어놓았다.

"이젠 정말 한계에 다다랐어. 아이들을 세상 그 무엇보다 사랑하지만 때로는 너무 힘들어서 다 그만두고 싶어져. 어느 날 저녁 휙 하니 사라져서 다시는 돌아오지 않고 싶어. 물론 정말로 그러지는 못하겠지. 아이들과 떨어져 산다는 생각만 해도 견딜 수가 없으니까. 완전히 모순이야. 아이들 없는 인생을 상상할 수 없으면서도, 가끔은 그 애들이 태어나지 않았으면 좋았을 거라는 생각이 들어…… 내가 아이들에게 소리 지르는 건 달리 어찌할 방법이 없기 때문이고, 슬픈 표정으로 아이들의 눈을 바라보는 건 나 자신이 보잘것없다고 느끼기 때문이야! 어떻게 이런 끔찍한 생각을 할 수 있지? 정말 부끄러워."

나는 도나가 느끼는 감정이 친숙하게 느껴졌다. 소진의 여러 단계 그리고 도나의 경험과 유사해 보이는 이론을 설명해주자 도나가 몹시 놀라며 말했다.

"바로 그거야! 내 머릿속에 떠오르는 생각들이 그렇게 간단하게 설명되리라고는 생각도 못했어. 그러니까 그런 감정을 느끼는 사람이 나 혼자만이 아니라는 거지? 그게 정상적이고 두루 인정되는 현상인 거야?"

나는 그런 감정은 엄마들이 매일 겪는 스트레스에 의해 흔하게 야기될 수 있다고, 하지만 아직 두루 인정받지는 못하고 있다고 대답했다. 그러자 도나는 모성 스트레스에 대해 계속 설명해보라고 나를 재촉했다.

"나쁜 엄마 취급을 받을지 모른다고 두려워하며 혼자 고독 속에서 그런 경험을 되풀이하지 않도록, 힘들어서 무너져버리는 엄마들이 이상한 동물 취급을 받지 않도록 엄마로서의 경험들을 공개적으로 이야기해야 해!"

이때부터 구체적인 개념이 잡혔다. 나는 심리치료를 통해 많은 엄마들을 만나보았다. 그 엄마들은 소진 상태에 처해 있다고 인정했고, 감추고 있던 감정들을 처음으로 고백했다. 그 전까지는 비난받을 것으로 생각해 감히 입 밖에 내어 말하지 못한 감정들이었다. 어떤 엄마들은 그런 경험을 하면서 고독은 물론 심적 고통까지 느꼈다. 세상에서 자기 혼자만 그런 감정을 느낀다고 생각했고, 자신은 엄마 자격이 없다고 생각했다. 그런 생각이 그들을 우울증으로 끌고 갔고, 그들은 자신이 문제라고, 모든 것은 자신의 무능과 결함 때문이라고 여겼다.

시간이 흐르면서 소진 모델을 엄마의 경험에 적용할 수 있었다. 이 적용을 통해 앞에서 설명한 소진의 각 단계들이 새로운 자리를 발견했다.

7세와 3세 두 아이를 키우는 전업주부 오딜은 자신이 모성 소진의 세 단계에 무척이나 공감한다고 말했다.

"엄마로서 살려면 믿을 수 없을 만큼 많은 에너지가 필요해요! 이른 아침부터 일어나 하루를 마라톤 하듯 보내야 하죠. 한순간도 숨 돌릴 틈이 없어요. 청소, 빨래, 식사 준비를 하고 병원에도 가야 하죠. "아니야, 싫어!" 하는 외침, 울음소리, 말다툼, 바로잡아줘야 할 온갖 말썽들이 거기에 덧붙어요. 동시에 여러 가지 일을 처리해야 하지만 사실 그건 무리죠……. 밤이 되어 침대에 누울 땐 완전히 녹초 상태예요! 그리고 다음 날 아침 잠에서 깨어나면 똑같은 일이 반복되죠! 그렇게 살아온 것이 벌써 칠 년째이고, 둘째 마리가 태어난 뒤로는 부담이 두 배가 되었어요. 아이들은 내가 피곤해하는 걸 몰라요. 그것 때문에 아이들을 원망할 순 없죠. 하지만 그 애들은 나에게도 한계가 있다는 걸 모르는지 엄마로서 내가 보여주는 너그러움을 한껏 이용해요. 내가 슈퍼우먼이라도 되는 것처럼 동시에 모든 일을 해주길 기대하죠. 하지만 나는 슈퍼우먼이 아니고, 그런 기대를 일일이 충족시켜주지 못하죠. 그래도 나는 아낌없이 주고, 주고, 또 줘요. 아이들은 때와 상황을 고려할 줄 모르니까요! 하지만 내 배터리가 완전히 방전될 때가 있어요. 그럴 때면 에너지가 완전히 바닥난 느낌이 들죠. 참을성이 없어지고, 아무것도 아닌 일에 소리를 지르고, 기진맥진하죠. 한마디로 더는 견딜 수 없는 상태가 돼요……. 하지만 난 아이들을 사랑하기 때문에 그런 순간이 닥치면 아이들에게 필요한 것을 해주지 못한다는 사실이 몹시 안타까워요. 마비 상태에 빠진 것 같고, 주변과 단절된 느낌도 들고요. 사실 주변과 단절하지 않으면 일상생활을 계속해나갈 수 없고 견뎌낼 수가 없어요. 그런 순간이면 큰 죄책감이 들죠. 두 손 두 발이 묶인 것 같기도 하고요. 아이들 문제에 대해 개의치 않는다는 뜻은 아니에요. 그런 문제들과 대면할 에너지가 더는 없다는 뜻이죠. 우리 엄마들은 다들 완벽한 엄마가 되길 꿈꾸죠. 아이들을 사랑하는 만큼 아이들에게 최선을 다하고 싶으니까요. 그런데 최선을 다하지 못한다고 느껴지면 아이들을 어딘가에 내다 버리고 싶은 생각이 들고, 그런 생각을 하는 나 자신을 용서할 수가 없어요."

오딜의 증언은 소진의 세 단계가 엄마들의 경험에도 흔히 나타난다는 것을 보여준다. 매일 책임을 감당하느라 에너지가 조금씩 마모될 경우 엄마에게는 정서적 고갈이 일어나며, 다음의 것들에도 문제가 생긴다.

- 인내
- 너그러움
- 좌절에 대한 저항력
- 갈등을 관리하는 능력
- 남의 말을 들어주는 능력과 침착함
- 피로에 대한 육체의 저항력
- 활기
- 건강

어느 슈퍼마켓 체인에서 내세웠던 캠페인 문구가 생각난다. '많이 주는 사람에게 더 많은 것을 줍시다!' 사실 엄마는 많은 것을 준다! 하지만 장기적으로 헌신할 경우 치러야 할 대가가 점점 커진다. 엄마가 가족들의 기대를 충분히 채워주지 못할 경우 현실과의 단절이 일어난다.

"그런 순간이면 내가 마치 로봇처럼 움직인다는 느낌이 들어요. 할 일을 하긴 하지만, 아무것도 느끼지 못하죠. 그래서 웬만한 사건에는 충격을 받지 않아요. 그것도 좋은 일이죠. 난 아이들 걱정을 하느라 항상 피곤하니까요!"

13세와 16세의 사춘기 자녀를 둔 신디가 나에게 한 말이다. 완벽한 엄마에 대한 신화는 이런 식으로 손상을 입고, 나쁜 엄마라는 죄책감에 자리를 내줄 때가 많다.

스트레스가 끊이지 않고 계속될 때

그런데 소진이라는 현상은 어느 날 갑자기 발생하지는 않는다. 소진의 첫 단계인 정서적 고갈 단계는 만성적이고 반복적인 중간 강도의 스트레스나 언제 끝날지 예측할 수 없어서 많은 에너지가 소모되는 스트레스 뒤에 일어날 때가 많다.

스트레스에 대한 연구를 보면, 다른 사건과 상관없이 발생하는 갑작스럽고 강력한 스트레스(자동차 사고나 자연재해 등)는 즉각적으로 해로운 영향을 가져온다. 반면 중간 강도의 스트레스가 반복될 때는 소진 현상이 일어난다. 중간 강도의 스트레스는 곧바로 해로운 영향을 가져오지는 않는다. 매일 자동차로 출퇴근하면서 왕복 2~3시간을 교통체증 속에서 보내는 사람을 예로 들어보자. 이런 스트레스는 자동차 사고나 자연재해 같은 강력한 스트레스만큼 고통스럽지는 않다. 가끔가다 한 번씩 교통체증을 겪는다면 짜증은 나겠지만 지속적인 타격을 입지는 않을 것이다. 하지만 그런 스트레스를 매일 경험한다면, 아침저녁으로 선택의 여지 없이 그 스트레스를 겪어야만 한다면 에너지가 많이 소모될 것이다. 한 가지 스트레스가 지속적으로 반복된다고 소진 상태에 이르지는 않는다. 비슷한 유형의 스트레스 서너 가지가 장기간 반복될 때 소진에 이를 위험이 있다. 물 한 방울이 오랫동안 계속해서 돌 위에 떨어지면 결국 돌에 구멍이 나는 원리와 비슷하다.

물론 그런 환경에 노출된 사람들이 반드시 소진 상태에 다다르는 것은 아니다. 어떤 사람들은 그런 환경에도 불구하고 소진의 부정적인 영향을 경험하지 않는다. 엄마들도 마찬가지이다. 그런 환경에 처한 엄마들이 모두 다 모성 소진으로 고통받지는 않는다. 다행히 고통받지 않는 엄마들도 있다! 어떤 엄마들은 중압감과 스트레스를 느껴도 큰 문제 없이 자기가 맡은 책임을 평온하게 수행한다. 스트레스를 받고 때때로 그 스트레스 때문에 타격을 입기도 하지만 모성 소진에까지 이르지는 않는 엄마들도 있다. 다른 한편으로, 모성 소진에 다다른 엄마가 그것의 여러 단계를 불규칙하게 경험할 수도 있다.

소진의 원인인 중간 강도의 반복적인 스트레스 이야기로 돌아가, 특정한 스트레스 요인들이 모성 소진에 이르는 데 큰 역할을 한다는 사실을 강조할 필요가 있다.[3] 직업 환경에 그런 스트레스 요인이 존재할 경

---

3 V. 게리토-샬뱅,「직업 환경에 나타나는 소진 현상에서 일과 사람의 상호작용: 일과 사람의 상호작용의 신뢰도와 유효성 실험」, 출판 중인 박사논문.

우, 그것을 매일 경험할 수밖에 없다. 특히 반복된다는 특성이 높은 스트레스 수치로 이어질 수 있다는 데 주목해야 한다. 이런 스트레스 요인에 어떤 것들이 있는지 살펴보자. 수도 없이 많지만, 일단 널리 알려진 직업적 스트레스 요인들을 골랐다. 이것은 엄마의 경험에도 적용될 수 있다.

- 과중한 일과
- (상황, 사건, 일의 조건 등에 대한) 통제력의 부재 또는 제한된 통제력
- 예측 불가능성(상황과 사건이 지닌 예기치 못한 특성)
- 수행한 일에 대한 보상이나 인정의 부재
- 지원의 부재
- 일에 부여하는 개인적 가치의 부재
- 맡겨진 책임을 수행하는 데 필요한 교육의 부재

과중한 일과에 관해 이야기하고 싶은가? 그렇다면 마음대로 사직할 수도 없는 조건에서 상황과 관계없이 1년 365일 24시간 내내 일하는 엄마가 되어보라!

통제력의 부재? 생후 18개월 된 아기가 방금 타일 바닥에 머리를 부딪쳐 병원 응급실에서 두개골 외상이라는 진단을 받았다고 상상해보라. 그 아기는 당신이 욕실에서 동생의 기저귀를 갈아주는 틈을 타 부엌 탁자에 기어 올라갔다가 그런 일을 당했다. 아기는 응급실에 누워 있고, 당신은 아이의 목숨이 위태로운지 아닌지 의사가 말해주기를 기다리고 있다. 모든 것이 당신의 통제력을 벗어나 있다!

예측 불가능성? 당신이 아기 엄마라면 돌발사건 때문에 잠에서 깨지

않고 하룻밤 내리 단잠을 잘 수 있는 날이 언제 올지, 한 번 시작한 일을 돌발사건 때문에 중단하지 않고 끝까지 해낼 수 있는 날이 언제 올지 한 번쯤 한탄해본 적이 있을 것이다.

수행한 일에 대한 보상이나 인정의 부재? 남편, 가족 혹은 주변 사람 중 누군가가 얼굴에 미소를 띠며 "당신은 훌륭한 엄마야. 당신 같은 사람을 엄마로 두다니 이 아이들은 정말 운이 좋아⋯⋯"라고 말해준 적이 있느냐고 엄마들에게 물어보라.

이번엔 지원의 부재에 관해 이야기해보자! 몇 년 전 미국의 『더 마더후드 리포트(The Motherhood Report)』지에 전국적 규모의 한 조사 결과가 발표되었다.[4] 그 조사 결과에 따르면, 미국 엄마의 25%만이 '남편에게서 받는 지원에 매우 만족하고 있다.'라고 대답했다. 다른 엄마들, 즉 열 명 중 일곱 명이 넘는 엄마가 '남편이 가사와 육아에 충분히 참여하지 않는다'고 불평했다.

맡겨진 책임을 수행하는 데 필요한 교육의 부재? 당신은 가족, 육아 전문 서적, 잡지, 라디오, 텔레비전에서 말하는 서로 모순되는 육아법을 선별해서 적용할 수 있는가!

우울증 그리고 잘못된 설명들

직업 환경에서 인정되는 많은 스트레스 요인이 엄마의 일에서도 발

---

4 L. 제너비와 E. 마골리스, 『더 마더후드 리포트』, 뉴욕, 맥밀란, 1987년.

견된다는 사실을 부인하기 힘들다. 직장인이 스트레스를 받는 것이 타당하다면, 엄마들도 스트레스를 느끼는 타당한 이유가 있을 것이다.

그동안 모성 소진 문제가 은폐되어 온 만큼, 엄마들이 경험하는 고갈과 그 영향 역시 개인의 취약함이나 우울증 때문인 것으로 서둘러 판단되어버린 감이 있다. 직업 환경이든 엄마의 상황이든 소진은 주로 감정과 행동을 통해 나타나기 때문에, 개인에 관련되는 문제이지 그 사람이 하는 일이나 환경과 관련되는 문제는 아니라는 의견이 일반적으로 통용되어 왔다. 성격이 취약해서 소진으로 고통받는 것이며, 일하는 데 필요한 육체적 심리적 내성이 몹시 부족하다고 말이다. 다시 말해 우리 사회에서는 강한 자들만 살아남으며, 소진으로 고통받는다는 것은 강자의 자리에 서지 못했음을 의미한다는 것이다. 이렇듯 우리 사회는 소진으로 고통받는 것은 개인의 성격적 결함 혹은 그 사람이 주변 사람들의 기대에 부응하지 못한 탓이라고 선언해버렸다.

이런 접근은 일견 논리적이고 객관적으로 보이지만, 소진이라는 현상이 개인에게 뿌리를 두며 그러므로 해결책을 찾아내는 책임도 개인에게 있다고 가정한다. 그런데 이런 관점은 지나치게 단순하며, 소진으로 고통받는 사람들로 하여금 그 경험을 개인적 관점에서 보게 하고 심리치료를 통해 각자 알아서 해결하도록 권하는 경향이 있다. 당사자들 역시 고립되어 행동함으로써, 소진이 개인의 결함으로 인한 문제라는 인식을 확인시켜준다. 실제로 대부분의 정신의학자, 심리학자, 의사들이 이런 관점을 지향한다. 그들은 외부에서 원인을 찾지 않고 개인의 결핍과 무능함으로 인한 심리적 동요를 원인으로 본다. 하지만 나는 이런 관점을 단호하게 비판하고 싶다.

일의 특성이 어떠하든 소진이라는 문제의 뿌리는 그 일을 하는 사람이 아니라 환경에 있음을 많은 연구들이 보여주고 있다.[5] 우리 인간은 사회적 존재이며, 따라서 환경과 그 속에서 상호작용하는 방식은 맡겨진 임무를 수행하는 데 큰 영향을 미친다. 일하는 환경 속에서 인간적 특성을 존중받지 못할 때, 소진의 위험성 및 그것이 초래하는 해로운 영향도 함께 증가한다.

엄마의 일: 진짜일까, 가짜일까?

엄마들이 받는 스트레스는 그다지 널리 인정받지 못하지만, 엄마들의 일상에 대해 듣는 것만으로도 스트레스가 엄청나다는 사실을 이해할 수 있다. 그런데 엄마들이 받는 스트레스가 제대로 인정받지 못하는 이유는 우리가 엄마들이 하는 일을 진짜 일로 여기지 않기 때문은 아닐까? 다른 한편으로, 진짜 일을 하는 사람만 스트레스를 받는다고 생각하는 것이 적절할까?

엄마가 하는 일을 어떻게 진정한 일로 여기지 않을 수 있는지 나는 궁금하다. 물론 이것은 진짜라는 단어와 일이라는 단어의 정의를 어떻게 내리느냐에 따라 달라지는 문제일 것이다. 여러 사전적 정의 중 하나만을 채택해 '보수를 받는 일'만 진짜 일로 간주할 경우, 그 구체적 기준이 직장에서의 직책, 봉급 명세서, 사회보장제도 가입 여부 등 다분히 물

---

5 C. 매슬랙과 M. P. 라이터, 『소진에 관한 진실』, 샌프란시스코, 조시-베이스 퍼블리셔스, 1997년.

질적일 경우, 엄마가 하는 일이 이 기준에 부합하지 않는다는 것은 확실하다. 하지만 일이라는 것을 이런 정의에만 한정시키는 데는 무리가 있다. 실제로 밖에서 직장생활을 하는 많은 엄마들이 직장에서 감당하는 책임보다 엄마로서의 책임이 더 복잡하고 고생스러울 때가 많다고 털어놓았다.

8세, 6세, 2세 세 아이의 엄마인 상드린이 나에게 말했다.

"첫 아이가 태어나기 전에는 아이를 낳으면 한동안 직장을 쉴 수 있을 테니 좋을 거라고 생각했어요. 직장에 다니는 동안엔 마음 편히 쉬어보지 못했거든요. 아기 낳고 직장을 쉬는 기간이 '일하는' 기간일 것이라고는 꿈에도 생각하지 못했어요! 아이들을 데리고 공원을 산책하고 도서관에서 많은 시간을 보내는 것만 꿈꾸었죠. 아이들이 초콜릿이 듬뿍 담긴 숟가락을 핥으며 케이크 만드는 일을 도와주는 장면도 상상했어요. 집안이 흠잡을 데 없이 깔끔하게 정돈되어 있고 갓 걷어온 빨래에서 좋은 향기가 나는 것은 제쳐놓고라도요……. 실제로 나는 공원에서 산책을 하고, 도서관에서 책도 읽고, 아이들과 함께 케이크도 만들어요. 아이들을 안아주고, 재미있는 책을 읽어주고, 아이들이 커가는 모습을 지켜보는 행복도 맛보고요. 미처 상상하지 못했던 행복이죠. 하지만 엄마의 삶에는 행복과 관계없는 많은 일들도 포함되어 있어요. 아이 기저귀를 갈고, 산더미처럼 쌓인 옷을 세탁하고, 식탁에 널려 있는 접시들을 닦고, 엉뚱한 곳에 흩어져 있는 장난감을 정리하고, 피아노 무용 교습을 위해 아이들을 여기저기로 데려다주는 등 온갖 뒤치다꺼리를 해야 하죠. 그러느라 시간 가는 줄도 몰라요. 예기치 않았던 사건이 일어나 잠을 자지 못하는 밤이나 가계부를 정산하느라 정신없는 월말은 말할 것도 없어요. 아이들 때문에 머리끝까지 화가 나 큰 소리로 고함을 치는 일도 있고요. 나에게 그런 일이 일어나리라고는 상상하지 못했어요. 산책을 마치고 돌아오면 다림질할 옷이 산더미처럼 쌓여 있고 집이 엉망진창으로 어질러져 있어서 스트레스를 받을 거라고도 상상하지 못했고요······. 정말 아무것도 하지 않고 쉬게 될 거라 기대하지는 않았어요. 하지만 직장에서보다 두 배 더 일하는 걸 기대하지도 않았답니다!"

클레르는 직장생활과 엄마로서의 일을 비교해주었다.

"내 딸 발랑틴은 세 살이고, 아들 기욤은 여섯 살이에요. 그 애들이 태어난 후, 나는 마케팅 디렉터 일이 엄마 역할보다 더 쉽다는 것 혹은 스트레스를 더 적게 받는다는 것을 깨달았어요! 물론 직장에서는 일이 지체되거나 상사와 갈등이 생길 때 압박감을 느끼죠. 애를 써서 큰일을 해냈는데 흡족할 만큼 인정받지 못할 때도 많아요. 하지만 그런 것들에서 받는 스트레스는 두 아이와 함께 집에 있을 때 받는 스트레스와는 비교가 되지 않아요. 직장에서 중요한 서류를 작성하는 일보다 집에서 일어나는 일에 통제력을 발휘하지 못할 때가 더 많으니까요! 예측 불가능성이 내게서 에너지를 많이 빼앗아가는 것 같아요. 전혀 예측하지 못했던 사건이 일어나면, 아이들이 말도 안 되는 변덕을 부리거나 어리석은 짓을 저지르거나 갑자기 병에 걸리면, 나는 골치가 아프고 그다지 인내심을 발휘하지 못해요. 직장에서는 압박감을 느끼긴 하지만 꽤 인내심을 발휘하는 편인데 말이에요. 그래서 내가 엄마로서 산다는 건 멋지면서도 스트레스 받는 일인 거예요."

참고로 소진은 두통, 구토감, 현기증, 소화불량 같은 생리적 증상을 거쳐 자폐(自閉), 약물과 알코올 남용으로 진행되고, 심한 경우 우울증과 자살로 이어질 수도 있다.

소진에 이르게 하는 스트레스의 근원을 알면, 스트레스를 잘 분별하고 스트레스로부터 자신을 보호할 수 있다. 또 소진을 분석하면 엄마들이 느끼는 피로, 기분 변화, 격렬한 반응, 우울증이 반드시 호르몬 불균형이나 개인의 성격 또는 해결되지 않은 어린 시절의 갈등에만 기인하는 것은 아니라는 사실을 알게 되고, 이 사실을 통해 엄마들을 격려할 수 있다. 엄마들이 겪는 스트레스를 개인의 성격 탓으로 돌리고 그 자체로서만 다루려고 하는 태도는 이쯤에서 그만둘 필요가 있다. 소진은 직업 차원이든 모성 차원이든 개인의 무능력에 기인하는 문제가 아니다. 소진은 개인 그리고 개인이 처한 환경 간의 상호작용에서 나오며 좀 더 복잡한 역학관계가 존재한다. 스트레스 요인을 잘 알면 자기 자신을 더 잘 이해할 수 있다. 엄마로 살면서 스트레스를 받는다고 해서 그것이 용인되지 못할 일이거나 부끄러운 일은 전혀 아니다.

이제는 엄마의 책임과 관련된 어려움을 공개적으로 이야기할 때가 되었다. 엄마 역할을 한다는 것은 그 자체로서 당당한 일이며, 거기에 내재된 위험요소를 경시하는 것은 장기적으로 볼 때 손해이기 때문이다.

2장

과중한 일과:
"더는 견딜 수가 없어요"

"엄마는 항공 관제사 여러 명이 하는 일을
혼자서도 쉽게 완수할 수 있다."

— 리자 앨터

2

　엄마들이 겪는 스트레스 요인으로 가장 많이 거론되는 것은 과중한 일과이다. 어떤 분야에서든 과중한 일과는 낙담과 스트레스를 일으킨다. 일이 너무 없어도 권태와 고립감 때문에 스트레스를 느낄 수 있다. 특히 실직처럼 장기간 그런 상태가 계속될 경우에 말이다. 반대로 일이 정신없이 계속 이어져도 장기간에 걸쳐 스트레스를 받을 수 있다. 엄마의 일 역시 이런 법칙에서 벗어나지 않으며, 그 사례는 수도 없이 많다.

　앵글로색슨족의 오래된 속담이 하나 있다. '남자는 해 뜰 때부터 해 질 때까지 일하지만 여자의 일은 끝이 없다'라는 속담이다. 거의 언제나 일을 하고 있고, 진정으로 당신에게 속한 시간은 1분도 없는 느낌이 드는가? 하루가 24시간이 아니라 48시간이면 좋겠다고 바란 적이 있는가? 전업주부이든 밖에서 일하든, 엄마들의 일상은 중요한 통계연구의 대상이 된다.

또한 엄마들이 겪는 과중한 일과는 다양한 방식으로 해석되며, 중대한 스트레스의 근원이 될 수 있다.

시간의 제약

세 아이의 엄마인 실비아가 나에게 말했다.
"내 경우 하루 중 가장 힘든 시간은 아침이에요. 잠에서 깨어나는 순간부터 아이들이 학교에 도착하는 순간까지 엄청나게 시간에 쫓기죠."

고백하는데, 나도 시간의 노예가 된 느낌을 받은 적이 많다. 시간이라는 무자비한 간수는 분주한 일과로 인한 피로를 전혀 배려하지 않은 채 나를 끊임없이 독촉하고 이 일 저 일로 끌고 다닌다. 문제는 할 일이 항상 넘치게 많은데 하루는 24시간뿐이라는 사실이다.

모든 가정에는 스트레스의 정점을 찍는 시간이 존재한다. 대개 아침이다. 직장에 다니는 엄마라면 아래에 소개하는 파울라의 경험에 공감할 것이다.

"아침에 일어나 아이들을 입히고 먹인 뒤 사무실에 도착하면 하루 일과를 다 마친 것처럼 피곤하고, 이제 막 하루가 시작되었을 뿐인데도 시간이 빨리 지나갔으면 하는 마음뿐이에요!"

아이를 기른다는 것은 시간을 분배해 일을 처리하는 능력이 무척 뛰어난 사람에게도 진정한 도전일 수 있다. 이런 맥락에서 시간 관리라는 예민한 주제가 대두되며, 엄마는 아무리 우선순위를 잘 정해도, 꼬리를 물고 일어나는 사건에 당황하지 않을 재간이 없다. 그러니 우선순위에 대한 부적절한 조언은 엄마에게 상당한 스트레스가 될 것이다.

실비아는 이런 말도 했다.
"아침에 일어나면 오늘 하루가 생산적이면 좋겠다는 생각이 들어요. 그래서 해야 할 일의 목록을 작성하지요. 그러나 하루 동안 수많은 일들이 일어나고, 하루가 끝날 무렵이면 목록에 적어놓은 일의 절반도 끝내지 못했다는 걸 깨닫게 돼요. 무척 실망스럽죠. 하지만 무엇보다 힘든 건 남편이 나에게 당신은 시간 분배 능력이 부족하다고, 우선순위를 정해 시간을 잘 분배하면 당신이 겪는 문제는 틀림없이 줄어들 거라고 귀에 못이 박히도록 말하는 거예요. 엄마 역할을 한다는 것은 내가 원하는 질서와 시간 속에서 일하는 것을 의미하지 않기 때문에, 남편의 그 말이 무척이나 짜증스럽게 들린답니다."

시간 제약이 즐거움으로 바뀌는 일은 매우 드물다. 우리는 시간 부족 때문에 자주 낙담한다. 휴식을 취해야 할 주말 시간조차 재충전을 방해하는 속박으로 채워지게 마련이다.

쌍둥이 엄마인 소피는 이 문제에 대해 이렇게 말했다.
"나는 일주일 내내 주말을 꿈꾼답니다. 다음 주말엔 꼭 시간을 내서 휴식도 취하고 한 주 동안 하지 못한 일을 처리하자고 다짐해요! 집 안을 정리하고, 밀린 빨래를 하고, 직장에서 늦게 귀가해 요리할 시간이 없을 때를 대비해 음식도 미리 만들어놓고 싶어요. 가족과 함께 즐겁고 느긋한 시간을 보내기를 꿈꾸며 참을성 있게 주말을 기다리죠. 하지만 막상 주말이 되면 하려고 계획한 것의 절반도 하지 못했다는 사실이 너무 실망스러워서 월요일 아침이 더 마음 편하게 느껴질 정도예요!"

육체적 피로

과중한 일과 때문에 소모되는 육체적 에너지의 양은 상당하다. 아이들이 아프기라도 하면 상황은 더욱 악화된다. 아이 하나가 열이 나서 누워 있고 다른 아이는 콜록콜록 기침을 하는 가운데, 아이들을 돌보며 밤을 보낼지 아니면 계획했던 일을 할지 결정하느라 심한 스트레스를 받는다. 특히 독감이 유행할 때는 몸이 열 개라도 모자란다. 중요한 회의에 참석해야 하고, 집에는 아이들이 아파서 누워 있고, 소아과와 약국 혹은 침대로 정신없이 왔다 갔다 해야 하기 때문이다. 뜬눈으로 밤을 지새우는 일이 다반사이다.

하지만 정말 힘든 경우는 엄마 자신이 아플 때 혹은 식구들이 전부 아플 때이다. 엄마가 아파서 몸져누워 있으면 식구들이 모두 걱정한다. 하지만 그런 걱정과는 상관없이 뭔가가 필요하면 여전히 엄마에게 와서 문제를 호소하고, 아프지 않을 때와 마찬가지로 엄마가 나서서 그 문제를 해결해줘야 한다……!

사실 어떤 직업에 종사하든 가끔씩은 야근이 불가피하다. 노동조합이 강력하게 저항하고 동맹파업을 결의해도 그런 사정이 나아지기는 힘들다! 그래서 우리는 일을 하면 스트레스를 받을 수밖에 없다고 인정하는 것이다. 그런데 왜 이런 시각이 엄마의 일에는 적용되지 않을까?

엄마에게 엄청난 힘과 에너지가 요구된다는 사실은 그다지 주목받지 못하는 경우가 많다. 엄마들이 매일같이 하는 일을 생각해보라! 빨래바구니는 가득 차 있고, 묵직한 장바구니를 자동차 트렁크에서 꺼내 탁자에 올려놓고 정리해야 한다. 집 안 청소로 인한 피로는 말할 것도 없다. 문지르고 씻어내느라 연거푸 스무 번 이상 몸을 굽혔다 펴야 한다. 물건을 들어 올리고, 당기고, 다시 제자리에 놓아야 한다. 게다가 이 모든 일을 짧은 시간에 후다닥 해치워야 한다.

아이들과 관련된 육체적 피로에 대해서는 아직 언급조차 하지 않았다. 우선 아홉 달 동안 아기를 몸속에 품고 있는 일부터가 엄마의 육체를 혼란에 빠뜨리고 많은 에너지를 소모시킨다. 생명을 잉태한다는 것은 여성에게 주어진 소중한 선물이지만, 임신부가 겪는 육체적 피로는 다른 피로와 비교되지 않는 특별한 것이기도 하다. 그렇기에 남자들이나 임신해보지 않은 여자들은 그것을 충분히 이해하지 못한다. 모유 수유를 하는 엄마가 필요한 에너지를 유지하려면 매일 500칼로리의 열량과 20그램의 단백질이 더 필요하다는 사실을 알고 있는가?

임신, 출산, 수유로 인해 생기는 피로는 굳이 언급하지 않더라도, 아이가 스스로 걸어 다닐 수 있을 때까지(엄마에게 안겨서 다니지 않을 때까지) 엄마가 아기를 안은 채 평균 몇 킬로미터를 돌아다니는지 계산해본 적이 있는가? 그런 통계치를 나는 한 번도 본 적이 없다. 하지만 그 통계치를 내보는 일은 틀림없이 흥미로울 것이다!

아이가 혼자 걸어 다닐 수 있게 되어도, 엄마는 또 다른 요구에 순응해야 한다.('순응하다'가 딱 맞는 표현이다!) 이때가 되면 엄마는 호기심 왕성하고 호시탐탐 엉뚱한 짓을 하려 드는 아이들의 극성스러운 움직임을 감당해내야 한다. 이 시기의 아이들이 하는 엉뚱한 짓은 셀 수 없이 많다. 가구를 타고 올라가는 것부터 집에 있는 온갖 구멍들에 손가락을 집어넣는 기발한 짓거리까지 말이다. 수많은 물건들을 입에 가져가 삼켜버리는 짓은 말할 것도 없다! 엄마는 집 안, 상점 혹은 공원에서 아이들의 모험적 본능을 열심히 감시해야 하며, 아이들이 저지를 어리석은 짓을 미리 예측하고 대비해야 한다. 이런 상황이 육체적 정서적 스트레스를 증가시킨다.

아래에 소개할 18개월 된 쌍둥이 엄마의 경험처럼, 그런 상황에서 에너지가 고갈되고 상처받는 것은 어쩌면 당연해 보인다.

"카미유와 마갈리는 에너지가 넘쳐요. 특히 걸음마를 하게 된 이후엔 마라톤에 참가하려고 훈련이라도 하는 것 같다니까요! 그 무엇도 그냥 지나치는 법이 없어서, 행여 아이들이 다치기라도 할까 봐, 새롭고 흥미로운 물건에 접근하지 못하도록 끊임없이 경계해야 돼요. 한 달 전에는 위험한 물건에서 떨어뜨려 놓기 위해, 몸을 숙인 상태에서 그 애들을 계속 안고 있어야 했어요. 다시 몸을 일으킬 때 무리하게 힘을 쓰다가 허리를 삐끗해서 일주일 동안 침대 신세까지 져야 했다니까요!"

엄마의 책임이란 바로 이런 것이다. 그리고 여기서 유발되는 육체적 피로는 엄마의 행복에 타격을 가져올 수 있다. 임신했거나 출산한 지 얼마 안 되는 엄마들은 하나같이 이런 말을 했다. "왜 늘 그렇게 피곤한 걸까요?" 엄마의 책임이 아무리 자연스러운 것이라 해도, 우리는 그것이 육체와 정신에 매우 피곤한 일이라는 걸 쉽게 잊어버리는 경향이 있다. 아니면 우리 사회가 그 피곤함마저도 모성의 일부로 여기기 때문에, 다시 말해 그런 피곤함을 정상적인 것으로 여기기 때문에 엄마가 힘들다는 사실을 인정하지 않는 걸까?

그런 피곤함의 결과는 어떠할까? 엄마 역할은 주파한 거리보다는 횟수로 측정되는 마라톤이다. 다른 한편으로 그 마라톤이 육체에 가하는 강도는 상당히 높다. 달리는 속도를 스스로 조절할 수가 없기 때문이다. 능력이 되든 안 되든 선두 그룹에서 뛰는 것 말고는 선택의 여지가 없다.

엄마는 '멀티 플레이어'

엄마들은 멀티 플레이어이다. 제시간에 일을 해내는 데도 익숙하다. 가족 공동체는 직장과는 분위기가 많이 다르다! 직장에서는 다른 사람의 일을 대신 할 경우 그 사람의 영역을 침해하는 행동일까 봐 염려하지만, 가족 공동체에서는 모든 일을 알아서 하라고 엄마에게 맡겨버리고 흡족해하는 경우가 많다!

엄마가 하는 일의 범위가 넓은 만큼, 엄마의 일터 또한 넓다. 이 생각을 하면서 실제로 전날 내가 한 일들의 목록을 작성해보았고, 내가 하는 일이 믿기 힘들 만큼 다양하다는 사실을 깨달았다. 우선 그다지 믿음직스럽지는 않지만 15년 동안 잘 작동해주었고 지난 1년 동안 꼬박 빈사 상태에 시달리다가 결국 사망해버린 보일러를 교체하는 문제로 배관공과 전화 통화를 했다. 그런 다음에는 딸아이 멜로디가 입을 옷을 골라줘야 했다. 멜로디는 목 부분이 넓게 파이고 소매가 짧은 원피스를 입으려고 했다. 때가 2월 중순이라는 걸 생각하면 심각한 문제였다! 멜로디가 입을 옷을 정해준 다음에는 전날 친한 친구와 싸워서 기분이 우울한 레오의 이야기를 주의 깊게 들어줘야 했다. 그런 후에는 요즘 "난 배 안 고파. 아무것도 먹고 싶지 않아. 됐어!"라는 말을 입에 달고 사는 멜로디의 도시락에 맛있는 음식을 만들어 넣어주어야 했다. 도시락을 싼 다음엔 혼잡한 길을 곡예사처럼 지그재그로 운전해 아이들을 학교에 데려다주었다. 그런 다음에야 이 책 몇 페이지를 쓰기 위해 책상 앞에 앉았다. 그런데 전화벨 소리가 울려 네다섯 번이나 집필을 중단해야 했다. 아침, 점심, 저녁 식사를 준비했고, 설거지를 했고, 세탁을 세 번 했다. 아이들이 학교에서 돌아온 뒤에는 레오의 숙제를 도와주었고, 마지막으로 저녁 시간에는 계속 투닥거리는 레오와 멜로디 사이를 중재해주었다. 두 아이 중 하나를 창밖으로 던져버리고 싶었지만, 도인이 된 심정으로 그런 충동을 애써 억눌렀다!

그런데 이런 날이 그리 특별한 날은 아니다. 평소 하루에도 몇 번이고 재빨리 역할을 바꿔야 해서 내가 지금 뭘 하고 있는지 어리둥절해질 때가 많다! 거듭 말하지만 다른 엄마들도 사정은 마찬가지이다. 우리 엄마들은 간호사, 선생님, 요리사, 가정부, 구매 담당자, 중재자, 정비사, 재단사, 의상 코디네이터, 비서, 회계 책임자, 운전기사, 정원사, 진행자, 영업부장, 교육 고문, 심리 상담가 등의 역할을 동시에 해내야 한다. 어려운 일처럼 보이지만, 실제로 많은 엄마들이 그렇게 한다.

다양한 역할을 동시에 수행하는 데서 오는 첫 번째 어려움은 한 가지 일에 오랫동안 집중하기가 힘들다는 것이다. 서로 다른 수많은 문제에 끊임없이 주의를 기울여야 하기 때문에 한 가지 일에 온전히 집중하기가 매우 힘들다. 저녁 식사를 준비하는 동안 다른 용무 때문에 식사 준비를 몇 번 중단하는지 세어본 적이 있는가? 36세이고 세 아이의 엄마인 베로니크는 피곤했던 하루 일과가 끝나고 저녁 식사를 준비하는 시간이 가장 스트레스 받는 시간이라고 털어놓았다. 식구들이 모두 동시에 각자 중요한 이유로 그녀를 필요로 하기 때문이라는 것이다.

"나는 저녁 식사를 되도록 공들여 준비하려고 해요. 점심은 각자 구내식당 같은 곳에서 대충 때우게 마련이니까요. 하지만 저녁 준비를 시작하는 순간 식구들이 다들 나에게 뭔가를 요구하죠. 맏딸 마리는 머리를 싸매고 씨름했지만 풀지 못한 수학 문제 때문에 절박한 표정으로 나타나고, 알렉상드르는 엄마가 누나한테만 관심 쏟는 것을 견디지 못하고 레고로 성 쌓는 걸 도와달라고 해요. 다음은 오리안 차례예요. 오리안은 방금 자기가 그린 그림을 들고 와 보여주며 내가 감탄하길 바라죠. 그러는 동안 전화벨이 두세 차례 울려요. 아이들이 울고, 서로 싸우기도 하고요. 한쪽에서는 남편이 중요한 서류를 찾아내지 못해 나를 원망해요. 자기가 분명히 서류함에 넣어뒀는데, 내가 방 정리를 하면서 어딘가에 치웠다는 거예요. 나는 그 서류함이 어떻게 생겼는지도 모르는데 말이에요! 이런 마당이니 정신이 하나도 없어서 식사 준비에 집중하기 힘들 때가 많아요."

살면서 가장 짜증이 나는 일이 뭐냐고 묻는다면, 나는 뭔가를 하고 있는데 끊임없이 방해받는 것이라고 대답할 것이다. 미리 계획하고 시간을 내서 마침내 그 일을 시작했는데 자꾸 중단하게 되는 것 말이다. 당연한 일이지만, 그런 상황이 발생하는 이유는 내 개입이 필요한 중요한 일이 생기기 때문이다. 물론 방해를 받아도 침착하게 대처하는 사람도 있는 것 같다. 하지만 내 경우엔 연거푸 방해를 받아 하던 일에 집중할 수 없게 되면 무척 스트레스를 받는다.

편안하게 집중할 수 있을 거라 생각했는데 자꾸 방해를 받으면, 좋았던 기분이 온데간데없이 사라져버린다. 주말 오후나 아이들이 잠자리에 들기 전 TV 프로그램이나 영화를 보고 싶을 때가 있다. 하지만 그런 바람은 얼마 되지 않아 '불가능한 일(mission impossible)'로 바뀌어버린다! 시작 부분도, 끝 부분도, 중간 부분도 제대로 기억하지 못하는 영화가 수두룩하다. 그리고 독서…… 아, 평화로운 분위기에서 조용히 책을 읽는 것은 얼마나 멋진 일인가! 하지만 레오와 멜로디가 성년이 되어 집을 떠나기 전엔 엄두도 못 낼 것 같다! "아이들이 잘 때 책을 읽으면 되잖아요!" 당신은 나에게 이렇게 말할 수도 있다. 물론 그렇게 해보았다. 하지만 아이들을 재우고(이것도 쉬운 일은 아니다!) 내가 침대에 누울 때쯤엔 몹시 피곤하다. 잠시 얻은 자유에 활짝 웃으며 책을 집어 들지만, 두 페이지쯤 읽고 나면 결국 곯아떨어져 버린다. 그러지 않고 독서를 이어간 적이 별로 없다.

말이 나온 김에 전화 통화에 대해서도 이야기하겠다. 친구와 전화로 중요한 이야기를 하는데 아이들이 와서 "엄마, 누구예요?"라는 질문부터 시작해 수많은 질문을 퍼부어대 오랜만의 전화 통화를 망쳐버리는 일을 많은 엄마들이 경험했을 것이다.

이런 문제는 다음 장(章)들에서 이야기할 예측 불가능성이나 통제력의 부재 같은 문제와 관련이 있을 수 있다. 어쨌든 엄마의 일이 매우 힘들다는 데는 의심의 여지가 없다. 앞에서 살펴본 것처럼, 엄마라는 역할 자체가 수완 좋은 매니저의 자질을 요구할 뿐만 아니라, 훌륭한 택배 사원의 에너지까지도 요구한다. 이런 요구는 단조롭고 반복적일 뿐 아니라 육체적 에너지를 소모시키고, 그 종류 또한 믿기 힘들 만큼 다양하다.

시시포스의 바위

엄마가 하는 일들은 대부분 예측 불가능하지만 반복적인 일도 있다. 직장 생활에서 받는 스트레스에 관한 연구들이 입증했듯이, 반복으로 인한 단조로움도 스트레스를 증가시킬 수 있다.[6]

27세이고 세 살 난 딸 클로에를 키우는 프랑수아즈가 나에게 털어놓았다.

"때로는 창의성을 요하는 일을 하고 싶을 때가 있어요! 클로에가 무척 좋아하는 『바바』(코끼리를 주인공으로 한 장 드 브뤼노프의 어린이 그림책—옮긴이) 시리즈의 이야기를 하루에 열 번씩 읽고 또 읽을 때면, 좀 더 재미있는 일을 하고 싶다는 생각이 간절해요!"

6　C. D. 피셔, 「일에서 느끼는 지루함: 간과되어 온 개념」, 『휴먼 릴레이션스』, 46권, 3호, 1993년(3월).

집안일은 평범하고 상투적이며 끊임없이 반복되지만, 엄마는 어쨌든 그 일을 책임지고 감당해야 한다. 사랑하는 가족의 행복을 위해 꼭 필요한 일을 하고 있다고, 아이들이 편안한 환경에서 성장하도록 최선을 다하고 있다고 스스로를 위로해보지만 때로는 별 효과가 없다. 집안일이 가치 높은 일로 인정받기 힘들다는 사실에는 변함이 없다!

어떤 일이든 반복성은 그 일이 끝없이 계속될 것 같은 느낌 때문에 스트레스를 준다. 어떤 임무에 착수해서 마침내 완수한 사람은 만족감을 느낄 것이다. 그동안 쏟은 노력의 결과가 눈에 보이고, 그 결과를 통해 보상 받으며, 다른 임무로 넘어가기 전에 한 걸음 뒤로 물러서서 자신이 해낸 일을 평가할 수도 있다. 그런데 엄마가 하는 일의 경우엔 일을 끝낸 뒤 이런 만족감을 느끼는 경우가 거의 없다. 청소, 세탁, 정리정돈 등 해도 해도 일이 끝나지 않는다. 한 가지 일을 마치면 다른 일이 곧바로 꼬리를 문다. 그리스 신화에 나오는 시시포스가 연상된다. 제우스는 시시포스에게 커다란 바위를 언덕 꼭대기로 굴려 올리는 형벌을 내린다. 그러나 힘겹게 바위를 언덕 꼭대기로 굴려 올린 순간, 바위는 비탈을 데굴데굴 굴러 내려간다. 그때마다 시시포스는 다시 바위를 굴려 올려야 한다.

두 어린아이의 엄마 아리안은 끝없는 집안일에서 느끼는 낙담을 이렇게 설명했다.

"아이들 방이 엉망진창으로 어질러져 있는 모습을 보면 숨이 멎을 것만 같아요! 그래서 아이들이 학교에서 돌아오기 전에 말끔하게 치워 놓죠. 그러고 나면 기분이 참 좋아요. 방바닥에 널브러져 있는 바비 인형을 밟아 목이 빠지게 하거나 이미 열두 번은 짓밟힌 모노폴리 상자를 밟지 않고 방 안을 걸어 다닐 수가 있거든요! 하지만 그런 상태는 잠깐뿐이죠. 아이들이 학교에서 돌아오면 방은 순식간에 다시 전쟁터처럼 변하고, 방을 치우는 데 쏟은 노력은 아무것도 아닌 것처럼 보여요! 그럴 때면 무척 의기소침해지죠. 내가 하는 일이 존중받지도, 높이 평가받지도 못하는 느낌이 들어요."

다른 엄마는 이렇게 말했다.
"나는 세탁 때문에 스트레스를 많이 받아요. 세탁물 바구니 안에 더러운 옷이 가득 쌓이면 세탁기를 세 번은 돌려야 하죠. 세탁물 바구니 뚜껑을 열었을 때 작은 양말 한 짝도 보이지 않는 순간이 내게는 진정으로 행복한 순간이에요. 그런데 세탁물 바구니를 비우는 데는 몇 시간이 걸리지만, 식구들이 그 바구니를 다시 채우는 데는 채 5분도 안 걸려요! 그러면 나는 또 세탁기를 돌려야 하고……."

일이 끝나지 않는다는 느낌에서 오는 스트레스는 엄마의 에너지에 타격을 입히고, 그 결과 에너지가 고갈된다. 그리고 시간이 흐르면서 에너지의 근원마저도 고갈되어버린다. 그리하여 엄마는 모성 소진의 첫 단계, 즉 육체적 정서적 고갈을 경험하게 된다.

언제나 '당직 중'

미국에서 공부할 때 심장 전문의로 일하는 친구가 하나 있었다. 그 친구가 자신은 여름 휴가를 떠나 24시간 내내 아이들과 함께 지내는 것이 주중에 병원에서 일하거나 주말에 당직을 서는 것보다 더 피곤하다고 수줍은 표정으로 털어놓았다. 주말마다 당직을 서야 할 때도 있고 그런 경우 피로가 많이 쌓이지만, 당직이 영원히 계속되는 것은 아니므로 어렵지 않게 헤쳐갈 수 있다.

의사, 소방관, 배관공 등 직업의 특성을 막론하고 당직이 스트레스 받고 지치는 일이라는 데 대부분의 사람이 동의할 것이다. 엄마의 경우엔 어떨까? 밖에서 일하는 엄마든 전업주부든 대부분의 엄마들은 1년 365일 24시간 동안 당직 중이다.

여섯 달 전 첫아이를 출산한 25세의 젊은 싱글맘이 나에게 말했다.

"엄마의 책임이라는 것이 이토록 끊임없이 요구되는 줄은 미처 몰랐어요……. 아이를 낳으면 함께 놀고, 아이를 낮잠 재운 뒤 좀 쉬고, 아이가 낮잠에서 깨면 목욕시키고, 먹이고, 그런 다음 긴장을 풀고 쉬면 될 거라 생각했거든요. 내가 너무 순진했죠. 밤에도 아이가 별 탈 없이 8시간 동안 깨지 않고 잘 거고, 나도 푹 잘 수 있을 거라 생각했어요. 엄마 역할이 매 순간 희생을 요구하는 일인 것을 깨닫지 못했던 거예요. 주변 환경이 어떻든 엄마는 항상 대기 상태여야 해요. 참 지치는 일이죠!"

이 엄마 말이 옳다. 특히 혼자 아이를 키우는 경우, 가끔 한숨 돌리고

"자, 이제 당신이 아이 좀 봐줘요!"라고 부탁할 상대가 없는 만큼 그런 책임을 더욱 크게 느낀다.

직장 일도 가끔 집에까지 가져와서 해야 하는 경우가 있긴 하지만, 그래도 직장과 집 사이에 물리적 거리가 존재한다. 어쨌거나 집은 직업적 책임과는 떨어져 있는 일종의 피난처인 것이다. 하지만 엄마의 경우엔 사정이 다르다. 엄마가 집에서 한숨 돌리고 쉴 수조차 없다는 말이 아니라(아이들이 화장실까지 쫓아와 귀찮게 한다고 불평하는 엄마도 있지만!), 대여섯 가지 일을 한꺼번에 처리하느라 압박 받지 않고 그야말로 마음 편히 쉬기가 힘들다는 뜻이다. 시급히 해치워야 하는 일만 말하는 것은 아니다. 앞으로 해야 할 일도 문제가 된다. 그 일을 피할 구실은 없다.

정 그러면 휴가 여행이라도 떠나라고? 휴가 여행을 가면 온 가족이 모여 즐겁게 놀 수 있다. 하지만 엄마가 책임에서 벗어날 수는 없다.

14세, 10세, 6세 된 세 아이의 엄마 알렉산드라는 이 주제에 대해 이런 말을 했다.

"나에겐 정말 휴식이 필요해요. 온종일 미친 여자처럼 이리저리 뛰어다니며 살거든요. 어딘가로 떠나 나 자신만 생각할 수 있다면 좋겠어요. 가족들로 인한 속박이나 책임이 전혀 없고 내가 끊임없이 돌봐야 할 사람이 아무도 없는 곳으로요. 그것이 진정한 휴가일 거예요! 물론 아이들과 함께 휴가 여행을 가는 것도 즐거워요. 하지만 나로서는 그런 휴가를 진정한 휴가로 여기기 힘들죠. 해변에 누워 있어도 긴장이나 압박감에서 완전히 벗어나지 못해요. 아이들의 물놀이를 감독하고, 소풍 준비를 하고, 장을 보는 등 한두 가지 일에는 늘 신경을 써야 하니까요. 해변에서 숙소로 돌아가면 식구들을 위해 저녁 식사도 준비해야 하고요. 아무튼 휴가 중에도 누가 와서 잠을 깨우지는 않을까 하는 걱정 없이 마음 편히 낮잠을 자지 못해요. 반드시 무슨 일이 일어나 잠에서 깨야 할 거라는 걸 잘 아니까요. 혹시 애들이 다치면 치료해줘야 하고, 모래성도 함께 쌓아줘야 하고요!"

늘 당직 중이라는 특성에서 유발되는 스트레스 때문에 엄마들은 할 수만 있다면 스트레스의 근원으로부터 멀리 떨어져 육체적 정서적 에너지를 회복하기를 바란다. 많은 엄마들이 앤의 말에 공감할 것이다.

앤은 세 아이의 엄마인데, 토론 시간에 나에게 이런 말을 했다.
"하루나 이틀 정도, 아니, 일주일 동안 휴직할 수 있으면 얼마나 좋을까요? 난 늘 그런 꿈을 꾼답니다! 가족을 버리고 싶다거나 이혼하고 싶다는 뜻은 아니에요. 아이들을 버리겠다는 뜻은 더더욱 아니고요. 그냥 가끔은 몇 시간 동안 일상에서 벗어나서 엄마도 아니고 아내도 아닌 나 자신으로만 지내면서 내가 원할 때 원하는 방법으로 하고 싶은 일을 할 수 있으면 좋겠다는 생각이 들어요!"

자신의 책임으로부터 도망치고 싶은 갈망을 자주 느끼는 엄마는 흔히 죄의식을 느낀다. 하지만 그런 죄의식은 휴식을 취함으로써 에너지를 회복하고자 하는 필요와 엄마의 의무를 저버리려는 나태하고 무책임한 태도를 혼동한 데서 나온다. 기회를 최대한 활용해 일상의 피로에서 회복되는 것이 엄마에게 매우 중요하다는 것을 앞으로 보게 될 것이다.

그런 기회를 통해 원기를 회복하고 에너지를 재충전할 수 있기 때문이다. 휴식은 일상의 책임을 좀 더 차분하고 인내심 있게 감당하게 해주고, 모성 소진으로 인해 육체적 정서적 고갈 상태에 빠져드는 것을 피하게 해준다.

사건들에 치여……

아이 넷을 키우는 어느 엄마가 나에게 털어놓았다.

"완벽한 주부, 완벽한 요리사, 완벽한 아내 역할을 하면서 동시에 아이들이 필요로 하는 보살핌을 모두 제공할 에너지가 나에게 없다는 사실을 인정할 수밖에 없어요. 사랑하는 가족을 위해 정말로 그렇게 하고 싶어요. 하지만 그러질 못하죠!"

나는 엄마들이 맡겨진 임무를 전부 이행할 수 있다고 생각했다가 어떤 사건을 계기로 그런 생각이 착각이었음을 깨닫게 된다는 인상을 받았다. 그 결과 의연했던 태도가 낙담으로 바뀌고, 다음과 같은 생각을 하게 된다. '내가 조금 더 체계적인 사람이면 얼마나 좋을까…….' 하지만 이런 엄마 중에는 직장에서 매우 체계적으로 능력을 발휘하는 엄마도 있다. 직장에서는 정확성과 질서가 결여돼서는 안 되며, 혹여 그런 일이 발생할 경우 순식간에 경쟁에서 뒤떨어질 수도 있으니 말이다.

'해야 할' 일들이 엄마에게 큰 낙담을 안겨주는 것은 해낼 수 있는 수준보다 훨씬 더 많은 일이 주어지기 때문이다. 시간에 맞춰 일을 해내지 못할 거라는 느낌과 아울러 해야 할 일이 점점 누적되고, 엄마는 일에 치인다는 느낌을 받게 된다.

앞에서 언급했던 집안일의 반복적 특성도 엄마의 낙담을 가중시킨다. 내 경우 거실이나 아이들 방을 아침에 청소했는데 저녁이 되었을 때 청소하기 전보다 더 어질러져 있으면 힘이 빠진다. 그래서 발코니에 꽃을 심거나 은 식기에 윤을 내는 일(이런 일이 지루하다는 것은 오직 신만이 아실 것이다!) 혹은 개를 씻기는 일 등 자질구레하고 무의미해 보이는 일에서 만족을 찾게 된다. 이런 일을 하면 최소한 일을 완수했다는 느낌이 들고, 그 결과가 이틀 이상 가기 때문이다!

수전 알렉산더 예이츠(Susan Alexander Yates)는 자신의 책에서 '아이 키우는 엄마들이 해놓은 일의 결과가 몇 시간만이라도 지속되는 것이 얼마나 어려운지'를 설명했다.[7] 그녀는 말한다.

"아이가 다섯인 어떤 집에서, 나는 말끔했던 아이들이 순식간에 꼬질꼬질해지고, 깔끔하게 정돈해놓은 집 안이 낮잠 시간도 되지 않아 다시 더러워지고, 저녁 식사가 엉망진창이 되어버리는 광경을 목격했다. (……) 부엌을 청소하고 정돈했는데 불과 5분밖에 지나지 않아 다시 어질러진 모습을 보면 큰 좌절을 느끼게 된다."

가사노동의 결과는 결코 오래 지속되지 않기 때문에, 엄마는 자신이 해낸 일에서 한 발 뒤로 물러서서 감탄하기가 무척 어렵다. 스트레스에

---

[7] S. A. 예이츠, 『그리고 나에게는 아이들이 있었다』, 브렌트우드, 테네시, 월게머스 앤드 하이엇, 1988년.

관한 연구들을 보면, 성취감을 느끼지 못할 때 그리고 자신이 임무를 완수했다는 느낌을 받을 수 없을 때 스트레스가 가중된다고 한다.[8]

엄마의 일상에 내재하는 이런 측면이 엄마의 일과를 무겁게 만들고, 그럼으로써 상황을 더욱 악화시킨다. 낙담과 스트레스가 겹치고, 과중한 일을 처리하기 위해 비축해놓은 에너지가 바닥난다. 그렇게 에너지가 점점 바닥남으로써 엄마는 육체적 정서적 고갈 상태로, 모성 소진의 첫 단계로 밀려가는 것이다.

---

[8] J. 벤사헬, 「괴물 같은 5가지 일에 쫓기지 않고 집에 도착하는 법」, 『인터내셔널 매니지먼트』, 33권, 3호, 1978년(3월).

3장

통제력이 있는가, 없는가?
그것이 문제로다

"엄마는 평생 동안 자식을
걱정하는 유일한 동물이다."

— 아넬루 뒤퓌

3

통제력의 부재는 독이다

자신에게 일어나는 일을 통제하지 못하는 것은 주요 스트레스 요인 중 하나다. 통제력의 부재는 개인의 육체적 정신적 건강에 해로울 수 있다. 일에 관련된 것이든 생활에 관련된 것이든 자신에게 일어나는 일을 통제할 수 있다는 느낌이 필요하다. 그런 느낌이 부족하거나 아예 없으면 삶이 불안정하고 일관성 없다는 생각이 들고 스트레스를 받게 된다.

환경에 대한 통제력이 개인에게 부족할 경우, 해로운 결과가 초래된다. 동물에게 행한 실험을 통해 이것을 확인할 수 있다. 쥐 두 마리에게 동시에 전기충격을 주었다. 그중 한 마리는 바퀴를 굴려 전기충격을 멈출 수 있었고, 다른 한 마리는 전기충격을 멈출 수 있는 수단이 전혀 없었다. 시간이 흐르자 전기충격을 멈추지 못한 쥐에게 궤양이 생겼고, 면

역체계도 빠르게 약화되었다.⁹

인간의 경우, 박테리아 감염은 개인이 통제하기 힘든 스트레스와 관련 있을 때가 많다. 연구자들은 이런 유형의 박테리아 감염이 심각한 궤양을 유발할 수 있다는 점에 주목했다.¹⁰ 노인들을 대상으로 한 어떤 연구는 양로원에 살아서 자신의 삶을 통제하지 못하는 노인들이 자신의 삶을 통제할 권한이 있는 노인들보다 건강 상태가 좋지 않고 더 빨리 사망한다는 사실을 보여주었다.¹¹

직장에서 통제력의 부족은 일에 큰 영향을 줄 수 있다. 책임져야 할 임무가 있지만 그 임무를 수행하는 과정에서 통제력을 발휘할 수 없는 경우, 주도권이 약화되고, 창의성에 타격을 입으며, 사기저하에 빠져 능률과 생산성이 떨어지게 된다. 집기를 사무실의 어느 곳에 배치할지 결정할 수 있고 일할 때 받는 방해의 빈도를 통제할 수 있는 사람은 그러지 못하는 사람과 비교해 스트레스 수준이 낮았다.¹² 미국의 유명한 연구자 로버트 카라섹(Robert Karasek)은 큰 책임을 요구받으면서 통제권은 별로 주어지지 않는 경우 스트레스 수치가 증가한다는 것을 증명했다.¹³ 예를 들어 연속 공정의 대규모 생산라인에서 일하는 노동자들은 스트레스 수치가 높다.

---

9 M. 라우덴슬라거 & M. 라이테, 「상실과 이별: 면역에 미치는 영향 그리고 건강과의 관련성」, 『리뷰 오브 퍼스낼리티 앤드 소셜 사이콜로지』, 5, p. 285~312, 1984년.
10 J. 오버미어 & R. 뮤리슨, 「심인성 위궤양의 '심리학'을 보여주는 동물 실험」, 『커런트 디렉션스 인 사이콜로지컬 사이언스』, 6, p. 180~184, 1997년.
11 J. 로딘, 「노화와 건강: 통제력이 미치는 영향」, 『사이언스』, 233, p. 1271~1276, 1986년.
12 M. 오닐, 「사무직 노동자들의 사생활, 통제력, 그리고 스트레스 반응 사이의 관계」, 휴먼 팩터스 앤드 어고노믹스 소사이어티 컨벤션, 1993년.
13 R. 카라섹, 「심리적 요구와 결정 범위의 직업적 분포」, 『인터내셔널 저널 오브 헬스 서비스』, 19, p. 481~508, 1989년.

더 깊은 이야기를 하기 전에, '통제력 부재'라는 개념을 다음 장에서 다룰 '예측 불가능성'이라는 개념과 구별하고 싶다. 이 두 개념은 얼핏 유사해 보일 수 있기 때문이다.

— 통제력 부재는 감내하는 것 외에는 아무것도 할 수 없다는 점에서 예측 불가능성과 구별된다. 이런 상황에 처한 사람은 심한 무력감을 느낀다. 그에게는 문제를 해결하는 것이 불가능해 보인다. 무슨 일이 일어나든 낙담과 스트레스를 느끼며, 거기서 벗어나기가 불가능하다. 특별한 이유도 없이 울음을 터뜨린 젖먹이 아기의 예를 들어보자. 엄마가 아기를 진정시키려고 여러 시도를 하지만, 아기는 엄마의 노력은 아랑곳하지 않고 목이 쉬도록 울어댄다. 이때 엄마는 아기가 우는 것에 대해 아무런 통제력도 발휘하지 못하는 것이고, 거기서 유발되는 스트레스 수치는 매우 높다.

— 예측 불가능성은 차원이 조금 다르다. 문제를 예측할 수 없다는 점에서 통제력 밖에 있긴 하지만, 해결책을 찾아내 문제를 종결시킬 수도 있다. 통제의 가능성은 존재한다는 뜻이다. 예를 들어 어떤 엄마가 아이들을 차에 태워 장을 보러 가려고 한다. 그런데 갑자기 아이들 중 하나가 화장실에 가고 싶다고 한다. 엄마의 계획이 어그러진 것이다. 이때 엄마는 예기치 못했던 상황에 대처해야 한다. 아이를 다시 집으로 데려가면 문제를 해결할 수 있다. 예측 불가능성에 대해서는 다음 장에서 자세히 설명하겠다.

무력감

통제력 부재에 의해 유발되는 무력감은 엄마의 삶에서 핵심적 위치를 차지한다. 사실 엄마들은 통제력을 발휘하지 못한다고 느끼는 탓에 책임을 감당할 때 자주 어려움에 처한다. 평범하지만 매우 결정적인 상황에서 통제력을 발휘하지 못하게 되기 때문이다. 여기서 유발되는 스트레스는 매우 사실적이고 빈번하다.

사라의 경우를 예로 들어보자. 사라의 딸인 다섯 살배기 비르지니는 뇌막염으로 몇 시간 동안 병원에 있었다.

"밤 11시에 응급실에 도착했어요. 비르지니는 머리가 몹시 아프다고 했고 열도 굉장히 높았죠. 축 늘어져서 반응조차 보이지 않는 상태였어요. 도대체 무슨 일이 일어난 건지 알 수 없어서 무척 겁이 났죠. 의사들이 요추(要椎) 천개술을 포함해 몇 가지 검사를 해야 한다고 알려줬어요. 그건 뇌막염이 의심된다는 뜻이었기 때문에 그 말을 듣자 몸이 떨렸어요. 어쩔 줄 모른 채 몇 시간 동안 응급실에 머무르며 검사 결과를 기다렸죠. 어린 딸아이를 낯선 사람들 손에 맡겨놓았기 때문에, 옆에서 안심시켜줄 수조차 없었어요. 그래서 거의 미칠 지경이었죠. 이윽고 검사 결과가 마치 형벌처럼 날아들었어요. 뇌막염이었어요! 끔찍했던 건 아이가 생사를 넘나드는데 손 놓고 기다리는 것 말고는, 의사들의 처치가 효과를 발휘하기를 기다리는 것 말고는 아무것도 할 수가 없었다는 점이에요. 며칠이 지나고, 마침내 비르지니가 고비를 넘겼어요. 하지만 나는 그동안 경험한 무력감을 결코 잊지 못할 거예요. 무력감은 힘과 용기를 전부 앗아가요. 어린 딸의 목숨이 경각에 달려 있는데, 나는 병에서 회복되길 기도하는 것 말고는 정말 아무것도 할 수가 없었어요."

사라가 그 시련에서 회복되는 데는 여러 주가 걸렸다. 그동안 그녀는 극심한 스트레스와 일시적인 우울 상태를 경험했다. 사라의 경험은 다행스러운 결과로 끝났지만, 상대적으로 볼 때 극단적인 예이다. 엄마의 일상생활에서 통제력의 부족은 사라의 경우보다 평범하고 하찮아 보이는 상황에서 발견되는 경우가 많다. 그렇기는 하지만 그것에 동반되는 스트레스는 절대 평범하거나 하찮지 않다.

32세이고 세 살 난 제레미와 팔 개월 된 기욤 두 아들을 키우는 발레리는 이 주제에 대해 나에게 이런 말을 했다.
"사람들은 내가 전업주부이기 때문에 어떤 일을 할지, 언제 어떻게 할지 자유롭게 결정할 수 있을 거라 생각해요. 하지만 나는 내 일과를 마음대로 통제하지 못해요. 그때그때의 필요, 아이들과 남편의 요구에 따라 좌우되죠. 내 시간은 내 것이 아니고 내가 통제하지 못하는 상황에 좌우돼요. 일주일 전엔 아이들과 함께 차 안에 있는데 라디오에서 제레미가 무척 좋아하는 노래가 흘러나왔어요. 제레미는 즐겁게 노래를 따라 불렀어요. 이윽고 노래가 끝나자, 제레미는 몹시 흥분해서 '한 번 더, 한 번 더!'라고 외쳤죠. 하지만 라디오에서 나온 노래였기 때문에 제레미에게 다시 들려줄 수가 없었어요. 나는 노래를 다시 들을 수 없는 이유를 제레미에게 설명하려고 했어요. 하지만 라디오와 CD 플레이어의 차이점을 전혀 모르는 세 살짜리 아이에게 그걸 이해시키기란 불가능했죠!

제레미는 내 말을 듣지 않고 점점 더 큰 소리로 외쳐댔답니다. 말리려고 했지만 아무 소용 없었어요. 얼마 전까지만 해도 즐겁게 노래를 흥얼거리던 귀여운 아들이 불과 몇 분 만에 큰 소리로 울부짖는 괴물로 변해버렸어요! 나는 내 무능함에 낙담해서 결국 인내심을 잃고 소리를 질렀죠. 물론 그래 봐야 소용없었고요. 그런 상태가 계속되자, 기욤이 겁을 먹고 울음을 터뜨렸어요. 어조를 엄하게 바꿔 제레미를 조용히 시키려고 했지만, 그럴수록 상황이 더 악화될 뿐이었어요. 결국 한계 상태에 도달했어요. 그 상황을 통제할 능력이 전혀 없다는 느낌이 들었고, 실제로 내가 무슨 짓을 하든 달라지는 게 아무것도 없었죠. 나는 믿을 수 없을 만큼 스트레스를 느꼈어요."

통제력 부족은 엄마의 삶에, 특히 아이들이 어려서 엄마의 직접적인 보살핌이 필요한 시기에 계속되지만, 아이가 새로 태어날 때마다 엄마는 더욱 강해진다. 엄마가 다른 아이들도 돌봐야 할 경우, 갓난아기가 엄마에게 전적으로 의존한다는 사실도 통제력이 부족하다는 느낌을 유발할 수 있다.

직업 때문에 혹은 개인적 이유로 늦게 엄마가 된 여성들은 통제력 부재가 불러오는 스트레스를 훨씬 더 혹독하게 느낀다. 이런 여성들은 오랫동안 경력을 쌓아왔고 삶의 수많은 변수를 통제하는 법도 배웠다. 하지만 엄마가 되면 갑작스러운 변화가 생기고 그 변화가 가져오는 속박에 익숙해져야만 한다. 그런 속박이 통제력과 자유를 앗아간다는 것 또한 사실이다. 직업적으로 높은 위치에 있으면서 직원들에게 통제력을 행사했던 여성일수록 이런 변화를 더 불안정한 것으로 느낀다. 하지만 모든 부모들이 그렇듯이, 그들 역시 모성과 관련된 요구를 배우고, 아이를 내 마음대로 통제하지 못하는 것이 당연하다는 사실을 받아들여야 한다.

인력관리 컨설턴트이고 두 아이의 엄마인 비르지니가 자신의 경험을 나에게 말해주었다. "나는 내 일을 무척 좋아했기 때문에 첫아이 낳는 것을 조금 미뤘으면 했어요. 아이가 생기면 많은 것이 변할 것 같았거든요. 서른세 살에 첫아이 로르를 낳았는데, 이후 내 삶엔 급격한 변화가 생겼어요. 로르는 잠을 잘 자지 못했고, 그런 탓에 나는 항상 지쳐 있었죠. 생후 2개월이 되자 로르는 유아 복통을 앓기 시작했어요. 정말 악몽이 따로 없었죠! 매일 저녁 5~6시경이면 울기 시작해 몇 시간이고 계속 울어대다가 밤 8시나 9시가 되어야 울음을 그치곤 했어요. 그 2~3시간 동안은 무슨 짓을 해도 아이를 안정시킬 수가 없었어요. 할 수 있는 일이 없었기 때문에 몇 시간 동안 로르를 품에 안고 방 안을 이리저리 서성이며 달래줬죠. 그렇게 무력하다는 느낌을 받은 적은 평생을 통틀어 처음이었어요. 내 아이와 관련된 문제였으니 더욱 그렇게 느꼈겠죠. 아무튼 참을 수 없는 일이었어요. 로르는 거의 두 달 동안 유아 복통을 앓았어요. 그동안 나는 지속적인 스트레스 상태에 있었고요. 날이 저물기 시작하면 덜컥 겁이 났고, 오늘 저녁도 우는 아이를 달래며 몇 시간을 보내야 한다는 생각에 극도의 불안에 사로잡혔어요. 지치고 기진맥진한 상태로 두 달을 보냈죠. 그리고 나니 에너지가 완전히 바닥나버리더군요."

다른 한편으로는, 아이들뿐만 아니라 주변 상황도 쉽게 통제되지 않는다는 사실을 인식할 필요가 있다.

38세의 엄마 카트린이 나에게 말했다.

"넷째 아이를 임신했을 때가 기억나요. 입덧과 피로가 견딜 수 없을 정도로 심했죠. 그래도 능력이 닿는 한 직장에서 최선을 다해 열심히 일했어요. 하지만 집에서는 쉬운 일이 하나도 없었어요. 큰아들은 학교에서 문제를 겪고 있었고, 둘째는 알레르기 증상이 심했고, 남편도 회사의 구조조정 문제 때문에 힘든 시기를 보내고 있었어요. 나는 어쩌면 좋을지 알 수가 없었어요. 다들 자기를 먼저 챙겨주길 바랐죠. 하지만 누구를 가장 먼저 챙기겠어요? 그 기간 동안 나는 내 삶도 내 주변 사람들의 삶도 통제할 수 없다는 느낌을 받았답니다!"

카트린의 증언은 엄마라는 존재가 가정 안에서 얼마나 중요한 위치를 차지하는지를 잘 보여준다. 가족 구성원들의 안락함을 보장하고 가족 공동체의 안정을 도모하는 사람은 대개 엄마다. 엄마는 중재자로서 온갖 역경에 맞서 가족 전체의 안정과 평온을 유지해야 한다. 시련이 닥쳐왔을 때 제일 먼저 나서 가족의 행복을 위협하는 문제에 맞서는 사람도 엄마다. 이때 주변을 통제할 수 있다는 느낌은 매우 중요하다. 그런 느낌이 없으면 장기간 상당한 스트레스를 받게 된다.

까다로운 임무와 책임

엄마들은 곡예나 다름없는 일을 매일 수행한다. 가족 한 사람 한 사람의 필요, 느낌, 소망, 꿈을 가지고 재주를 부린다. 엄마는 다양한 측면에서 발생하는 요구들을 동시에 대면한다. 아이들, 배우자, 친구, 부모님 혹은 고용주가 엄마들의 삶에 새로운 도전을 추가한다. 엄마는 그런 도전들에 동시에 대처해야만 하며, 모든 도전들이 똑같은 존중과 고려를 요한다.

세 아이를 키우는 알렉시아는 나에게 이런 말을 했다.
"가끔 왼손, 오른손, 그리고 머리에 접시 무더기를 하나씩 올려놓고 간신히 균형을 잡고 있는 기분이 들어요. 내가 맡은 책임이 있으니 균형을 잘 잡아야 하고 실수를 해서는 안 된다는 생각이 들죠. 한 번만 실수를 저질러도 주변 사람들이 도미노처럼 와르르 무너질 수도 있어요. 내 결정과 선택이 내가 사랑하는 모든 사람들에게 영향을 주니까요."

주어진 책임을 완수해 좋은 결과를 이끌어내야 한다는 느낌은 새로운 아기가 태어날 때 더욱 증대되는 경향이 있다. 가족 수가 늘어남에 따라, 엄마는 여러 가지 일을 한꺼번에 처리하는 능란한 솜씨를 더 많이 보여줘야 하니 말이다.

이런 상황이 엄마로 하여금 책임의 중요성을 더욱 뚜렷이 자각하게 한다. 기대에 부응하지 못하면 어쩌나 하는 두려움도 갖게 된다. 물론 이것은 엄마에게 스트레스의 근원이 된다. 엄마가 그런 두려움을 무시하기는 매우 힘들다. 엄마라는 존재는 가족의 행복에 신경을 쓸 수밖에 없기 때문이다. 엄마는 가족 각자의 필요가 상충할 수 있다는 사실을 염두에 둔 채 모두를 만족시키기 위해 애쓴다.

내 개인적 경험을 통해 이것을 설명하겠다. 미국에서 귀국한 뒤, 우리 가족은 파리의 작은 호텔방에서 두 달 가까운 기간을 지내야 했다. 때는 8월 말이었고, 개학이 다가오고 있었다. 레오와 멜로디는 프랑스어를 그리 잘하지 못했고, 미국에서 살다가 프랑스로 건너온 것을 꽤나 힘들어했다. 언어 때문만이 아니라 문화적 차이 때문이었다. 프랑스에서 학교에 다니는 것은 두 아이에게 특별한 경험이었다. 레오는 곧바로 문제를 겪게 되었다. 미국 학교에서는 숙제가 별로 없었는데, 프랑스에서 학교를 다니게 되니 갑자기 숙제가 많아진 것이다. 주거환경까지 불안정하니 더욱 스트레스를 받았다. 탁자 한쪽 끄트머리에 책과 마분지 뭉치를 잔뜩 쌓아놓고 숙제를 했지만, 레오에게는 별로 도움이 되지 않았다. 마침내 아파트를 구했지만 들어가서 살려면 개보수를 해야 했다. 아이들이 안정을 찾도록 하루빨리 주거환경을 안정시켜주고 싶었지만, 그러려면 이사 갈 아파트에 광을 내고, 문지르고, 벽에 회반죽을 바르고, 바닥에 타일을 깔고, 낡은 전기설비를 바꾸기 위해 온갖 곳을 파고, 뚫고, 끄집어내야 했다. 아이들은 '진짜' 집에서 살게 되기를 오매불망 바랐고, 나도 가능한 한 빨리 이사하고 싶었다. 한편으로 생각하면 개보수 공사를 빨리 끝낸다는 구실로 아이들을 더 힘들게 했다. 레오는 학교에서 돌아왔을 때 내가 기다리고 있다가 숙제를 도와주길 바랐고, 멜로디 역시 내가 더 많은 관심을 가져주길 바랐는데 말이다. 사방에서 나를 마구 잡아당기는 느낌이 들었다. 모든 사람을 만족시켜주고 싶었지만 그럴 수는 없는 일이었다. 가족 각자의 필요들의 상충이 나에게는 상당한 스트레스가 되었다. 레오와 멜로디가 새로운 환경에 적응하도록 돕는 것이 내가 우선적으로 해야 할 일이고, 아파트 개보수 공사는 조금 미뤄야 했을 것이다. 하지만 그렇게 하면 진짜 집에서 살고 싶다는 아이들의 바람이 더디 이루어질 터였다. 나는 왜 기적을 만들어내지 못하느냐며 나 자신을 비난했다!

엄마는 가족 구성원들의 요구를 가지고 곡예를 부린다. 문제는 끊임없이 새로운 요구가 추가된다는 것이다. 안정적이고 변함없는 상태에서 모두를 지킬 수 있다면 좋겠지만, 환경은 끊임없이 변화하게 마련임을 받아들여야 한다. 스트레스를 제외한 모든 것의 성격이 바뀔 정도로 말이다!

변화하는 환경에 맞춰 모두의 요구를 만족시키는 법도 배워야 한다. 두 아이를 키우는 어느 엄마가 나에게 말했다.

"직장에서 일할 때는 현실에 맞게 수정되는 직무 매뉴얼을 참고할 수 있었어요. 내 직무가 수정될 경우, 그것이 명백하게 글로 작성됐죠. 덕분에 주변 사람들이 내게서 무엇을 기대하는지 정확하게 알 수 있었어요. 하지만 엄마의 경우엔 사정이 달라요. 엄마 직무 매뉴얼은 매일같이 바뀌고, 새로운 정보와 지시사항을 기록한다는 건 현실성이 없죠!"

직무 매뉴얼에 기록된 정보가 복잡하고 다양하고 변화무쌍할수록,

일에서 받는 스트레스는 더 커진다. 통제력이 부족해지기 때문이다. 통제력 부족을 보완하기 위해 엄마는 가능한 한 안정적이고 변함없는 방식으로 가족 구성원들을 지키고자 노력해야 한다. 그러기 위해서는 상당한 에너지가 소모된다. 다시 말해 통제력 부재는 엄마를 모성 소진의 첫 단계인 육체적 정서적 고갈로 몰고 가는 부가적 스트레스 요인이 되는 것이다.

4장

예측 불가능한 일상

"여자의 사랑은 강하고, 엄마의 마음은 연약하다.
그러나 엄마의 마음은 그 연약함 때문에 승리한다."

— 제임스 러셀 로웰

4

예측 불가능한 상황과 사건들

앞장에서 예측 불가능성과 통제력 부족이 어떻게 다른지 설명했다. 예측할 수 없는 방해요인은 불의의 사고를 불러올 수 있고, 낙담과 스트레스를 유발할 수 있다. 통제력 부재와 달리, 예측 불가능성은 반드시 무력감을 가져오지는 않는다. 예측하지 못했던 문제에 직면할 경우 혼란을 가져올 상황을 교묘히 피하고 조절하는 방식으로 발 빠르게 움직일 수도 있을 것이다.

직장에서의 예측 불가능성은 주어진 직무에 집중하는 것을 방해하는 만큼 무시할 수 없는 스트레스 요인이 될 수 있다. 예측 불가능성은 직무 완수를 방해하며, 그런 일이 빈번해질수록 스트레스도 증가한다. 어느 엔지니어의 예를 들어 보겠다. 그는 중요한 프레젠테이션을 하게 되어 전력을 다해 준비해야 했다. 매우 중요한 프레젠테이션이었기 때문에 좋은 아이디어를 떠올리기 위해 균형과 안정감이 필요했다. 아침 일찍 사무실에 도착해 프레젠테이션 준비를 하려고 하니 전화벨이 울렸다. 긴급한 일로 도움을 청하는 동료의 전화였다. 그래서 20분쯤 일을 중단해야 했다. 다시 일을 시작했지만, 15분 뒤 또 다른 동료가 사무실에 들어와 어느 문건에 관해 의견을 구했다. 그다음은 그의 상사 차례였다. 상사는 그를 자기 사무실로 불러 새로운 프로젝트에 관해 브리핑을 시켰다. 이후에는 주문한 물건이 언제 도착하느냐고 문의하는 고객들의 전화가 이어졌다. 그는 끊임없이 일에 방해를 받았고, 오전 시간이 흘러가는 동안 무력감과 중압감을 느꼈다. 이런저런 일로 업무에 방해를 받아 스트레스를 느끼는 동안, 집중력을 잃고 아이디어의 맥도 끊겼다. 일과가 끝날 때쯤엔 심한 스트레스 상태가 되었다. 줄기차게 방해받지 않았다면 두세 시간이면 작성했을 프레젠테이션 내용을 3분의 1도 작성하지 못했다.

 대부분의 직장인들이 매일 이런 문제와 대면한다. 예측 불가능성이 일상화되어 있는 것이다. 직장생활의 이런 측면은 정상적인 것으로 간주되지만 그 빈도가 지나칠 정도로 심할 경우에는 낙담과 스트레스를 유발하고, 장기적으로 볼 때 소진을 야기할 수 있다.

 다른 각도에서 보면 예측 불가능성을 새로움의 근원으로 간주할 수도 있다. 어떤 일이든 어느 정도의 예측 불가능성은 나타날 수 있다. 그런 새로움이 일상의 권태를 날려버리고 창의성과 생산성을 자극하기도 한다. 하지만 우리가 잘 알고 있듯이 지나침은 모자람만 못하다.

 엄마의 경험으로 돌아가 보자. 엄마의 일만큼 예측 불가능한 사건에 의해 자주 중단되는 일을 상상할 수 있을까? 이미 살펴보았듯이, 엄마의 일과는 극도로 과중할 때가 많고, 엄마들이 바라는 것은 기적이라도 일어나 하루 안에 모든 일을 마칠 수 있었으면 하는 것이다. 예기치 못했던 사건에는 특성이 있다. 그것이 말 그대로 예기치 못했던 일이고, 허락을 구하고 일어나는 경우는 절대 없다는 점이다. 엄마들은 계획했던 일을 실행에 옮길 때 예기치 못했던 사건에 의해 자주 방해를 받고, 따라서 임무를 완수하는 데 어려움을 겪는다.

6개월 된 아르튀르와 세 살 난 니콜라의 엄마 마린이 나에게 자신의 경험을 털어놓았다. "며칠 전 장을 보러 가기로 했어요. 냉장고 안에 먹을 것이 아무것도 없었거든요. 니콜라와 아르튀르를 차 안에 앉히고 나니 전화벨이 울렸어요. 마침 중요한 전화를 기다리고 있었기 때문에 얼른 받았죠. 그런데 전화한 사람은 텔레마케터였어요. 전화를 끊느라 무척 고생했죠. 자동차로 다시 돌아가 운전석에 앉고 보니 아르튀르의 기저귀가 젖어 있었어요. 아르튀르를 안고 계단을 성큼성큼 뛰어올라 집 안으로 들어가 재빨리 기저귀를 갈아준 뒤 바로 차로 돌아왔죠. 아르튀르를 다시 차 안에 앉히니, 이번에는 니콜라가 울기 시작했어요. 젖병 뚜껑이 열려 니콜라의 옷에 우유가 쏟아져 있었어요. 옷은 물론 자동차 좌석까지 젖어 있었죠! 이번엔 니콜라를 데리고 집 안으로 다시 들어가 젖은 옷을 갈아입혀야 했죠. 그렇게 시간은 계속 흘러갔고, 인내심이 극한에 다다르더군요. 평정심을 유지하기가 무척 힘들었어요. 마침내 아무 문제 없이 차 안에 편안히 있게 되었어요. 주차장에서 나갈 때 시계를 보니, 언제 시간이 그렇게 많이 흘렀는지 벌써 12시 15분 전이더군요. 45

분만 있으면 점심 먹을 시간인 거예요. 배고픈 아이들을 데리고 장을 보러 간다는 건 무분별하기 짝이 없는 행동이었어요. 결국 차를 돌려 집으로 돌아갔어요. 그리고 부엌 의자에 앉아 한참을 울었죠……."

이렇듯 엄마들은 예기치 못하게 난처한 일을 자주 경험한다. 마린의 경우, 예기치 못했던 일이 연속적으로 일어나 일과가 엉망이 되어버렸다. 오전에 하기로 계획했던 장보기를 오후로 미뤄야 했다. 하지만 오후 2시에 니콜라의 진찰 때문에 소아과에 예약이 되어 있었다. 그래서 장보기는 포기하고, 저녁 만찬용으로 친구에게 빌려주었던 식기를 찾아왔다. 소아과에서 진찰을 받은 뒤에는 구두 수선점에 들르고, 세탁소와 약국에도 가야 했다. 그러니 한 시간 남짓 시간을 내 장 보러 갈 틈이 있었겠는가? 오후에 할 일들 사이에 틈을 내 장을 보러 갈 수가 없다는 사실에 오전의 경험이 더욱 끔찍하게 느껴졌고, 그러자 스트레스 수치가 급격히 증가했다. 마린은 심한 두통과 구토감을 느꼈고, 남편이 집에 돌아오자 곧바로 침대에 누워야 했다.

이른 아침부터 뜻밖의 난관에 부딪쳐보지 않은 엄마가 어디 있겠는가? 아이를 깨우는데 아이 이마가 숯불처럼 뜨거운 것부터 시작해, 뒤죽박죽이라고 할 만한 사건이 하루 동안 끝도 없이 이어지지 않는가? 밖에서 일하는 엄마에게는 유행성 독감도 큰 문젯거리이다. 밖에 나가서 일을 해야 하는데 아픈 아이를 돌봐줄 사람이 없다면, 그 엄마는 일을 그만두고 집에 있는 것 말고는 대안이 없다.

내가 미국의 대학교에서 강의하던 시절에는 한 학기의 강의 일정이 무척이나 **빽빽**했다. 예기치 않은 사건이라도 일어나면 모든 강의를 제대로 소화하기가 힘들었다. 특히 레오나 멜로디가 아픈데 강의를 해야 할 경우 나는 엄청난 스트레스를 느꼈다. 그 학기의 강의 계획이 전부 무너져 내리는 것 같았다. 남편이 휴가조차 낼 수 없는 경우엔 강의를 취소하고 24시간 혹은 48시간이 넘는 시간 동안 아픈 아이의 침대맡을 지켜야 했다. 그 이상 문제가 계속될 경우 만회하기가 거의 불가능해서 한 학기 전체가 혼란에 빠질 수도 있었다.

스트레스 요인이 동시다발적으로 등장하고 동시에 여러 곳에서 엄마의 즉각적인 주의를 요구할 경우 예기치 않았던 사건의 발생은 높은 수준의 스트레스를 유발하며, 그것에 대처하는 데는 더 많은 에너지가 필요하다.

정상 범주를 넘어설 정도로 여러 스트레스 요인이 겹친 바람에 잊을 수 없는 하루로 남아 있는 어느 날이 기억난다. 그 주 목요일에 박사 논문을 발표했고, 토요일부터는 이사 준비를 해야 했다. 그다음 주 수요일에 프랑스로 돌아가기 때문에 토요일과 일요일 이틀 동안 이사 준비를 마쳐야 했다. 일정이 매우 **빡빡**했다. 논문 발표가 끝나자, 관례대로 지도교수들이 수정사항들을 알려주었다. 그 수정사항들을 반영해 논문의 최종본을 만들어야 했다. 논문 수정과 이사 준비 사이에서 스트레스가 커져갔다. 예상대로 토요일 아침에 이삿짐센터 직원들이 와서 짐을 싸기 시작했다. 나는 서재와 컴퓨터는 마지막까지 그냥 놔두라고 이삿짐센터 직원들에게 부탁했다.

일요일에는 모든 것이 순조롭게 진행되는 듯했다. 상자가 순식간에 가득 찼다. 이삿짐센터 직원들이 마지막으로 서재 안의 짐을 속속 내갔다. 마지막 순간까지 서재에 남아 논문을 수정하고 있으니 중압감이 점점 커졌다. 이삿짐센터 직원들은 짐 싸는 일과 관련해 나에게 이런저런 질문을 했고, 나는 그 질문에 대답하기 위해 여러 번 논문 수정을 중단해야 했다. 그렇게 끊임없이 방해를 받자 논문 수정에 혼란을 겪었고, 마음을 가다듬고 다시 시작하기가 점점 힘들어졌다. 저녁 8시경이 되자, 직원들이 책, 서류 등 서재 안의 물건을 다 내갔다. 나는 노트북 컴퓨터를 무릎 위에 올리고 프린터는 방바닥에 내려놓은 채, 이삿짐센터 직원들이 내는 시끄러운 전기 드라이버 소리 속에서 논문 수정을 해야 했다. 그로부터 두 시간 뒤, 마침내 논문 최종본에 마침표를 찍었고 논문을 인쇄했다.

밤 11시였고, 완전히 기진맥진한 상태였다. 가구 없이 텅 빈 침실로 가서 텅 빈 기분으로 바닥에 드러누웠다. 옴짝달싹할 수가 없었다. 하지만 불행하게도 그 휴식의 순간은 지극히 짧았다. 평온함이 너무도 절실했던 그 순간에, 누군가 울부짖는 소리가 들려온 것이다. 나는 소리 나는 곳으로 서둘러 달려갔고, 멜로디가 바닥에 웅크리고 있는 것을 발견했다. 멜로디는 발을 붙잡고 얼굴을 찡그린 채 큰 소리로 울고 있었다. 이삿짐센터 직원들이 놓고 간 커다란 커터를 발로 밟은 것이다. 상처가 꽤 크고 깊었다. 곧장 응급실로 달려가야 했다. 응급실에서 예기치 않은 사건 몇 가지를 더 겪은 뒤(멜로디는 마취주사에 내성이 있었다), 새벽 4시에 기운이 바닥난 채 집에 돌아왔다.

"또 무엇이 있을까?"

갑작스럽게 찾아오는 질병과 예기치 못했던 사건만 엄마의 삶을 예측 불가능하게 만드는 것은 아니다. 아이들은 그 자체로 무척 예측 불가능한 존재이다. 모든 아기, 모든 어린이, 그리고 모든 청소년이 예측할 수 없는 존재이다. 그리고 우리 부모들은 자신이 어린 시절을 경험했음에도 불구하고 아이가 하는 일들을 과소평가하는 경향이 있다! 아무튼 아이들과 관련된 돌발 사건에 제대로 대비하지 못하는 것 같다.

이런 점과 관련해 어린 시절의 기억 하나가 떠오른다. 내 나이 다섯 살쯤이었을 것이다. 그때 우리 집에는 넓은 내부 테라스 같은 것이 있었고, 탄성 있는 금속으로 된 긴 빨랫줄이 그 테라스 한가운데를 가로지르고 있었다. 나는 그 빨랫줄을 보고 감탄했다. 서커스에 갈 때마다 보고 탄복했던 곡예사가 타던 줄과 똑같다고 생각했기 때문이다. 어린아이답게 그 유사성에 압도된 나는 어느 날 아침 그 곡예사처럼 허공을 걸어 보기로 했다. 곡예사가 허공에서 균형을 잡을 수 있다면 나도 하지 못할 이유가 없었다! 나는 테라스 벽 가장자리를 기어 올라갔고, 빨랫줄 위에 한쪽 발을 올려놓는 데 성공했다. 다른 발마저 살짝 올려놓자 내 몸무게에 줄이 휘청거렸고, 바로 그때 엄마가 내 겁 없는 시도를 알아차리고 허공에서 나를 낚아챘다. 내가 어리석은 짓을 했음이 백일하에 드러났다!

생후 18개월 된 아기 아멜리의 행동에 대해서도 말하겠다.
아멜리는 동물을 무척 좋아했다. 마침 부활절을 앞둔 시기였기 때문에, 아멜리의 엄마는 예쁜 병아리 두 마리를 사서 손잡이에 노란 리본을 매단 바구니 안에 넣어두었다. 짹짹거리는 귀여운 병아리들에 정신을 빼앗긴 아멜리는 탁자 위로 기어 올라가 병아리들을 움켜쥐었다. 그리고 넘치는 사랑을 표현하기 위해 힘껏 끌어안아 주었다. 그날 저녁, 아멜리의 엄마는 아멜리가 엉엉 우는 가운데 죽은 병아리들을 정원에 묻어 줘야 했다!

아이의 엉뚱한 행동이나 생각을 예측하기란 쉬운 일이 아니다. 하지만 그런 일은 꽤 자주 일어난다. 이를테면 아이가 예기치 않게 변덕을 부리는 경우가 있는데, 엄마는 아이가 그러는 이유를 알지 못해 스트레스를 받는다.

아이의 변덕과 예기치 못한 행동은 엄마에게 상당한 스트레스가 된다. 또 어른 기준에서 생각하는 엄마를 당황하게 한다. 아이들과의 의사소통이 더 힘들어지기 때문이다. 나 역시 멜로디가 싫어하는 음식이 하도 자주 바뀌어서 이제는 또 어떤 음식을 싫다고 할지 알려고 하지 않는다!

우선순위의 문제

엄마의 삶에서 예측 불가능성은 정상적인 요소이다. 그렇다고 해서 엄마가 그것에 스트레스를 받지 않는 것은 아니다. 예측 불가능성은 일상생활에서 우선순위의 문제를 발생시킨다. 어떤 엄마가 다음과 같은 이야기를 했다. 아마도 많은 엄마들이 이 이야기에 공감할 것이다.

"항상 숨죽이고 사는 느낌이에요. 나는 가능한 한 계획적으로 생활하려고 노력해요. 하지만 '해야 할' 일의 목록이 어그러지면 속수무책 상태가 돼요. 생활의 구체적인 기준이 사라져버린 셈이니까요."

엄마는 엄마로서 해야 할 일과 직장에서의 일로 마치 곡예를 하듯 살기 때문에 아이들과 주변 사람들의 소망과 기대를 체계적으로 충족시켜줄 수 없다는 것을 깨닫는다. 그러므로 우선순위를 잘 정해야 한다. 하지만 상황이 예기치 못한 방향으로 흘러가면, 우선순위는 바뀌게 된다. 때로는 해야 할 일의 목록이 아무짝에도 쓸모없게 되는 일도 일어난다. 엄마의 계획을 끊임없이 바꾸게 하는 예측 불가능한 사건들은 자주 낙담과 스트레스를 유발한다. 그런 사건은 일과표를 다시 짜도록 강요하고, 엄마는 계획했던 일을 하나도 완수하지 못했다는 느낌을 받게 된다. 더 나쁜 것은 그런 일이 우리가 사랑하고 중요하게 여기는 사람들을 실망시킨다는 것이다.

37세이며 다섯 살과 여덟 살 두 아이의 엄마인 쥘리에트의 예를 들어보자.

쥘리에트는 예기치 않은 사건이 일어나 아이들을 위해 오래전에 짜놓은 계획이 어그러졌을 때 느낀 죄책감에 대해 나에게 이야기해주었다.

"파리에서 <미녀와 야수> 아이스발레 공연이 열린다는 소식을 듣자, 아이들은 그 공연을 무척 보고 싶어 했죠. 그래서 무려 두 달 전에 공연 티켓을 예매했고, 딸아이는 기다리는 동안 거의 매일 그 공연 이야기를 했답니다. 드디어 공연 날이 되었고, 아이들은 무척 흥분했어요. 그날 나는 일 때문에 파리 외곽에 있는 어느 목공소에 가야 했어요. 일을 본 뒤 아이들을 공연에 데려가기 위해 집으로 향했죠. 하지만 교통사고가 나는 바람에 길 한복판에 꼼짝없이 갇혀버렸어요. 2시간이나 여유 있게 출발했는데도 교통체증이 너무 심해서 시간 여유가 없었어요. 결국 30분 이상 늦게 집에 도착했죠. 20분 뒤 공연이 시작하는데, 집에서 공연장까지는 50분 거리였어요. 왜 그렇게 되었는지, 내가 얼마나 미안해하고 있는지 아이들에게 설명했지만 소용없었답니다. 딸아이는 엉엉 울고, 맏이인 아들아이는 뿌루퉁한 표정을 짓더군요. 아이들에게 그 공연은 절대적 우선순위였는데, 교통체증이 모든 걸 망쳐버린 거죠. 공연장에 갔지만 1부는 보지 못했어요. 일이 그렇게 된 것이 내 잘못은 아니지만, 아이들의 믿음을 저버린 느낌이 들었고 엄청난 죄책감을 느꼈어요."

예측 불가능성은 엄마로 하여금 우선순위를 빈번히 바꾸게 하는 것 외에도, 우선순위를 정하기 힘들게 만든다는 점에서 큰 스트레스를 준다. 매우 중요한 일과 세탁기를 돌리는 일 같은 별로 중요하지 않아 보이는 일을 같은 날 해야 할 때도 많다. 마지막으로 신발이 해져서 아이에게 새 신발을 사주는 일처럼, 언뜻 생각할 땐 시급하게 느껴지지만 나중으로 미뤄도 되는 일도 있다.

어느 젊은 엄마는 급한 일과 중요한 일 사이에서 무엇을 먼저 할지 알 수 없는 데서 느끼는 불안에 대해 이렇게 말했다.

"마치 아무리 용을 써도 이길 수 없는 시합 같아요. 내가 어떤 결정을 내리든 낙담이나 죄책감, 혹은 둘 다를 느끼게 되죠."

사실 낙담과 죄책감은 엄마의 삶에 빈번히 찾아온다. 이런 감정은 계속되는 방해, 우선순위의 충돌, 비현실적인 기대로부터 나온다. 어쨌든 이런 감정은 엄마 역할을 최선으로 수행하지 못한다는 무력감을 불러오고, 장기적으로 많든 적든 스트레스를 유발한다. 예측 불가능성을 받아들일 수밖에 없는 엄마는 비축해둔 에너지 속에서 대처하기 위한 힘을 퍼 올리고, 모성 소진의 육체적 정서적 고갈 단계에 점점 더 가까이 다가가게 된다.

5장

인정의 부재:
"상을 바라는가?"

"당신의 삶은 혼돈투성이야.
 혼돈으로 에워싸이고,
 혼돈만 일으킬 뿐이지……."

― 어느 남편이 아내에게

5

얼마 전 텔레비전 퀴즈쇼를 보다가 깜짝 놀랐다. 사회자가 의례적으로 "무슨 일을 하십니까?"라고 묻자 참가자가 이렇게 대답했다. "내가 무슨 일을 하느냐고요? 오! 아무 일도 하지 않아요. 그냥 아이들만 돌보죠……." 순박하면서도 자발적인 이 대답은 집에서 아이들만 돌보는 전업주부는 '아무 일도 하지 않는' 거라는, 우리 사회에 깊이 배어 있는 선입견을 잘 보여준다.

심리치료를 하면서 나는 주변 사람들과 사회로부터 배려받지 못해 의기소침해 하고 사기가 꺾인 엄마들을 많이 보았다! 그들은 엄마 역할을 잘 해내려고 최선을 다하다가, 결국 자존감이 낮아지고 상처받아 마음의 안정을 잃고 무너져 내렸다.

그런 엄마들 중 하나가 나에게 이렇게 말했다.

"무척 낙심돼요. 나는 좋은 엄마, 좋은 아내, 좋은 주부가 되려고 노력해요. 하지만 시간이 흐를수록 내가 가치 없는 사람이라는 기분이 들어요. 직장에 다닐 때는 열심히 일하면 봉급이 오른다거나 상사에게 칭찬을 받는다든가 하는 식으로 보상을 받았어요. 내 능력을 인정받고, 내가 얼마만큼 가치 있는 사람인지를 구체적으로 평가받을 수 있었죠. 하지만 일을 그만두고 집에 있으니, 그런 평가를 전혀 받을 수가 없더군요. 가족들을 잘 돌보고 집 안을 깔끔하게 관리하는 가정주부의 역할을 당연한 일로 간주하더라고요. 맛있는 저녁 식사를 마련하거나 창의성 있는 시도도 하면서 일상에 묻히지 않으려고 노력하지만, 남편은 관심조차 주지 않았어요. 오히려 점점 더 늦게 귀가했지요. 나중엔 내가 투명인간이 되어버린 느낌이 들더라고요. 내가 하는 모든 일과 그 일을 하기 위해 쏟아붓는 에너지에 주목하는 사람이 아무도 없는 것 같아요. 내 삶이 어떤지, 엄마로서 내가 어떤지 아무도 관심이 없고 이해하지도 못해요!"

사람에겐 충족감이 필요하다

많은 엄마들이 자신이 하는 일을 높이 평가받지 못한다고 느끼며, 감사받거나 칭찬받는다는 느낌도 가지지 못한다. 그런 탓에 스스로 쓸모없고 무력한 존재라고 느낄 뿐 아니라 분노와 원망의 감정이 쌓이기도 한다.

B. F. 스키너(B. F. Skinner) 같은 현대 심리학의 거장들은 인간의 행동

이 주로 상벌 체계에 지배받는다고 말했다.[14] 자신이 한 행동에 긍정적이고 유쾌한 결과가 따르면 그 행동을 계속할 것이다. 하지만 부정적이고 불쾌한 결과가 따를 경우엔 그 행동을 하지 않게 될 거라는 것이다. 인간 행동의 유형과 빈도는 이렇듯 매우 간단한 원칙에 지배된다. 인간이라는 존재는 육체적, 정서적 그리고 심리적으로 자신에게 기쁨을 가져다주는 일에 중요성을 부여하는 경향이 있으므로, 자신이 한 일이 긍정적인 방식으로 보상받기를 원한다. 자신에게 그런 기쁨을 가져다주는 행동을 되풀이하려고 애쓴다. 반면 부정적인 느낌이나 경험을 가져다준 행동은 되풀이하지 않으려 할 것이다.

내가 하는 일이 정당한 가치를 인정받는지 알아야 한다. 그럼으로써 물질적 심리적 만족감을 느낄 수 있다. 노력과 에너지를 쏟아 그 일을 해냈는데, 인정, 주목 혹은 애정 같은 필요를 충족받지 못한다면 왜 그 일을 계속하겠는가?

최선을 다하지만 보상을 받지 못하는 엄마는 자신의 노력이 뭔가에 도움이 된다고 느끼지 못할 것이다. 그렇다면 왜 그런 노력을 계속하겠는가? 한껏 노력했지만 무관심과 경시만 받는다면, 왜 그런 노력을 계속 기울이겠는가? 그 엄마가 실패했다고 느끼지 않을 수 있겠는가? 가족들에 대한 책임감이 없다면 계속 노력할 내적 동기를 어떤 방식으로 부여받겠는가? 노력에 대한 보상을 받지 못할 경우 엄마는 힘들어서 허덕이고, 결국에는 원망과 불만을 느끼게 된다. 당연히 스트레스를 받게 되고 주변 사람들의 몰이해에 부딪힌다.

---

14 B. F. 스키너, 「인지과학과 행동주의」, 미출간 원고, 하버드 대학교, 1985년.

여기서 엄마들이 보상받아야 하는 이유가 단지 기분 때문만은 아니라는 것을 짚고 넘어갈 필요가 있다. 뇌 시상하부에 '쾌락중추'가 있다는 것이 발견됨으로써 보상에 대한 필요는 생물학적 원리에 따른 것임이 밝혀졌다. 1954년 캐나다 맥길 대학교의 신경생리학 교수 제임스 올즈(James Olds)는 쥐의 '쾌락중추'를 발견했다. 올즈는 쥐의 뇌 시상하부에 전극(電極)을 설치한 뒤, 쥐가 페달을 눌러 '쾌락중추'를 스스로 자극할 수 있게 했다. 쥐는 페달을 누르는 법을 매우 빠르게 습득했을 뿐만 아니라 한 시간에 7,000번에 이를 정도로, 지쳐서 쓰러질 정도로 그 행동을 반복했다! 그뿐이 아니었다. 전기가 흐르는 철책까지 뛰어넘는 등, '쾌락중추'를 자극하는 페달을 밟기 위해 물불을 가리지 않았다. 먹이를 주지 않은 상태에서 그 철책 건너편에 먹이를 놓아두어도 철책을 뛰어넘지 않았는데 말이다.[15]

뇌 시상하부 근처에 있는 '쾌락중추'는 이후 금붕어, 돌고래, 원숭이 같은 다른 동물들에게서도 발견되었다. 어느 신경외과학자는 인간에게도 '쾌락중추'가 존재한다는 것을 밝혀냈다.[16] [17]

일이나 행동에 대한 보상과 인정은 개인의 동기부여에 영향을 미친다. 기업의 관리자들을 대상으로 직원들에게 어떻게 동기를 부여할 것인지 교육하는 강좌에 가보면, 강사들은 대개 보상과 인정의 중요성을 강조한다. 내용은 간단하다. 보상이 없으면 동기가 약해지고 생산성 저하로 이어진다. 이것은 어느 기업에나 심각한 위협이 된다.

---

15 J. 올즈, 「뇌의 자가 자극」, 『사이언스』, 127, p. 315~324, 1958년.
16 J. A. 도이치, 「뇌의 보상: ESP와 황홀경」, 『사이콜로지 투데이』, p. 46~48, 1972년(7월).
17 J. 후퍼 & D. 테레시, 『3파운드 우주』, 뉴욕, 맥밀란, 1986년.

다른 관점에서 보면, 사람이 자기 일과 관련해서 받는 피드백(긍정적이거나 부정적인)의 양과 어조 그리고 타이밍은 그 사람이 겪는 스트레스 수치에 직접적인 영향을 미친다. 엄마 역시 마찬가지이다. 자신이 한 일이 눈에 띄지 않고 지나가면 자신의 역할이 하찮은 것처럼 느껴져 몹시 낙담한다.

대화의 중요성

우울증으로 고생하던 세 아이의 엄마 로즐린은 육아 방식에 대해 명확한 피드백을 받지 못해 몹시 힘들다고 말했다.

"나는 최선을 다하고 있어요. 하지만 결코 쉽지 않답니다. 때로는 내가 과연 잘하고 있는 건지 누가 말을 해주면 좋겠어요. 최선을 다하고 있는데 아무런 칭찬도 주목도 받지 못하니, 내가 가치 없는 사람처럼 느껴져요. 내가 좋은 엄마라고 말해주는 사람이 아무도 없어요. 내가 아이들에게 잘해주고 있는지, 정말로 아이들에게 도움이 되는지 잘 모르겠어요. 아무도 나에게 관심이 없으니, 어떨 땐 아무것도 하기 싫기도 해요……. 하지만 그러면 남편부터 시작해 모두들 나를 비난할 거예요. 내가 하는 일이 눈에 띄진 않지만, 그 일을 중단할 경우 무척 비난을 받게 되는 거죠!"

나는 이 주제에 대해 주변 사람들, 특히 남편이나 파트너와 대화해보라고 엄마들에게 조언한다. 인정이나 평가를 받지 못해 엄마가 낙담하고 유감을 느낀다는 것을 가족들에게 이해시킬 필요가 있다. 이런 감정은 결국 분노를 유발하고, 피할 수도 있었던 충돌과 말다툼이 일어나면서 오랫동안 억눌러왔던 분노가 폭발하게 된다.

투명인간 취급 받는 것이 얼마나 마음 상하는 일인지를 대화를 통해 배우자에게 이해시킨 엄마도 있다. 그러자 배우자의 행동에 변화가 일어났다. 아내에게 좀 더 주의 깊어지고 정중해졌다. 어떤 엄마는 배우자가 자신에게 관심이 없고 자신의 말을 듣지도 이해하려고 하지도 않는다고 여겨지는 일이 많이 줄었다고 말했다.

타티아나는 면담 중에 나에게 이런 말을 했다.

"남편은 내가 집에서 하는 일과 내가 아이들을 양육하는 방법에 대해 좋다 나쁘다 논평하는 일이 절대 없어요. 나는 남편의 논평이 너무도 필요한데 말이에요! 평가받지 못한 채 책임만 이행하는 것에 질려 버렸어요. 남편에게 말했더니, 남편은 당황스러워하며 이렇게 대꾸하더군요. '난 당신이 그러는 게 전혀 이해가 안 돼!' 남편의 대꾸 때문에 더욱 짜증이 났어요. 내가 화를 내자, 남편은 마지못해 내가 좋은 엄마라고 생각한다고 말했어요. 왜 그렇게 생각하느냐고 묻자 대답을 못하더군요! 그러니 어떻게 내가 하는 일이 가치 없다는 느낌이 들지 않을 수 있겠어요? 나는 엄마로서 책임을 이행하는 것이 이토록 힘든데 그 사람은 어떻게 전혀 눈치채지 못하는지 이해가 안 돼요."

인정받지 못하면 왜 정서적 고갈에 이르는가?

인정받지 못해 타격을 입는 사람이 엄마들만은 아니다. 직업 세계에서도 그런 일이 흔히 일어나고, 상당한 스트레스를 유발하는 요인으로 여겨진다. 그런데 엄마의 경우엔 그런 일로 스트레스를 받는다고 여겨지는 경우가 드물다. 정신의학자이자 직업 스트레스 전문가인 파트릭 레주롱(Patrick Légeron)은 자신의 책 『직업 스트레스』에서 기업이 어떤 방식으로 직원들에게 정서적 헌신을 요구하는지 설명했다.[18] 직장에서 정서적 관계를 맺을 경우, 일을 더 많이 하고 더 잘해야 한다는 의무감을 느낄 것이다. 하지만 레주롱 박사는 대가를 받지 못할 경우 헛되이 희생만 한다는 느낌 때문에 '견딜 수 없는 낙담'을 느끼게 된다고 강조하고, '사회적 강화의 부재는 직업인에게 엄청난 스트레스 요인'이라고 강조한다.

직원들을 향한 기업의 요구와 엄마들을 향한 사회의 요구 사이에 유사성이 존재하긴 하지만, 이 둘 사이엔 결정적인 차이가 있다. 사회는 엄마에게 한계와 조건 없는 정서적 개인적 헌신을 기대하며, 그런 분위기 속에서 엄마는 더 잘해야 한다는 압박을 받는다. 반면 기업에서는 개인의 노력이 긍정적 강화와 인정이라는 형태로 보상받지 못할 경우 비난을 받는다. 엄마의 일이 기업에서 하는 일처럼 노력과 헌신을 요구하는데도, 심지어 전혀 인식되지 않고 지나가버리기도 한다.

파트릭 레주롱은 자신이 한 일을 인정받지 못할 때 직원들이 느끼는 낙담에 대해서도 설명했다. "효율적으로 일했고 결과가 그것을 입증하

---

18 P. 레주롱, 『직업 스트레스』, 파리, 오딜 자콥, 2001년.

는데도 인정받지 못하기도 하고, 아주 작은 실수를 저질렀을 뿐인데 곤란한 상황에 처하기도 한다." 일을 잘 해냈는데도 보상이 없고, 실수라도 한번 할라치면 비난받는 상황은 개인을 육체적 정서적으로 고갈시키고, 최선을 다하고자 하는 사기를 앗아간다.

어떤 행동을 한 뒤 부정적 결과에 대면했을 때 쥐가 겪는 고갈 현상에 대한 실험도 있었다.[19] 요구된 일을 완수한 쥐에게서 물질적 보상(고기 조각)을 빼앗고, 실수하거나 잘못된 행동을 했을 때는 벌(전기 충격)을 주는 것이다. 쥐는 몹시 스트레스를 받고 고갈 상태에 다다랐으며, 결국 아무런 행동도 하지 않게 되었다.

그러니 자신이 한 일을 인정받지 못하는 엄마가 잘하고자 하는 동기를 잃어버리는 현상도 별로 놀라운 일이 아니다. 엄마는 자신이 기울인 노력의 가치를 인정받지 못한 채 아낌없이 주는 데 지쳐서 고립되었다고 느낀다. 혹독한 게임의 법칙을 강요하는 사회적 요구에 짓눌려 울며 겨자 먹기로 많이 주고 적게 받는 것이다. 이것이 불러오는 육체적 정서적 고갈이 모성 소진을 일으키지만, 주변 사람들은 그것을 감지하지 못한다. 그리하여 엄마는 일상에서 우울증과 무력감을 겪게 되는데, 이것을 적절한 방법으로 잘 관리해야 한다.

19　D. G. 마이어스, 『심리학』, 6판, USA, 워스 퍼블리셔스, 2001년.

왜 엄마가 하는 일을 인정하는 데 인색한 걸까?

사회적 인정이 이토록 중요하다면, 우리 엄마들은 인정받기가 왜 그토록 어려운지 자문해볼 필요가 있다. 왜 엄마는 많은 것을 주고도 그토록 인정받지 못하는 걸까? 우선 남자들은 대개 모성에 대해 퍽 제한된 시각을 갖고 있다는 것을 잊지 말아야 한다. 그들은 엄마가 자신에게 해준 것들을 알고, 결혼한 뒤에는 아내가 아이들에게 해주는 것들을 보았다. 그리고 그 둘을 비교하는 것이 항상 좋은 결과를 가져오지는 않는다는 사실을 깨달았다. 바로 이것이 많은 남자들이 엄마로서의 아내의 능력에 관해 논평하지 않는 이유 중 하나다. 논평을 했다가 자칫 자신의 엄마와 비교한다고 여겨지거나 잘못 받아들여질 위험이 있는 것이다. 물론 이 이유가 다는 아니다. 천만의 말씀이다. 이것 말고도 많은 이유가 있다.

파트릭 레주롱은 이런 현상을 설명하기 위해, 우리 사회에 내재한 세 가지 시각을 지적한다.

"자기 일을 잘 해내는 것은 당연하다!"
기업은 직원들이 한 일에 대한 대가는 임금 지급으로 충분하다고 여긴다. 직원들이 일을 잘 해내게 하기 위해 임금을 지급한다는 논리이다. 그러니 일을 잘 해내는 것은 당연하다. 반대로 일을 잘 못할 땐 제재를 가해야 한다. 간단히 말해, 잘하는 것이 당연하고 잘 못하는 것은 비정상이다! 그렇지만 이런 논리는 일을 잘 해내는 것이 대단한 업적까지는 아니지만 쉬운 일도 아니라는 사실을 간과하는 셈이 된다. 어쨌든 일을 잘 해냈다는 것은 칭찬받을 일이고, 그 사실을 입 밖에 내어 말해야 한다!

여성들은 좋은 엄마 노릇을 하는 것이 쉬운 일이 아니라는 것을 잘 알고 있다! 노력해서 성공을 거두었다는 것은 자체로서 대단한 일이며, 그러므로 주목받을 만하다. 그런데 우리 사회는 엄마들에게 작은 물질적 보상도 받지 못한 채 열심히 일만 하기를 기대할 뿐만 아니라, 잘 해내지 못할 경우엔 비난한다. 그래서 엄마들은 일방적으로 주기만 한다는 느낌을 받게 되고, 여기서 낙담, 유감, 스트레스가 유발된다.

"지나치게 칭찬하는 것은 좋지 않다."

우리 사회는 유대-기독교적 가치관을 토대로 삼고 있어서, 어릴 때부터 칭찬하는 것은 좋지 않고 자만심, 허영심, 게으름만 키워줄 뿐이라고 교육받는다. 하지만 이것은 잘못된 생각이다. 심리학의 기본 원리를 전혀 모르고 하는 생각이다. 격려, 치하, 긍정적 강화는 자신감을 키워준다. 이런 피드백을 받은 사람은 자의식이 높아지며, 건강하고 건설적인 행동을 하게 된다.[20]

어떻게 엄마가 한 일을 칭찬하는 것이 엄마에게 해를 끼친다고 생각할 수 있는가? 오히려 칭찬을 받지 못할 경우 엄마가 한 일은 가치절하되고, 그 탓에 엄마가 무력감을 느끼는 것은 물론 인간으로서의 존엄성과 정서적 심리적 행복에까지 해를 입게 된다는 것을 우리 사회는 왜 깨닫지 못하는가?

20　J. 크로커 & C. 울프, 「자존감 높이기: 가치 있는 관점의 우연성」, 미출간 원고, 미시간 대학교, 1999년.

"칭찬은 나약한 것이다."

레주롱 박사는 많은 사람들이 상대를 칭찬해야 할 때 불편해하고 스스로를 거의 '우스꽝스럽게 느낀'다는 것에 주목했다. 반대로 비판할 때는 '상대 지배하는 세력관계가 수립'된다. 이런 세력관계 때문에 남편들이 아내가 엄마로서 한 일을 칭찬하기 힘들어하는 건 아닐까……?

나는 반응한다, 고로 존재한다!

인정받지 못하는 엄마는 자신이 느끼는 낙담을 많든 적든 표출하게 된다. 자부심에 타격을 입히는 외부에 대한 반응으로서 말이다. 이것이 엄격한 자기비판으로 이어져 매우 우울한 상태에 빠질 수도 있다.

흔치는 않지만, 매우 효과적인 방법으로 반응하는 여성도 있다. 미국 시카고 교외에 사는 어느 전업주부 엄마의 경우가 그랬다. 그 엄마는 몇 년 전 신문 1면에 났다. 그녀는 남편과 세 아이에게 관심을 받지 못하고 인정도 별로 받지 못하고 있었다. 그녀가 그들을 돌보기 위해 고맙다는 말도 듣지 못한 채 온종일 이리 뛰고 저리 뛰는 것을 그들은 당연하게 여겼다. 화가 난 그녀는 정원에 있는 나무 꼭대기에 올라갔다. 그리고 자신이 하는 일의 가치를 가족들이 이해하려고 노력하지 않는다면 나무에서 내려오지 않겠다고 선언했다! 나는 라디오 방송에서 그녀의 인터뷰 내용을 들었다. 의기소침해 하거나 분노에 차 있는 엄마의 목소리를 예상했는데, 뜻밖에도 그녀는 안정감 있고, 에너지 넘치고, 유머 감각이 풍

부했다. 그녀는 자신이 인정받지 못하는 것에 대해 그다지 열을 내지는 않았다. 그저 가족들이 며칠 동안 자기 없이 지내본다면 자기를 좀 더 존중하게 될 거라 생각한다고 말했다. 그녀는 이틀 동안 나무 위에 있었고, 그 결과에 매우 만족했다!

직장에서 인정을 받는 엄마라 해서 엄마로서의 역할도 늘 인정받는 것은 아니다. 그들은 직장에서의 일과 엄마로서의 일 사이의 차이를 받아들이기가 무척 어렵다는 것을 강조했다. 아마도 그들은 속으로 이렇게 생각할 것이다. '회사에서는 잘 해냈어……. 하지만 집에서는 썩 만족스럽지가 못해!'

부정적 피드백이 가져오는 폐해

긍정적 피드백의 부재가 유발하는 스트레스는 부정적이거나 불성실한 피드백이 유발하는 스트레스에 비하면 별것 아니다.

마갈리는 두 아이의 엄마인데, 여섯 달 전 심리치료 시간에 나에게 이런 말을 했다. "모든 걸 잘못하고 있다는 느낌이 들어요. 내가 해온 일도 충분하지 못한 것 같고요. 얼마 전에 딸아이가 며칠 동안 아팠어요. 세 살밖에 안 되었는데 열이 40도까지 올라서 밤낮으로 고생했죠. 아이를 돌보느라 하룻밤을 새우자 에너지가 완전히 바닥나 버렸어요. 48시간 넘게 나를 위한 시간은 단 1분도 갖지 못하고 보낸 참이었죠. 남편이 딸아이 방으로 들어오더니, 나무라는 어조로 나에게 말했어요. '당신 피에르의 외투 세탁 안 했어? 오늘 피에르한테 무슨 옷을 입힐 생각인데?' 그래요, 운동장에서 넘어져 더러워진 아들아이의 외투를 미처 세탁하지 못했어요. 아픈 딸아이를 간호하느라 이틀 내내 시간을 내지 못했으니까요. 하지만 집에 있으면서 아들아이의 외투를 세탁하지 않은 것은 남편에게는 있을 수 없는 일이었던 거예요. 남편의 어조가 조금만 더 심했다면 나는 남편이 나를 비난한다고 느꼈을 거고 내가 잘못했다고 생각했을 거예요!"

내가 심리치료 시간에 만난 많은 엄마들은 남편이나 파트너가 그들의 감정에 무관심하고 엄마로서 그들이 쏟는 노력을 충분히 인식하지 못하는 것을 불만스럽게 여겼다. 그들이 하루 동안 엄청나게 많은 일을 했는데도, 성의 없이 "오늘은 뭐 했어?"라고 묻는다는 것이다. 이런 언급은 자칫 '내가 보기엔 당신이 오늘 대단한 일을 한 것 같지 않아!'라는 의미로 받아들여질 수 있다. 그렇다. 통제되지 않고 예측하지 못했던 일이 줄줄이 일어나 계획이 온통 어그러진 날에는 진짜 비난으로 들릴 수도 있다. 잘 해내려고 애썼지만, 시간이 모자라 사기가 꺾여버린 엄마는 그런 질문을 부정적 피드백으로 받아들이게 되는 것이다.

이런 무신경한 발언보다 더 고약한 것은 혹독한 비판이다. 그런 비판은 '당신은 아이들을 제대로 키울 능력이 없다'는 뜻으로 들린다.

세 아이의 엄마 에스텔은 그런 비판을 듣고 분노를 느꼈던 경험을 털어놓았다. 그녀의 남편은 세미나 때문에 일주일 동안 태국에 다녀왔다. 그동안 에스텔은 혼자 세 아이의 뒤치다꺼리를 하느라 매우 고생했다. 마지막 날 저녁은 특히 힘들었다. 아이들이 유독 말을 듣지 않아 힘겹게 씨름을 해야 했다. "매사가 힘들었어요. 옷 벗기기, 욕조 안에 들여보내기, 욕조에서 내보내기, 잠옷으로 갈아입히기, 마지막으로 저녁 식사까지요. 기운이 펄펄 나는지 그날따라 아이들이 장난을 많이 치고 산만하더라고요!" 에스텔은 인내심의 한계에 도달해 소리를 질렀지만, 아이들이 아랑곳하지 않았다. 그때 남편이 집에 돌아왔고, 무슨 일이 일어난 건지, 그녀가 얼마나 피곤한지 살피지도 않은 채 비난하는 어조로 말했다. '당신은 항상 소리를 지르는군! 소리를 덜 지르고 침착한 마음으로 아이들을 돌보면 훨씬 더 평화로울 거야. 아이들도 더 얌전해질 테고! 지나친 건 아이들이 아니라 바로 당신이야! 당신은 항상 스트레스가 꽉 찬 상태야. 계속 그렇게 살다가는 병이 날 거라고!' 남편에게서 그런 말을 계속 들어온 에스텔은 점차 자신이 나쁜 엄마라고 생각하게 되었다. 죄책감이 그녀를 갉아먹었고, 자신이 몹시 무능하다는 기분이 들었다.

"거울아, 거울아, 내가 좋은 엄마인지 나쁜 엄마인지 말해줘!"

에스텔 같은 경험은 불행히도 엄마들에게서 꽤 많이 발견되며, 거듭되는 비판이 가져다주는 폐해를 잘 보여준다. 임무 수행 능력에 직접적인 타격을 주기도 한다. 1977년 스나이더 박사(Dr. Snyder)가 소개한 '자기

충족적 예언(self-fulfilling prophecy)' 개념[21]은 다른 사람의 의견(설령 잘못된 의견이라 할지라도)을 들은 사람이 그 의견을 확인시켜주는 방식으로 행동한다는 것을 설명해준다. '자동 실현 예언'이라고도 불리는 이 현상은 수많은 실험을 통해 여러 번 검증되었다. 그중 하나가 초등학교 선생님들을 대상으로 한 실험이다. 학년 초에 학생들을 대상으로 IQ 테스트를 한 뒤, 선생님들에게 몇몇 학생이 뛰어난 점수를 받았고 다른 학생 몇 명은 지능이 떨어진다고 판단될 만큼 보잘것없는 점수를 받았다고 말해주었다. 실제로 받은 IQ 점수를 참고하지 않고 무작위로 골라낸 아이들이었다. 선생님들은 그 학생들에 대해 매우 긍정적인 의견과 매우 부정적인 의견을 갖게 되었다. 학년 내내 머리가 좋다고 생각되는 학생들과 지능이 떨어진다고 생각되는 학생들을 다른 방식으로 대했다. 머리가 좋다고 생각되는 아이들에게는 많은 격려와 긍정적 강화로 그들에게 갖고 있는 기대를 표현했고, 지능이 떨어진다고 생각되는 학생들은 끊임없이 비판했다. 학년 말에 다시 IQ 검사와 적성검사를 한 결과, 머리가 좋다고 소개했던 아이들은 학년 초보다 현저히 높은 점수를 받았고 자존감과 자신감을 측정하는 검사에서도 마찬가지 결과를 얻었다. 지능이 떨어진다고 소개되었던 학생들은 학년 초에 받았던 것보다 낮은 점수를 받았다. 1970년대에 행해진 이 실험은 윤리성 문제로 격렬한 비난을 불러왔다. 그럼에도 불구하고 이 실험은 '자기 충족적 예언'이 유발하는 위험에 대한 의미 있는 실험으로 인정받는다.

---

21 M. 스나이더, E. D. 탱키 그리고 E. 버샤이드, 「사회적 인식과 대인 행동: 고정관념의 자기 충족적 특성에 관하여」, 『저널 오브 퍼스낼리티 앤드 소셜 사이콜로지』, 35, p. 656~666, 1977년.

에스텔처럼 계속 비난받는 엄마들은 그 의견을 확인시켜주는 방향으로 행동하게 된다. 반대로 주변 사람들이 긍정적이고 고무적인 의견을 말해줄 경우, 자기 자신은 물론 다른 사람들을 위해서라도 건설적이고 발전적인 행동을 해 그 기대에 부응하게 된다.

사람의 성숙과 발전에는 자존감이 무척 중요하다. 엄마 역시 이 법칙에서 벗어나지 못한다. 나는 엄마 역할과 관련해서 느끼는 낮은 자존감이 엄마를 심각한 우울 상태에 다다르게 할 수 있다는 것을 여러 엄마에게서 확인했다. 학자이자 심리치료사인 한스 스트럽(Hans Strupp)은 이런 지적을 했다. "환자의 사연에 귀 기울이는 즉시 슬픔, 낙담, 절망을 발견하게 된다. 이런 어려움의 기저에는 그들의 자존감을 약화시킨 경험들이 존재한다." 자존감이 낮은 사람들이 반드시 자신을 쓸모없게 여기는 건 아니지만, 자신에 대해 긍정적으로 말하는 경우는 드물다. 낮은 자존감은 해로운 결과를 초래하며, 슬픔 또는 절망과 자주 짝을 이룬다.

에이브러햄 매슬로우(Abraham Maslow)는 유명한 '욕구 피라미드' 이론을 통해 인간은 배고픔, 갈증, 안전, 신체의 안전 같은 기본적 욕구가 충족되고 나면 소속감, 타인에게 받아들여지기, 자존감, 능력에 대한 욕구를 갖게 된다는 것을 잘 보여주었다.

28세이고 어린 두 딸을 키우고 있는 코린이 나에게 말했다.

"처음에는 남편과 식구들에게 비난을 들으면 화가 났어요. 하지만 계속 비난을 듣다 보니 나도 그 비난을 수긍하게 되고, 과연 나에게 어떤 일을 제대로 해낼 능력이 있는지 자문하게 되는 거예요."

가벼운 비난이나 부정적 피드백도 엄마의 자존감과 자신감에 타격을 준다. 인정의 부재나 자신이 투명인간 같다는 느낌만으로도 똑같은 결과가 나올 수 있다. 남편이나 파트너로부터 긍정적 피드백을 받지 못한다는 것은 자신이 가장 중요하게 여기는 사람으로부터 자신의 가치를 인정받지 못한다는 것을 의미하며, 이것은 엄마에게 상당한 슬픔과 스트레스를 유발한다.

투명인간이 된 느낌, 인정의 부족, 비난, 목표한 수준에 도달하지 못했다는 데서 오는 좌절감, 낮은 자존감은 엄마의 열의를 꺾는다. 그리하여 엄마는 우울감, 슬픔, 낙담에 빠져든다. 그래도 조금이나마 인정받거나 더 이상 비난을 듣지 않겠다고 마음을 다잡고, 언젠가는 자신이 노력한 것을 인정받으리라는 희망 속에 더 큰 헌신을 한다. 하지만 계속 그런 상태에서 살다 보면 육체적 정신적 에너지가 고갈되고 마침내는 바닥나 버린다. 정도가 심할 경우에는 사기가 완전히 떨어지고, 상황을 변화시킬 능력이 없다고 느끼게 된다. 그리고 모성 소진과 우울증으로 이어진다.

그리하여 우리는 이런 질문을 하게 된다. 대체 누구의 잘못인가?

6장

지원의 중요성:
"여보, 우리 이야기 좀 해!"

"아이는 엄마를 삶에
　붙들어 매주는 닻과도 같다."

― 소포클레스

6

인간은 사회적 존재

장 폴 사르트르는 "타인은 지옥이다"라고 말했다. 그러나 타인은 지옥이기에 앞서 꼭 필요한 존재이다. 타인과 함께 살면 고독으로 인한 정서적 고통을 면할 수 있다. 또한 타인들은 삶에서 겪는 다양한 스트레스에 맞서도록 우리를 도와준다.

아리스토텔레스가 단언했듯이, 인간은 무엇보다도 사회적 존재이다. 세상에서 물러나 삶의 안정을 찾는 사람들을 제외하면, 우리는 대개 일상생활에서 소중한 사람들이 옆에 있어 주면서 우리를 지원해주기를 바란다. 다시 한 번 강조하지만, 이것은 일시적 변덕이 아니라 생물학적 필요이다.

미국 UCLA 대학교의 사회심리학 교수 셸리 테일러(Shelley Taylor)가

1989년에 매우 흥미로운 연구를 했다.[22] 그녀는 50대 여성 여러 명을 인터뷰했다. 모두 결혼했고, 세 아이의 엄마이고, 유방암에 걸린 여성들이었다. 수술을 받고 여섯 달 동안 항암치료를 받은 뒤 병세에 차도를 보이는 상태였다. 하지만 그 여성들 사이에는 차이가 있었다. 일부 여성들은 남편과 사별하거나 이혼했고, 자녀들이 다른 주(州)나 외국에 살고 있었다. 다른 여성들은 배우자와 함께 살고, 자녀들도 같은 도시에 살면서 자주 그들을 찾아와 활동적이고 유쾌한 시간을 보냈다. 삼 년이 흐른 뒤 테일러 박사는 이 여성들을 다시 수소문했고, 혼자 살던 여성들 중 절반이 세상을 떠났다는 사실을 알게 되었다. 반면 가족과 함께 살던 여성들은 자녀들과 배우자, 친구들의 애정 어린 지원을 받으며 평온한 나날을 보내고 있었다. 그들은 현재 행복하며 건강도 좋아졌다고 말했다.

물론 두 부류의 여성들에게 나타난 암의 증상과 정도가 완전히 똑같지는 않았을 테고, 가족관계만 생존율에 영향을 미쳤다고 단언할 수도 없다. 그렇기는 하지만, 다른 연구들 역시 주변의 지원이 개인의 발전뿐 아니라 건강에 유리하게 작용한다는 것을 입증했다. 또한 주변의 지원은 사랑받고 있다는 느낌, 가족과 친구들에게 격려받고 있다는 느낌을 가져다준다.

---

22 S. E. 테일러, 『긍정적 착각』, 뉴욕, 베이직 북스, 1989년.

스트레스에 대하여

스트레스는 여러 방법으로 사용되는 용어이다. 학문적 기준으로 말하면, 스트레스는 스트레스를 유발하는 요인에 대한 반응으로서, 그 사건을 감지하고 받아들이는 과정이라 할 수 있다. 우리는 스트레스 유발요인을 위협적인 것으로 또는 바로잡아야 할 어떤 것으로 판단한다. 그런데 스트레스 유발요인은 어떤 측면에서는 동기를 부여해줄 수 있고, 그것을 극복하는 과정에서 개인에게 성장을 가져다줄 수도 있다. 반대로 잠재적 능력과 안전, 건강에 큰 위협이 될 수도 있다.

일상생활에서 일어나는 갖가지 사건들은 정서적 심리적 반응을 유발하여 우리의 신체에 영향을 미치며, 아드레날린, 노라드레날린, 코르티솔이라는 이름으로 알려진 스트레스 호르몬을 분비시킨다. 스트레스가 유발하는 생리적 현상에 대해서는 소진의 결과를 다룬 11장에서 더 이야기하겠다. 지금은 스트레스 호르몬이 인간의 면역체계에 강한 충격을 준다는 것만 짚고 넘어가겠다. 스트레스 호르몬 분비가 면역체계의 약화를 불러온다는 사실은 많은 연구를 통해 입증되었다.

강도는 중간 정도이지만 만성적으로 계속되는 스트레스가 특히 해로운 영향을 가져오는 것 같다. 이런 스트레스는 신체를 상시적 경계 상태에 놓이게 하여 스트레스 호르몬을 지속적으로 분비시킨다. 다시 말해 계속되는 스트레스에 의해 소진 상태에 이르면 건강에 해로운 영향을 미쳐 엄마들이 고통을 받게 된다.

주변의 지원이 스트레스에 미치는 영향

앞에서 지적했듯이, 주변의 지원은 스트레스의 악영향을 줄이는 데 매우 큰 역할을 한다. 1990년대 초반 백혈병에 걸려 골수이식을 받기로 한 환자들을 대상으로 행해진 연구[23]를 예로 들겠다. 주변 사람들로부터 정서적 지원을 별로 받지 못하고 있다고 대답한 환자들 중 2년 뒤 생존한 사람은 20%였고, 가까운 사람들로부터 큰 지원을 받고 있다고 대답한 환자들은 54%가 2년 뒤까지 생존했다. 1,234명의 심장발작 환자에게도 같은 연구를 했는데, 그중 혼자 사는 사람, 즉 최소한의 지원만 받은 사람들은 6개월 뒤 다시 심장발작을 일으킨 비율이 그렇지 않은 사람에 비해 두 배 더 높았다.[24]

누가 옆에 있어 주고 지원해 주는 것이 왜 그런 영향을 미칠까? 스트레스 받는 상황에 직면할 때 우리는 불안, 불확실성, 취약함을 경험하며, 그것을 처리하려면 상당한 에너지가 필요하다. 이때 자신이 느끼는 두려움을 표현하고 고통을 털어놓을 수 있는 것만으로도 부정적인 생각에 빠지는 일을 피할 수 있다. 타인이 옆에 있어 주고 이야기를 들어주기만 해도 긴장이 풀리고, 정서적 생리적으로 해로운 영향을 줄일 수 있다.

주변 사람들의 지원이 동맥 혈압을 낮추어 심장혈관 계통을 보호하고 스트레스 호르몬 분비를 억제한다는 사실이 50건 이상의 연구를 통

---

23 E. A. 콜론, A. L. 캘리스, M. K. 팝킨 그리고 P. B. 맥글레이브, 「우울감 및 다른 변수들이 골수이식 후 급성 백혈병 환자들의 생존율에 미치는 영향」, 『사이코소매틱스』, 32, p. 420~425, 1991년.
24 R. B. 케이스, A. J. 모스, N. 케이스, M. 맥더못 그리고 S. 이벌리, 「심근경색 발생 후 혼자 사는 환자: 예후에 미치는 영향」, 『저널 오브 더 아메리칸 메디컬 어소시에이션』, 267, p. 515~519, 1992년.

해 입증되었다. 부정적인 생각, 의심, 두려움을 억누르면 일시적으로는 그것에서 벗어났다는 기분을 느낄 수 있다. 하지만 시간이 지나면 다시 그런 기분이 느껴지게 마련이다. 이때 그런 생각이나 기분을 누군가에게 털어놓으면 악순환을 끊을 수 있다. 심리학자 제임스 페니베이커(James Pennebaker)[25]가 실험을 통해 이것을 설명했다. 그는 실험 참가자들에게 걱정을 불러일으키지 않는 평범한 상황에 관해 이야기하게 한 뒤, 그들을 괴롭히는 걱정거리를 익명으로 털어놓게 했다. 그러면서 실험 참가자들의 생리적 수치를 측정했는데, 중요하지 않은 사건에 관해 이야기할 때는 신체가 긴장되어 있었지만, 걱정거리를 털어놓을 때는 긴장이 눈에 띄게 이완되었다. 동맥 혈압이 떨어지고, 심장박동수가 줄어들고, 근육의 긴장도 완화되었다. 불안도 훨씬 잦아들었다.

스트레스 상황에 직면할 때는 누가 옆에서 이야기를 들어주고 친절하게 지원해 주는 것이 큰 도움이 된다. 그 도움을 통해 마음을 놓고 다시 용기를 내 스트레스에 잘 대처할 수 있다.

엄마에 대한 지원

지금까지 살펴본 바와 같이, 모성 스트레스를 유발하는 요인은 다양하고 반복적이며, 엄마의 에너지를 조금씩 소모시킨다. 시간이 흘렀는데도 소모된 에너지가 다시 채워지지 않으면 모성 소진 상태에 다다른

---

25 J. 페니베이커, 『오프닝 업: 타인에게 속을 털어놓는 행위가 가져오는 치유력』, 뉴욕, 윌리엄 모로, 1990년.

다. 그런데 엄마들은 자신이 하는 일에 대해 보상이나 인정을 받지 못해 힘들기도 하지만, 주변 사람들이 정서적으로 지원해주지 않고 자신의 말을 경청해주지 않고 격려해주지 않아서 힘들다고 말한다. 이것은 엄마들에게 또 다른 스트레스 요인이 된다. 엄마들은 자신이 맞닥뜨리는 어려운 상황에 혼자 대처할 수밖에 없다고 느낀다. 주변 사람들이 이해해주지 않는 스트레스 속에 고립되어, 자신이 경험하는 불편함이 자기 책임이라는 기분을 느끼게 된다. 그리고 불안을 스스로 관리하지 못하는 것에 죄의식을 느끼게 된다.

어린 세 아이의 엄마 클로에가 나에게 털어놓았다.
"아이들 때문에 머리끝까지 화가 나고 인내심이 한계에 다다를 때면, 끔찍한 생각이 머릿속을 스치고 몸 전체가 활시위처럼 팽팽히 긴장돼요. 마음을 차분히 가라앉히려고 노력하지만, 그러지 못한 적이 많아요. 그럴 때면 나도 모르게 무서운 일을 상상하게 되죠. 한계에 다다른 나머지 나 자신을 통제하지 못해 아이를 붙잡아서 마구 때려주는 모습을요. 무섭고 두려운 일이죠! 그런 생각을 한다는 것이 부끄러워요. 내가 자격 없는 엄마로 느껴지고요. 물론 정말로 때리지는 않지만, 그런 상상을 하고 나면 공포에 떨게 되죠. 혹여 정말로 아이들에게 위해를 가할 수도 있다는 느낌이 들어요."

클로에는 자신의 생각에 큰 영향을 받고 있었다. 그것에 대해 남편과 대화를 나누고 싶었지만 남편은 일 때문에 정신이 없었고, 아내가 털어놓은 이야기에 부정적인 반응을 보였다. 그는 그녀에게 이렇게 말했다.
"나도 걱정되는 일이 많아. 하지만 일일이 당신에게 말하지 않잖아.

아이들이 못되게 굴면 엉덩이를 때려줘. 아이들을 돌보는 건 당신 일이니까 그런 이야기는 더 듣고 싶지 않으니 그만 이야기해. 제발 당신이 알아서 처리하라고!"

결국 클로에는 남편에게 아무런 기대도 하지 않게 되었다. 하지만 아이들을 때리는 장면이 자꾸 눈앞에 떠올랐고, 잠이 오지 않을 정도로 걱정되었다. 밤이면 잠을 이루지 못하고 몇 시간씩 그 장면을 되새겼고, 언젠가는 정말로 통제력을 잃고 아이들을 난폭하게 다룰 수도 있겠다고 믿게 되었다. 남편에게 이해받지 못하니 친구들도 자신을 이해해주지 않을 거라는 생각에, 감히 친구들에게 도움을 청하지도 못했다. 비난받고 위험한 엄마로 여겨질까 봐 두려웠다. 그런 스트레스 상태에서 몇 주를 보내자 건강이 악화되었다. 수면부족으로 두통이 심해졌고, 때로는 현기증 때문에 가만히 서 있기도 힘들 정도였다. 클로에는 그런 극심한 스트레스 상태에서 나에게 심리치료를 받으러 왔다. 처음에 그녀는 현기증이 너무 심해 극심한 불안을 느낀 일화를 이야기했다. 가슴이 두근거리고 땀이 줄줄 흘러내렸다. 나는 그 일화에서 공황 발작의 위험을 감지했다. 클로에는 자신이 이성을 잃고 미쳐가고 있다고 느꼈고, 자신이 아이들에게 위험한 존재이며 더는 엄마 역할을 감당할 수 없게 됐다고 생각했다.

이런 예는 드물지 않다. 많은 엄마들이 비슷한 스트레스를 경험하며, 아이들에 대해 부정적인 생각을 한다는 것을 말해주자 클로에는 깜짝 놀랐다. 그녀는 속내 이야기를 털어놓음으로써 불안을 표출했으며, 아이들을 때리는 상상을 한다고 해서 반드시 실행에 옮기게 되는 것은 아니라는 사실을 깨닫고 안심했다. 혹시라도 정말 그렇게 될까 봐 심하게 긴장한 나머지 병이 났던 것이다. 몇 번의 심리치료를 받은 뒤 그녀는 불안을 누그러뜨릴 수 있었고, 남편이 자신의 이야기에 귀 기울여주고 신뢰를 바탕으로 남편과 대화한다면 상황을 완화시킬 수 있을 거라 믿게 되었다.

"여보, 우리 이야기 좀 해!"

"여보, 우리 이야기 좀 해!" 이것은 엄마이건 아니건 많은 여성들이 배우자에게 자주 하는 말이다. 그들은 자신의 고민이나 자신이 처한 상황에 관해 대화하고 싶어서 이 말을 한다. 하지만 이 짧은 말 한마디가 한숨, 회피, 단호한 거부를 불러오는 경우가 얼마나 많은가? 남자와 여자의 의사소통 방식 차이에 대해 언급하고 싶은 마음은 없다. 스트레스 받는 상황에서 파트너에게 지원을 청할 때 많은 엄마들이 맞닥뜨리는 어려움에 관해 이야기하고 싶을 뿐이다.

엄마들은 할 일이 너무 많아서, 상황을 통제하지 못해서, 예측하지 못했던 사건이 일어나서, 인정이 부족해서, 혹은 여기에 다른 요인이 합쳐져서 스트레스를 받는데, 그럴 때 혼자서 감당하려고 고생할 필요가 없다. 스트레스에 잘 대처할 수 있도록 가까운 사람에게 도움을 청해야 한다. 엄마의 책임은 에너지를 소모시키며, 제때제때 원기를 회복하지 않으면, 육체적 정서적 고갈이 일어나고 장기적으로는 소진에 다다를 수 있다. 그러나 호의적인 분위기에서 가까운 사람들에게 이야기를 털어놓고 지원과 격려를 받으면 스트레스를 덜고 원기를 재충전할 수 있다. 이런 지원을 받지 못할 경우, 고립되고 심리적으로 매우 해로운 영향을 받을 수 있다. 자신이 한 선택이나 결정에 확신을 갖지 못하기도 하고, 갖가지 사건들과 그 사건들이 유발하는 피로감에 압도되기도 한다. 주변의 도움과 지원을 받지 못하는 엄마는 긴장이 심화되고, 스트레스에서 벗어날 기회를 얻지 못한다.

4개월 된 딸을 키우는 크리스틴은 남편의 지원이 삶에 얼마나 많은 변화를 가져다주었는지 말해주었다.

"딸아이 아나이스가 태어난 후 나는 아나이스를 키우며 집에만 있었어요. 아이를 키우다 보니 일상이 뒤죽박죽이 되고 밤에 잠을 제대로 자지 못해서, 스트레스라는 단어의 의미를 그야말로 실감하게 되었죠! 저녁이 되면 너무 피곤해서 손 하나 까딱할 수 없고 인내심이 한계에 다다랐어요. 아이가 많이 울고, 낮 동안 단 일 초도 쉬지를 못했거든요. 내가 너무 피곤해서, 남편이 집에 와서 곧바로 아나이스를 안고 밖으로 나가 30분 동안 산책을 했어요. 덕분에 겨우 한숨 돌리고 조용히 쉴 수 있었죠. 더 도움이 된 것은 엄마 역할을 하는 것이 얼마나 힘들고 스트레스 받는 일인지 말하는 것이었어요. 남편은 내 이야기에 귀 기울여주었고, 나를 이해해주었고, 내가 하는 일에 대해 자신감을 북돋워 주었어요. 때때로 나 자신이 의심스럽기도 했지만, 남편은 내가 좋은 엄마라고 느끼게 해주었죠. 아나이스는 키우기 쉽지 않은 아이예요. 하지만 남편의 도움 덕분에 스트레스에서 벗어날 수 있었고, 그것이 나를 변화시켰죠."

주변 사람들의 지원은 엄마의 책임이 불러오는 스트레스를 완화하는 데 큰 도움이 된다. 아이가 학교에서 문제가 생기는 등 중요한 사건이 발생할 때는 더욱 그렇다.

마리안은 6년 전부터 9살 난 딸아이와 단둘이 살고 있었다. 남편이 연락을 끊고 사라져버려 재정적 도움을 받지 못했기 때문에 살아가기가 힘겨웠다. 다른 가족들은 외국에 살고 있었다. 마리안은 이렇게 말했다.

"혼자서 딸아이를 키우기가 참 힘들어요. 안정된 가정에서 제공할 수 있는 것들을 전혀 줄 수가 없으니까요. 나는 가정경제에 적자가 나지 않도록 애쓰고, 딸아이를 잘 키우기 위해 할 수 있는 것은 모두 하고 있어요. 하지만 늘 피곤하고, 마음의 여유를 가질 수가 없어요. 밤늦게까지 일을 하기 때문에 딸아이의 숙제도 충분히 봐주지 못하고요. 딸아이는 성격이 까다로운 편이에요. 아무것도 아닌 일에 자주 화를 내죠. 남편이 떠나버린 것을 설명해줬지만, 그 애는 아버지가 떠난 책임을 나에게 돌려요. 학교에서도 말썽을 피우고 친구들에게 공격적인 태도를 보이고요. 성적이 많이 떨어지고 친구들을 때려서 내가 여러 번 선생님을 만나러 갔어요. 그러고 나면 이런저런 말로 딸아이를 타일러보지만, 늘 끔찍한 말다툼으로 번지고 말아요. 어떻게 하면 좋을지 모르겠고, 터놓고 이런 이야기를 할 사람도 없어요. 조언을 해주거나 내가 뭘 잘못하고 있는지 함께 알아봐 줄 사람도 없고요. 외출할 시간을 내지 못해서 친구가 없거든요. 가족들은 멀리 살고요. 딸아이는 학교의 상담 선생님이 주기적으로 이야기를 나누지만, 나는 도움을 받을 사람이 아무도 없어요. 내가 얼마나 힘든지, 얼마나 외롭고 견디기 힘든지 알아주는 사람이 아무도 없어요."

고립과 지원의 부재가 마리안에게 매우 파괴적인 결과로 나타난 것이다. 일상적 스트레스와 고독이 그녀를 심각한 모성 소진 상태에 빠뜨렸다. 육체적 정서적으로 지친 그녀는 사기를 잃었고 결국 포기해버렸다. 소진을 넘어 거리 두기 단계에까지 다다라, 문제를 해결하려는 노력을 중단해버렸다. 엄마 역할을 제대로 수행하고 아이에게 적절한 미래를 제공할 능력이 없다고 생각한 마리안은 결국 자살을 기도했고, 딸아이는 마리안에게서 격리되어 아동보호기관에 맡겨졌다.

일상에서의 지원

누군가 호의적인 태도로 이야기를 경청해주고 격려해주는 것이, 다시 말해 주변 사람의 정서적 지원이 엄마의 스트레스를 덜어주고, 스트레스가 심화되어 모성 소진에 다다르는 일을 피하게 해준다는 것을 앞에서 살펴보았다. 정서적 지원은 매우 중요하다. 하지만 다른 형태의 지원도 엄마의 스트레스를 줄여주는 데 똑같이 중요한 역할을 한다. 이 지원 또한 엄마들에게 부족할 때가 많다. 다름 아니라, 육아와 가사를 배우자나 가족들이 도와주는 것이다.

과중한 일과는 엄마의 에너지를 소모시키고 육체적 정서적 고갈을 유발하는 주된 스트레스 요인 중 하나이기 때문이다. 아이 수가 많을수록 할 일이 더 많아진다. 그러나 가족들이 엄마의 일을 도우면 과중한 일과에서 유발되는 스트레스가 많이 줄어든다. 아빠가 아이를 목욕시키고, 아이들 사이의 다툼을 중재하고, 주말에 청소기를 돌리고, 빨래를 개고, 식탁을 차리고, 저녁 식사 준비를 도와줄 경우, 엄마의 스트레스와 피로가 많이 줄어든다.

혼자서 모든 일을 감당해야 한다고 느끼지 않을 때 엄마는 큰 위안을 받는다. 우선 자신이 배우자에게 기대어 쉴 수 있다는 것을 알게 된다. 긴장이 줄어들고, 고된 일과가 견딜 수 없는 것으로 느껴지지 않는다. 한 번 더 말하지만, 혼자 모든 일을 처리하지 않아도 된다는 느낌이 엄마에게는 무척 위안이 된다. 둘이서 짐을 나누어 지면 혼자 지는 것보다 훨씬 가벼워지지만, 책임이 지나치게 무거워질 경우 중압감을 느낄 수밖에 없다.

지원을 받지 못하면 엄마는 육체적 정서적으로뿐만 아니라, 심리적으로도 큰 스트레스를 받는다. 육체적으로 피곤할수록 심리적 스트레스가 커지고, 배우자를 향한 원망이나 불공평하다는 느낌도 커진다. '나는 온갖 일을 하느라 정신이 없는데, 당신은 아무것도 안 하잖아!'라는 생각이 자주 들고 분노가 점점 커진다. 이런 '분노'가 또 다른 스트레스 요인이 되어 가족관계에 심각한 영향을 미칠 수 있다.

6세와 9세 두 아이의 엄마인 아녜스가 나에게 털어놓았다.

"나는 집안일을 전부 도맡아 해요. 청소, 설거지, 세탁, 장보기, 공과금 납부, 아이들 돌보기까지 전부 다요. 항상 내가 일을 처리해야 해요. 남편은 온종일 밖에서 일하니까 저녁에는 집에서 쉴 권리가 있다고 생각하죠. 하지만 나 역시 밖에서 일하고, 집에 돌아오면 남편과 마찬가지로 피곤해요. 그런데도 내가 집안일을 모두 감당하고 있죠. 달리 선택의 여지가 없어요. 남편은 마음 편히 텔레비전을 보거나 컴퓨터 앞에서 시간을 보내죠. 남편은 엄마가 집안일을 하고 아이들을 돌보는 게 당연하다고 생각해요. 그래서 아무런 도움도 기대할 수가 없어요. 온갖 일을 처리하느라 사방으로 뛰어다니는 내 모습을 구경만 할 뿐 아무런 문제도 느끼지 못하죠. 그렇게 살다 보니 항상 지쳐 있고, 남편이 점점 더 원망스러워요. 참 불공평하다는 생각이 들고, 남편에게 무척 화가 나요. 그래서 대화를 좀 하려고 하면 남편은 피하기만 하죠. 결국엔 말다툼을 하게 되고요. 남편이 나를 도와주지 않는 건 그 일이 피곤하고 따분하다는 걸 잘 알기 때문이에요. 집안일에 협력할 생각이 전혀 없는 거죠. 둘이 사는데도 마치 혼자 사는 것 같은 느낌이 들어서 남편에게 이혼하자고 했어요. 사랑한다고 말하면서 도와주지 않고 힘든 순간에 곁에 있어 주지 않는 사람과 함께 사는 것보다 더 지독한 건 없는 것 같아요."

요약해보자. 누군가 옆에서 마음을 가라앉혀주고 도움을 주면 스트레스가 많이 완화된다. 스트레스 호르몬이 줄어드는 등 생리적 측면에서 그렇고, 스트레스를 받는 사람이 부정적인 생각과 불안을 표출하고 내적 긴장을 완화하는 등 정서적 심리적 측면에서도 그렇다.

엄마들은 과중한 집안일이나 아이들 문제로 정신이 없을 때가 많다. 엄마가 마음 편히 쉴 수 있는 경우는 드물다. 다시 말해 엄마들은 중간 강도이지만 반복적이고 지속적인 스트레스를 받는다. 배우자나 가족들의 정서적 물리적 지원이 엄마들의 스트레스 완화에 큰 도움이 된다. 엄마가 겪는 혹독한 고립감을 피하게 해줄 뿐 아니라, 모성 소진에 다다르게 하는 육체적 정서적 고갈로 고통받지 않고 계속 책임을 감당하도록 에너지를 회복시켜준다.

7장

실수할 권리조차 없다

"아이의 미래는 엄마의 작품이다."

― 나폴레옹 보나파르트

7

엄마 역할은 매우 중요하다

사람이 권력을 갖게 되면 감당해야 하는 일들 때문에 큰 스트레스를 받는다. '권력'을 가진 사람은 '책임'도 성실하게 완수해야 한다. 그 사람의 선택과 결정에 여러 사람의 운명이 달려 있기 때문이다.

한 조직을 이끄는 사람이 큰 스트레스를 받는다는 것은 많은 사람들이 쉽게 인정한다. 하지만 엄마들이 스트레스를 받는다는 것은 쉽게 인정하지 못한다. 그러나 엄마들에게 매우 큰 책임이 주어지고 그것이 아이들의 미래와 육체적 정서적 사회적 행복에 큰 영향을 미친다는 것을 생각할 때, 우리는 엄마들이 하는 일을 겸허한 마음으로 존중해야 한다.

모성 본능 덕분에 엄마들은 자신의 책임이 중요하다는 것을 직관적으로 느낀다. 그리고 그런 자각은 대개 스트레스를 유발한다. 책과 미디어 등을 통해 육아 상식을 접할 수는 있지만, 아이를 낳고 산부인과에서 퇴원할 때 아이 키우는 방법을 세세히 가르쳐주는 사람은 아무도 없다. 하지만 엄마들은 원하든 원하지 않든 비범한 능력을 발휘해 아이를 키운다. 가냘프고 연약한 아기의 운명이 자신에게 달려 있다는 사실은 엄마에게 깊은 인상을 준다. 엄마는 아기를 행복하거나 불행하게, 웃거나 울게, 편안하거나 불편하게, 사랑받는다고 느끼거나 사랑받지 못한다고 느끼게 만들 수 있다. 한 인간의 삶과 행복에 지대한 영향을 미치는 것보다 더 큰 능력은 없을 것이다. 물론 아기에 대한 지대한 영향력이 엄마들이 하는 유일한 경험은 아니지만, 아이가 갓난아기일 때 하는 무척 강렬한 경험인 것은 확실하다. 어린 시절에 맺은 엄마와의 관계가 이후 아이의 성장에 매우 큰 영향을 미친다는 연구들을 참고할 때도 그렇다. 친구나 연인 때문에 고통스러운 경험을 할 경우 헤어지거나 다른 사람을 만나면 되지만, 엄마는 마음대로 고를 수 없는, 세상에 단 하나뿐인 존재이다.

아이들이 달려와 내 품에 꼭 안길 때가 있다. 그럴 때 아이들은 애정이 넘치는 얼굴로 내 눈을 물끄러미 응시하며 이렇게 말한다. "엄마를 정말 사랑해." 이 짧은 고백은 매번 커다란 사랑으로 나를 가득 채워준다. 나도 무척 사랑한다고 아이들에게 말해준다. 하지만 이런 애정을 고백하고 나면 아이들이 내게 바라는 것들, 내가 곁에 있어 주기를 바라는 아이들의 욕구와 필요에 대한 자각이 이어진다.

나는 아이들과 나 사이의 사랑이 늘 자랑스럽다. 그것은 삶이 나에게 준 특별한 선물이다. 하지만 거기서 오는 책임이 상당한 스트레스를 유발하기도 한다. 내겐 실수할 권리조차 없다는 느낌이 들기 때문이다. 나는 아이들에게 뭔가 해줄 때, 아이들에게 뭔가를 가르치거나 전달할 때 실수하는 것을 스스로 용인할 수가 없다. 아빠 역시 아빠로서 아이들에 대한 책임을 감당한다. 하지만 아이와의 육체적 감정적 정서적 관계를 통해 책임을 느끼는 사람은 오직 엄마뿐이다. 부분적으로는 임신이라는 멋진 경험과 그것에 뒤따르는 아이와의 밀접한 관계에 뿌리를 두는 경이로운 모성 본능 때문이다.

엄마는 수많은 방법으로 아이의 발전에 참여함으로써 엄마의 책임을 다한다. 아이가 자존감과 자신감을 가지도록 돕고, 자신을 둘러싼 세상이 어떤 곳이며 그곳에서 자신이 차지하게 될 자리가 무엇인지 깨닫도록 돕는다. 아이의 주변 환경이 염려스러운지 유익한지 감지해내고, 아이의 정체성과 세상을 인식하는 능력을 계발시키는 데 중요한 역할을 하는 요소를 통제하고 관리한다. 이를 통해 견고한 자존감을 구축한 아이는 적극적인 성격을 갖게 되고 자신과 자신을 둘러싼 환경을 신뢰할 것이다. 많은 엄마들이 이런 책임을 자각하고 스스로 헌신한다. 매일 어려움을 겪고 피로를 느끼지만, 이런 책임에 대한 엄마의 의지는 확고하다. 앞에서 살펴보았듯이 아낌없이 주려면 많은 에너지가 필요하며, 적절한 방법으로 원기를 회복하지 못할 경우 에너지가 점차로 소모된다. 그리하여 육체적 정서적 고갈이 일어나고 소진에 다다를 위험이 있는 것이다. 소진의 다음 단계인 과거, 현재 그리고 미래의 수행에 대한 거리두기와 부인은 사실 엄마가 갈망하는 것과는 완전히 모순된다.

엄마와 아이 사이의 관계가 미치는 영향

많은 연구자들이 아이의 발달에 엄마가 어떤 역할을 하는지 연구했다. 아이의 사회적 인지적 성숙은 엄마와의 사이에 형성된 애착의 특성과 관련 있다. 아이의 발달을 전문으로 연구하는 심리학자들은 오랫동안 아이들이 음식과 물리적 안전에 대한 필요를 만족시켜주는 사람에게 애착을 느낀다고 생각했다. 하지만 시간이 흐른 뒤 그것이 불완전한 이론이었음을 깨달았다. 미국 위스콘신 대학교의 심리학 교수 해리 할로우(Harry Harlow)는 태어난 지 얼마 안 되는 아기 원숭이를 어미로부터 격리시켜 독립된 우리에서 키우는 실험을 했다. 우리 안에는 부드러운 천으로 된 담요가 있었다. 아기 원숭이가 그 담요에 매우 애착을 느끼는 것을 보고 할로우 박사는 놀랐다. 세탁하려고 담요를 우리에서 꺼내자 아기 원숭이는 몹시 슬퍼했다.

담요에 대한 이런 애착을 통해 할로우 박사는 아이들이 물리적 애착만 느끼지 않는다는 것을, 정서적 애착이 음식물 공급보다 더 우세하다는 것을 입증했다. 이것을 입증하는 과정에서 할로우 박사는 아기 원숭이의 우리 안에 가짜 어미 역할을 할 두 종류의 금속 인형을 넣어주었다. 인형 중 하나에는 아기 원숭이에게 먹이를 제공해줄 가짜 젖꼭지가 달려 있었고, 다른 인형은 부드러운 천으로만 덮여 있었다. 두 가짜 어미와 함께 우리 안에서 자란 새끼 원숭이는 부드러운 천으로 덮인 가짜 어미에게 뚜렷한 애착을 보였다. 이따금 다른 어미에게 가긴 했지만, 그것은 먹이를 먹으려는 목적에서 나온 행동일 뿐이었다. 이후의 연구들은 따뜻함, 위로, 음식물 제공 같은 특성이 아기 원숭이로 하여금 부드러운 천

으로 덮인 인형에 훨씬 더 애착을 느끼도록 만든다는 사실을 밝혀냈다.[26]

어린아이들 역시 엄마가 따뜻함, 위로 그리고 음식물을 제공할 때 큰 애착을 느낀다. 다시 말해 힘들 때 옆에서 힘을 주고 나중에 집 밖으로 나가 세상을 탐험하기 위한 기초가 되는 안정감을 제공해주는 엄마에게 큰 애착을 느낀다. 아이가 성숙하면 안정감을 느끼는 대상이 부모에서 친구 또는 파트너에게로 옮겨간다. 나이에 상관없이 인간은 사회적 존재이며, '나는 네 곁에 있고 항상 네 곁에 있을 거야. 네가 하는 일, 네가 생각하고 느끼는 것은 나에게 무척 중요해. 넌 언제든 나를 믿어도 돼'라는 취지의 말을 해주는 사람들 덕분에 성숙한다. 엄마는 아이에게 이 메시지를 전하는 최초의 사람이며 가장 중요한 사람이다. 이후의 인생 동안 만나게 될 사람들이 전하는 정의(情意)적 메시지를 정확하게 듣고 해석하는 능력이 여기서 좌우된다.

메리 에인스워스 박사(Dr. Mary Ainsworth)도 어린이의 정서 발달에 대해 유익한 연구를 했다.[27] 그녀의 연구는 민감하고 주의 깊은 엄마, 다시 말해 아이의 필요에 귀 기울이고 적절한 방식으로 응답하는 엄마 손에서 자란 아이들이 대개 긍정적이고 균형 잡힌 애착을 갖게 되며, 그것을 통해 타인과도 건강한 관계를 맺는다는 것을 확인해주었다. 반대로 민감하지 못하고 주의를 기울일 줄 모르는, 다시 말해 아이의 필요에 귀 기울여주지 않거나 그러고 싶지만 시간에 쫓겨 그러지 못하는 엄마 손에서 자란 아이들은 불안정하고 조화롭지 못한 애착을 갖게 된다.

---

26 H. F. 할로우, M. K. 할로우 그리고 S. J. 수오미, 「생각에서 치료로: 영장류 실험실의 교훈들」, 『아메리칸 사이언티스트』, 59, p. 538~549, 1971년.
27 M. D. S. 에인스워스, 「유아와 엄마의 애착」, 『아메리칸 사이콜로지스트』, 34, p. 932~937, 1979년.

애착이 아이의 발달에 미치는 영향

이렇듯 엄마와 아이 사이의 관계는 아이의 사회적 인지적 기능 형성에 큰 영향을 미치는 듯하다. 엄마에게 건강하고 안정적인 애착을 보이는 아이들이 그러지 못하는 아이들에 비해 자신감이 더 크다는 것을 많은 연구들을 통해 알 수 있다. 그런 아이들은 활력이 필요한 활동을 할 때 큰 열정과 끈기를 보여주고, 사교적으로 행동하고, 다른 아이들에게도 더 주의를 기울인다.[28]

심리학자 에릭 에릭슨(Erik Erikson)도 엄마에게 건강한 애착을 느끼는 아이들이 신뢰에 기반한 삶을 살게 되며, 그 신뢰는 '세상은 예측 가능하고 신뢰할 수 있는 곳'이라는 확신을 통해 표출된다는 이론을 펼쳤다. 에릭슨은 이 신뢰감이 아이의 타고난 기질이 아니라, 유아기 때 맺은 엄마와의 관계에 좌우된다고 보았다. 엄마가 민감하고 주의 깊고 상냥했던 아이들은 두려움보다는 신뢰에 기반을 둔 태도를 발달시키고, 이 태도가 남은 인생 내내 계속된다는 것이다.[29] 이 주제에 대한 조사가 이어졌고, 많은 학자들이 엄마와 아이 사이의 관계 발달이 타인이나 세상과 맺게 될 관계의 기초를 만들어준다고 생각한다.

엄마와 아이 사이의 건강하고 안정적인 관계는 아이의 사회적 역량을 발달시켜준다. 반대로 엄마에 대한 애착이 빈약하고 조화롭지 못한 아이, 애착이 전혀 형성되지 않은 아이는 폐쇄적이고, 쉽게 겁을 먹고, 공격적인

---

28 L. A. 스루프, N. E. 폭스, V. R. 팬케이크, 「발달 관점에서의 애착과 의존」, 『차일드 디벨롭먼트』, 54, p. 1615~1627, 1983년.
29 E. H. 에릭슨, 『유년과 사회』, 뉴욕, Norton, 1963년.

행동을 보이는 경향이 있다. 엄마와 아이 사이의 정서적 관계가 빈약할 때 나타나는 결과는 다른 연구의 대상이 되기도 했다. 햄스터를 대상으로 한 실험을 통해 이런 연구가 행해졌다. 어미를 빼앗겼거나 학대받았거나 어린 나이에 방임되었던 햄스터를 다른 햄스터들과 함께 우리 속에서 지내게 했더니, 조화롭지 못한 행동을 보였다. 자기보다 몸집이 큰 햄스터에게 지나치게 쉽게 지배당했고, 자기보다 몸집이 작은 햄스터에게는 공격적이고 난폭한 행동을 했다. 실험자들은 그 햄스터의 뇌를 살펴보았고, 공격적 충동을 누그러뜨린다고 알려진 세로토닌 같은 신경전달물질에 화학적 변화가 일어난 것을 알게 되었다.[30] 마찬가지로, 학대받거나 엄마와 빈약한 애착관계를 형성한 어린아이들의 뇌에서도 세로토닌 감소 현상이 발견되며, 이들은 청소년기와 성인기에 공격적인 성향을 보였다.

책임의 무게

엄마는 아이와 맺는 정서적 관계의 중요성을 본능적으로 느낀다. 이 부분에서 모성 본능이 엄마를 속이는 일은 드물다. 엄마는 아이의 발달과 행복이 많은 부분 자신에게 달려 있다는 것을 잘 알고, 그런 자각은 엄마로 하여금 정서적 책임이라는 무거운 책임을 지게 한다. 그리고 이 책임은 당연히 스트레스를 유발한다.

내가 사라지면 무슨 일이 일어날까? 내 아이들은 어떻게 될까? 이런

---

30 C. F. 페리스, 「무구한 자들의 분노」, 『더 사이언스』, p. 22~26, 1996년(3월).

끔찍한 생각이 이따금 엄마들의 머릿속을 스치고, 필연적으로 불안과 스트레스가 유발된다. 엄마는 자기 존재가 아이들에게 미치는 영향을 완벽하게 의식한다.

34세의 어느 엄마가 나에게 털어놓았다.

"우리 부부는 몇 년 전에 결혼했고 첫아이도 태어났어요. 나는 남편을 무척 사랑했고, 그가 멋진 사람이라고 생각했죠. 하지만 아들아이가 태어났을 때, 나는 그때까지 짐작조차 하지 못했던 전혀 다른 사랑을 발견했어요. 그 사랑이 남편에 대한 사랑보다 더 크거나 더 강력하다는 뜻은 아니에요. 각각의 사랑이 달라요. 만약 내가 없어지면 남편은 몹시 슬퍼할 거예요. 하지만 시간이 흐르면 그 슬픔을 잘 극복하겠죠. 다른 여자를 만나 재혼할지도 모르고요. 하지만 아들아이는 전과 같은 삶을 살지 못할 거예요. 엄마를 잃어서 정신적 상처를 입을 거예요. 남편이 있다 해도 절대 나를 대신해주지 못할 테고요. 혹시라도 그렇게 되어 아이가 겪을 고통을 생각하면 몸서리가 쳐질 정도로 겁이 난답니다. 옆에서 아이를 돌봐주지 못한다고 생각하면 마음이 아파서 견딜 수가 없어요."

애착 형성이 중단될 경우 어떤 결과기 나타날까? 이 주제에 대한 연구들은 엄마와의 이별을 경험한 아이들이 처음에는 짓눌리고 그다음에는 깊은 절망에 갇혀버린다는 것을 보여준다.[31][32] 위의 엄마는 이런 연구

---

31 J. 볼비, 『이별: 불안과 분노』, 뉴욕, 베이직 북스, 1973년.
32 S. 밍카, S. J. 수오미, 「원숭이들의 사회적 분리」, 『사이콜로지컬 불리틴』, 85, p. 1376~1400, 1978년.

내용을 알지 못했지만, 아이와의 이별이 초래할 해로운 결과를 충분히 인지하고 있었다. 그녀가 사라진다면, 그녀의 아이는 엄청난 고통을 겪게 될 것이다. 이런 생각이 그녀에게 견디기 힘든 스트레스를 유발했고, 그녀는 거기서 오는 불안을 통제하지 못해 몹시 괴로워했다.

엄마들은 정서적 책임감이 불러일으키는 이런 느낌을 잘 알고 있다. 게다가 일상의 의무가 그들에게 상당한 육체적, 정서적 헌신을 요구하는 만큼, 그들은 더욱 스트레스를 받는다. 엄마는 많은 헌신을 해야 한다. 자신의 헌신을 통해 아이의 다양한 필요를 채워주는 것이 엄마가 바라는 일이긴 하지만, 헌신이 스트레스를 주는 것도 사실이다. 많은 노력, 에너지 그리고 인내심이 필요하기 때문이다.

실수할 권리조차 없다

그러나 스트레스는 여기서 멈추지 않는다. 책임에 대한 자각과 함께, 실수하면 어쩌나 하는 두려움으로 인한 스트레스가 생긴다. 많은 엄마들이 자신에게 요구되는 책임을 제대로 완수하지 못할까 봐 두려워하고, 이것은 아이의 삶과 미래에 부정적인 결과를 가져올 수 있다. 마치 다모클레스의 검(기원전 4세기 전반 시칠리아 시라쿠사의 참주(僭主) 디오니시오스 2세가 참주의 권좌가 언제 떨어져 내릴지 모르는 칼 밑에 있는 것처럼 위기와 불안 속에서 유지된다는 것을 가르쳐 주기 위해 측근 다모클레스를 말총 한 올로 매단 검 밑에 앉힌 일화에서 유래한 말—옮긴이)과도 같다. 엄마는 자신이 아이를 위해 하는 선택이 얼마나 중요한지 알고 있다. 그것이 아이의 현재에 영향을 미칠 뿐 아니라 인생 전체에 영향을 미치기 때문이다. 아이들은 자신에게 일어나는 일에 통제력을 발휘하지 못하고, 엄마가 내리는 결정에 의존한다. 그런데 엄마의 결정이 잘못되었거나 적절하지 못할 경우 아이들은 장기간에 걸쳐 그 영향에 노출될 것이다.

2살 난 남자아이의 엄마 카롤린은 나에게 이런 말을 했다.

"내가 아들아이에게 하는 교육을 통해 아이의 능력이 최대한 계발될 수 있을지 끊임없이 자문해요. 20년이 지난 뒤에 누가 이런 말을 할지도 모르잖아요. '만약 저 사람 엄마가 이러저러하게 해줬다면 저 사람은 틀림없이 궁지에서 벗어날 수 있었을 텐데!' 그 애가 대학입학 자격시험에 합격할까요? 그 애가 공부를 열심히 해서 사람들의 인정을 받고 업적을 쌓고 많은 보수를 받게 될까요? 하지만 그 애가 실패하면 사람들은 이렇게 말할 거예요. '그 사람 엄마가 옆에서 더 많이 보살펴줬다면, 어린 시절에 책을 더 많이 읽게 했다면 지적 호기심을 계발하는 데 많은 도움이 되었을 텐데. 적어도 오늘날 이런 위치에 있지는 않을 텐데!'"

이 엄마는 자신의 헌신이 아이의 미래에 미칠 영향을 의식하면서 아이의 발전을 위해 정서적 책임을 감당하고 있었다. 자신이 아주 작은 실수 하나만 저질러도 아들에게 부정적이고 해로운 영향을 미칠 수 있다는 생각이 가득 차 있었다. 돌이킬 수 없는 실수를 저질러 아들에게 해를 끼칠지 모른다는 불안이 스트레스가 되어 그녀를 무겁게 짓눌렀다. 그래서 더욱 조심하려고 애썼고, 그것은 집중력과 엄청난 에너지를 요구했다.

엘렌의 예도 있다. 아이를 낳기 전 엘렌은 밤에 아이가 우는 소리를 듣지 못할까 봐 걱정했다.

"나는 잠귀가 어두워서 밤에 누가 업어가도 모르거든요. 그래서 밤에 아이가 우는 소리를 듣지 못할까 봐, 그래서 아이가 필요로 하는 것을 해주지 못할까 봐 겁이 났어요. 하지만 병원에서 퇴원해 집으로 돌아온 날 밤, 내 걱정이 쓸데없었다는 걸 곧바로 깨달았어요. 내 옆의 작은 요람에 아기를 뉘고 잠들었는데, 아기가 조금 움직이거나 작은 소리만 내도 저절로 잠이 깨더라고요."

수면 습관이 바뀐 것이다. 그녀는 엄마가 되었고, 그때껏 알지 못했던 정서적 책임을 감당하기 위해 즉각적으로 반응했다. 자신에게 모성 본능이 없을까 봐 너무 걱정한 나머지 정서적 책임을 느껴 잠에서 깨어나는 것은 엘렌에게 안심이 되는 동시에 스트레스 받고 피곤한 일이기도 했다.

아이에 대한 책임을 지나치게 느낀 나머지 육체적 심리적 건강에 문제가 생기는 엄마도 있다. 28세의 젊은 엄마 제시카가 그랬다.

"첫아이가 태어날 즈음 나는 신생아 돌연사 증후군(SID, Sudden Infant Death Syndrome)에 대한 이야기를 많이 들었고, 내 아기에게 그런 재앙이 일어날 수도 있다는 생각에 정신이 혼미해졌어요. 니콜라는 산달을 다 채우고 태어났고 건강에도 특별한 문제가 없었지만, 나는 겁이 났고 밤에 잠을 이루지 못했어요. 어둠 속에 누워 몇 시간이고 니콜라의 숨소리에 귀 기울이면서, 혹시라도 문제가 생기면 벌떡 일어나 대처할 준비를 하고 있었죠. 이따금씩 졸기도 했지만, 아주 작은 소리만 나도 눈이 번쩍

떠졌어요. 아이의 숨소리를 듣지 못하게 될지도 모른다는 두려움에 뜬 눈으로 밤을 지새웠어요."

거의 잠을 자지 못하고 일주일을 보낸 뒤 제시카는 지쳐버렸고, 건강이 악화되기 시작했다. 친정엄마가 와서 일주일 동안 그녀를 도와줘야 했다. 친정엄마는 제시카가 잠을 잘 수 있도록 니콜라를 데리고 다른 방에서 잤다. 그렇게 일주일을 아들과 떨어져서 보내자, 제시카는 니콜라가 신생아 돌연사 증후군에 희생되지 않을 거라는 걸 깨닫게 되었다. 제시카는 안심했고, 정상적인 수면 리듬을 되찾을 수 있었다!

극단적이긴 하지만 이 사례는 엄마가 느끼는 정서적 책임감이 얼마나 강력한지를 잘 보여준다. 남들에게는 불합리해 보일지라도 말이다. 대부분의 엄마들이 시간이 흐르면서 조금씩 긴장을 풀게 된다. 그리고 둘째나 셋째, 넷째 아이가 태어났을 때는 좀 더 쉽게 대처하게 된다. 책임을 감당하는 자신만의 고유한 방법을 만들어내기도 하고, 때로는 엄마의 책임을 잠깐 잊어버리기도 한다. 하지만 우리 엄마들은 아이의 삶에 대한 책임의 무게를 무의식 깊은 곳에서도 결코 벗어버리지 못한다. 거기에 결부되는 스트레스 역시 결코 사라지지 않는다.

8장

모성이 나에게
말해줬다면……!

"그렇게 귀여운 아이는 일찍이 없었다.
 하지만 엄마는 그 아이가 잘 때 행복했다."

— 랠프 왈도 에머슨

8

모든 일에는 최상의 조건에서 그것을 완수하는 데 도움이 되는 수완과 지식이 필요하다. 지식이 부족하거나 교육이 부적절하면 심각한 문제가 발생한다.

직업 스트레스에 관한 조사는 적절한 교육이 없을 경우 상당한 스트레스가 유발되고 소진으로 이어진다는 것을 보여준다.[33] 직장인들은 일에 특별한 역량이 요구되는데도 그 역량을 계발해주는 교육을 전혀 받지 못할 때 스트레스를 받는다고 말한다. 교육이 이루어지지 않는 이유는 대개 직장의 예산 문제 때문이다. 기업들은 직원들이 '현장에서 배워야' 한다고 여긴다.

---

33 V. 게리토-샬뱅, 「직업과 관련된 소진에서 일하는 사람들의 상호영향: 신뢰도와 유효성 실험」, 출판 중인 박사논문.

'현장에서 배운다!'는 말은 처음 엄마가 된 여성들의 경험을 단적으로 표현해준다. 우리 엄마들은 갓 태어난 그 연약하고 조그만 존재를 어떻게 다뤄야 하는지에 관한 명확하고 완전한 매뉴얼을 지니지 못한 채 가정으로 돌아가는데, 그것은 매우 유감스러운 일이다! 대부분의 여성들이 최소한의 준비도 없이 엄마가 된다. 아이 키우는 일이 큰 책임을 요구함에도 불구하고, 엄마라는 세계에 들어가기 위한 그 어떤 교육도 이루어지지 않는다. 아이가 태어나는 운명적인 순간을 맞이하기 전에 엄마로서의 의무를 잘 완수하기 위해 필요한 실습 기간이 주어지지 않는다.

실제적 교육의 부재

우리 사회에는 아이를 키울 때 엄마들이 알아야 할 지식에 관한 실제적 교육이 부족하다. 그래서 처음 아기를 돌볼 때 매우 기본적인 지식조차 모르는 여성이 많다.

아들 레오가 태어났을 때 나는 모성본능이라는 숭고한 느낌에 사로잡히긴 했지만, 아이를 어떻게 돌봐야 하는지는 알지 못했다. 너무나 연약해 보이는 그 아이를 어떻게 다뤄야 하는지 알지 못했고, 아이 앞에서 완전히 무력해지는 느낌을 받았다. 아이를 낳고 병원에서 보낸 며칠이 생각난다. 당직을 맡은 간호사들이 육아에 관한 조언을 해주었는데, 놀랍게도 그 조언들은 상당히 가변적인 것으로 들렸다. 회진하러 온 소아과 의사의 조언 역시 혼란을 더욱 부추길 뿐이었다. 어느 날 아침 레오가 울었고, 나는 레오를 안아 달래려 했다. 그때 간호사가 들어오더니, 내가 잘못을 저지르는 현장을 적발하기라도 한 것처럼 비명을 질렀다. "아기를 자꾸 안아주면 안 돼요! 그러면 엄마에게 안겨 있는 게 버릇이 돼요. 걸핏하면 안아달라고 보챌 거예요!" 그녀의 충고는 엄마로서 내가 느끼는 본능과 반대되는 것이었으므로 부조리하게 느껴졌지만, 육아 경험이 전혀 없는 나로서는 내 판단에 확신을 갖지 못했다. 막상 아기를 돌보려 하니 속수무책이었다. 어떻게 젖을 먹이는지, 어떻게 목욕시키는지, 어떻게 코를 풀어주고 기저귀를 갈아주는지 알 수가 없었다. 첫 달에는 기저귀를 너무 꼭 맞게 채워서, 올케가 와서 보고는 아기의 배 주위에 공간을 조금 남겨두는 게 좋다고 요령 있게 지적해주었다!

우리는 모두 이런 부족함을 경험하며, 그 부족함을 조금씩 채움으로써 일상을 채워간다. 그렇게 더듬더듬 엄마 역할을 실습한다. 실수를 통해 배우며, 시간이 흐르면서 조금씩 자신감을 갖게 된다. 하지만 방향을 잘 잡았는지, 잘 행동하고 있는지 확신하지 못할 때가 많아 스트레스를 받는다.

엄마가 아이(특히 첫 아이)를 키울 때 느끼는 이런 의심과 자신감 부족은 불안, 내적 동요, 낙심, 스트레스를 유발한다. 경험 부족이 정서적 책임과 합쳐져 상당한 스트레스가 쌓이며, 그로 말미암아 때때로 자신의 책임을 혼란스럽고 비효율적인 방법으로 수행하게 된다. 행동의 결과가 긍정적인지 즉각적으로 확인하기 힘든 만큼, 엄마는 자신이 느낀 망설임을 보상받기 위해 더 많은 에너지를 쏟는다. 다시 말해 엄마 역할을 한다는 것은 계속되는 근사치의 경험을 통해 앞으로 나아가는 것이며, 만족스러운 결과를 얻게 해준 기술을 몸에 익히고 실패한 기술은 버리는 과정이다.

경험 부족에 기인하는 이런 혼란과 낙담은 상당히 많은 에너지를 소모시킨다. 가까운 사람들의 지원과 도움, 인정, 격려를 통해 에너지가 매일 갱신되지 않을 경우, 에너지가 고갈되어 혹독한 시련을 마주하게 된다. 그러므로 엄마를 따뜻하게 대해 주고 엄마의 말에 주의 깊게 귀 기울이는 것이 얼마나 중요한지는 아무리 강조해도 지나치지 않을 것이다. 그러지 못할 경우 엄마의 에너지가 지나치게 소모되고, 엄마가 모성 소진의 육체적 정서적 고갈 단계로 들어갈 위험이 있다.

미지에 대한 두려움은 스트레스를 유발한다. 실수에 대한 두려움에서 오는 불안을 피하지 못할 경우 스트레스가 더욱 커진다. 상황을 통제하지 못한다는 느낌에서 오는 스트레스가 여기에 덧붙는다. 통제력 부재가 엄마에게 상당한 스트레스와 육체적 정서적 고갈을 불러온다는 것을 앞에서 살펴보았다. 그런데 육아에 대한 실제적 지식이 없으면 상황을 통제하지 못한다는 느낌이 들 수밖에 없다.

27세이고 6개월 된 여자아이 플로라를 키우고 있는 쥘리는 나에게 이렇게 말했다.

"플로라가 태어났을 때, 나는 모유 수유의 중요성에 대해 읽고 들은 것들을 끊임없이 생각했어요. 잡지에 실린 소아과 의사들의 의견과 텔레비전에 나온 정보를 접하고 보니, 내가 플로라에게 모유 수유를 하지 않으면 육체적 발달이나 지능 발달 측면에서 플로라를 최선으로 키우지 못하는 거라는 느낌이 들었어요. 반드시 모유 수유를 해야 한다는 강력한 의무감을 느꼈죠. 하지만 그 방법은 전혀 알지 못했어요. 처음 모유 수유를 시도했을 때는 정말 재앙이었죠! 아이를 어떻게 안아야 할지, 어떻게 행동해야 할지 전혀 몰랐어요. 자세가 너무 높거나 너무 낮고, 아이의 위치가 왼쪽이나 오른쪽으로 너무 치우쳐 있었죠. 원한 대로 된 적이 한 번도 없었어요. 플로라도 불편해하는 것 같았죠. 모유의 양이 부족한지 항상 배고파하고 많이 울었어요. 모유 수유를 하는 것이 나나 아이에게 특별한 경험이 될 거라 생각했는데 전혀 그렇지가 못했죠. 모두들 모유 수유가 중요하다고 말했어요. 하지만 어떻게 하는 건지 설명해주는 사람은 아무도 없었죠! 그래서 병원의 육아 전문가에게 도움을 받았어요. 그 사람은 이렇게 말하더군요. '이렇게 그리고 저렇게 하세요. 긴장을 풀어요. 그러면 다 잘될 거예요. 당신은 지나치게 긴장하고 스트레스를 받고 있어요. 그래서 잘 안 되는 거예요!' 그녀가 말하는 대로 잘되지 않았고, 그러자 그녀의 냉정한 태도에 짜증이 나더군요. 퇴원해서 집에 돌아온 후에도 계속 어려움을 겪었어요. 노력할수록 더 안 되더라고요. 아무것도 통제되지 않았고, 실패했다는 생각에 스트레스를 받았어요. 내 아기를 제대로 먹일 능력조차 없다는 생각에 끔찍이도 죄책감이 들었고요. 결국엔 잘될 거라는, 그래서 플로라가 울음을 멈출 거라는 희망을 품고 이 방법 저 방법 되는대로 시도했지만 아무것도 먹히지 않더군요. 결국 나는 울음을 터뜨렸고, 아기를 잘 먹이지 못한다는 생각에 낙담이 되고 불안해졌어요! 결국 모유 수유를 포기하고 분유를 먹이기로 했어요. 무척 실망스러웠죠. 하지만 스트레스가 심해서 아기를 위해서도 나를 위해서도 어쩔 수가 없었어요."

매뉴얼은 어디에?

엄마들은 육아에 관한 다양한 의문들의 답을 찾기 위해, 잡지나 책을 부지런히 읽는다. 모르는 것이 있으면 배워야 한다. 그래서 육아에 관련된 기사와 책을 찾아 헤맨다. 생후 며칠 동안 아기가 경험하는 유아 복통, 밤에 잠에서 깨어나 우는 것, 엄마와 분리되는 것에 대한 불안, 분노, 악몽, 타인을 향한 공격성, 반항, 사춘기 등 모든 주제가 엄마의 관심을 끈다.

이런 기사와 책은 주로 소아과 의사, 심리학자, 아동 정신의학자들이 쓴 것이고, 엄마들에게 도움이 되는 소중한 정보가 담겨 있다. 저자들의 경험과 지식이 엄마를 안심시켜주며, 스트레스와 불안을 덜어준다. 엄마들은 그들에게 지원을 받는다고 느끼며, 새로운 상황과 마주했을 때 훌륭하다고 판단되는 조언을 적용한다.

그런데 이런 정보들은 사실 양날의 칼이다. 정보가 무척이나 다양해서, 어떤 엄마들은 당황한다. 의도한 바와 반대되는 결과를 얻기도 한다. 같은 문제에 대해 서로 다른, 심지어 완전히 반대되는 조언이 쏟아져서, 확신이 없는 엄마는 어떤 조언이 자신의 경우에 알맞을지 판단하지 못한다.

여섯 살짜리 딸을 키우는 엄마 마를렌은 딸아이를 재우는 문제에서 느낀 의심과 혼란을 나에게 털어놓았다.

"오리안은 밤에 잠드는 데 많은 어려움을 겪어왔어요. 일단 잠이 들면 순조롭지만, 아주 어릴 때부터 잠드는 것 자체가 말 그대로 악몽이었죠. 몸이 피곤한데도 잠들지 않으려고 몸부림을 쳐요. 결국 지쳐서 잠들기까지 한 시간에서 세 시간이 걸린다니까요. 몹시 흥분해서 잠을 자지 않으려 하고, 내가 옆에 계속 있어 주기를 바랐어요. 내가 자리를 뜨면 몹시 슬퍼하며 울어대는데, 그 모습을 보면 가슴이 찢어져요. 온갖 방법을 써봤지만 별로 효과가 없었어요. 부드럽게 어르는 방법도, 엄하게 다루는 방법도, 그 중간쯤 되는 방법도 효과가 없었죠. 어떻게 해야 할지 모르겠더군요. 나는 당황했고 인내심의 한계에 다다랐어요. 그런 식으로 몇 년을 버텨왔죠. 문제의 답을 찾으려는 생각에 책을 여러 권 읽고 그 문제에 관한 기사도 모조리 찾아 읽었어요. 하지만 다 읽고 나자 오히려 더 혼란스러워졌어요. 의견이 다들 제각각이더라고요. 모순되는 말이 너무 많아서 누구 말이 맞는지 전혀 감을 잡을 수 없었어요. 어떤 책에서는 아이가 잠을 자지 않으려고 하는 건 엄마를 마음대로 부리기 위해서라고 했어요. 그렇다면 내가 엄격하고 가차 없는 태도를 취해 딸아이가 진짜 폭군이 되기 전에 바로잡아야 했죠. 다른 책에서는 침착하고 안정적인 태도로 접근하라고 했어요. 아이가 쉽게 잠들지 못하는 건 분리에 대한 불안에 기인한 것이니, 불안이 심화되지 않게 해야 한다면서요. 내가 인내심을 가지면 증상이 차츰 약해지고, 마침내는 사라질 거라고 했어요. 이런 조언을 읽고 나니 당황스럽기만 했어요. 누구 말이 옳은 걸까요? 누구 말을 믿어야 할까요?"

정보들이 서로 모순되는 이유는 뭘까?

책과 잡지에 나오는 서로 다른 정보들은 명확하고 효과 좋은 해답을 찾는 엄마를 어리둥절하게 만들고 불확실성 속에 빠뜨린다. 자기들끼리도 의견이 일치하지 않는데 전문가라는 사람들을 어떻게 믿을 수 있겠는가?

전문가들의 조언이 모순되지 않고 일치할 때도 있다. 하지만 엄마는 그 조언을 자기 아이에게 적용했을 때 실패할 수도 있다는 생각은 하지 못한다. 이 경우 조언이 명확했고 지시된 그대로 적용했음에도 불구하고, 다시 말해 만족스러운 결과가 나와야 함에도 불구하고 실패했다는 사실로 인해 엄마로서 무능하다는 죄책감과 스트레스가 유발된다. 사실 모든 아이들에게, 모든 가정에 고유한 특성이 있지만, 전문가들이 그런 특성을 늘 고려하는 것은 아니다.

네 살짜리 아들을 키우는 안 마리는 아들의 분노 발작을 전혀 통제하지 못했다. 그녀의 아들은 대개 사소한 이유로 분노를 터뜨렸는데, 안 마리는 아이가 그렇게 반응하는 것을 전혀 이해하지 못해 무력하기만 했다. 그녀는 인내심 있게, 부드럽게, 심지어 벌까지 줘가며 문제에 대처하려고 노력했다. 하지만 일단 분노 발작이 시작되면 통제가 불가능했다. 안 마리는 소아과 의사 두 명과 상의했고, 그 문제에 관한 모든 자료를 읽었다. 두 의사 모두 그런 분노 발작이 일어났을 때 긍정적인 강화를 주어서는 안 된다고 했다. 아이가 분노 발작을 일으키는 건 엄마의 즉각적인 관심을 받고 싶어서라고 말이다. 안 마리는 바라는 것을 얻어내기 위해 네가 사용하는 방법은 바람직하지 않다고 아들에게 가르쳐야 했다. 아들의 분노 발작에 긍정적 강화를 주지 않는 법, 즉 엄마의 관심을 끌기 위해 분노 발작을 일으키도록 아이를 부추기지 않는 법을 배워야 했다. 아이가 분노 발작을 일으키는 동안 아이에게 주의를 기울이지 않고, 아이가 원하는 것을 주지도 말아야 했다. 그런 방법을 써서는 실패할 수밖에 없다는 것을 아이가 스스로 깨닫도록 철저히 무시해야 했다. 반대로 분노 발작이 아닌 다른 방법으로 엄마의 관심을 끌려고 하면 즉각적인 반응을 보임으로써, 아이가 그 새로운 방법을 자주 반복하도록 격려해줘야 했다. 이것은 시간이 필요한 대처법으로, 많은 인내심을 요구한다. 하다가 중간에 포기하면 효과가 없다. 안 마리는 그 대처법을 따르기로 했다. 몇 주 동안 그 방법을 시행했다. 그러나 아들아이의 행동에는 변화가 일어나지 않았다. 겉으로 보기에는 매우 훌륭한 조언인데 왜 효과가 없었을까? 그녀가 무엇을 잘못한 걸까? 무슨 실수라도 저지른 걸까? 그녀는 실패의 책임이 자신에게 있다고 생각하게 되었다.

"무척 훌륭해 보였던 그 방법을 한 달 동안 적용해본 뒤, 나는 완전히 의기소침해졌어요. 아들의 분노발작이 그 어느 때보다 나를 짜증스럽게 만들었죠. 아이의 분노 발작을 멈출 방법이 더는 없다는 느낌이 들었거든요. 나는 혼자서 그 문제와 마주하고 있었어요. 그전에는 해결책이 있을 거라는 희망이라도 있었어요. 하지만 그 희망마저 사라져버린 셈이 되었죠. 아이의 분노 발작에 대처할 에너지가 없었기 때문에, 분노 발작을 바로잡을 능력이 없었기 때문에 견디기가 힘들었어요. 아들아이는 내가 절대로 변화시킬 수 없는 괴물이라는 느낌마저 들었죠. 나는 두 손 들었고, 그 탓에 아이에게서 멀어져 버렸죠. 만약 그 아이가 통제 불가능한 괴물이 된다면, 그건 내가 오냐오냐하다가 포기하고 나가떨어졌기 때문이에요!"

안 마리는 낙담했고, 문제를 해결할 수 있으리라는 희망을 거의 잃어버렸다. 이해되지 않는 결과에 실망한 그녀는 용기를 잃어버렸고, 많은 에너지를 쏟은 나머지 완전히 지쳐버렸다.

결국 안 마리는 모성 소진의 육체적 정서적 고갈 단계에 다다랐다. 그녀에게는 아들의 분노에 대처할 힘도 에너지도 없었다. 그렇게 포기한 뒤, 그녀는 차츰 모성 소진의 둘째 단계, 즉 아들의 문제와 거리를 두는 단계로 진입했다. 자신의 무능함을 깨달은 그녀는 이후 자신이 엄마 역할을 제대로 수행할 능력이 없다고 판단해 모성 소진의 셋째 단계, 즉 과거, 현재 그리고 미래의 수행에 대한 부인 단계로 들어갔다.

그녀가 자신감을 상실하고 아들의 발달에 긍정적으로 영향을 미칠 수 있다는 믿음을 상실한 것은 모성 소진의 특성이다. 그녀가 엄마로서 아이와 맺은 관계는 부정적인 타격을 입었다. 그녀가 자기 아들을 '괴물'로 생각한다면, 그녀는 우리가 5장에서 이야기한 자기충족적 예언의 특징적 행동을 보여주게 될 위험이 있다. 부정적인 평가를 받으면, 아이는 엄마의 기대에 부응해 훨씬 더 심한 행동을 보일 것이다. 엄마가 아이에 대해 내린 평가가 그런 식으로 입증될 것이다. 그리하여 악순환이 자리를 잡고, 그 악순환을 깨뜨리기가 매우 힘들어질 것이다.

아이와 나이에 따라 매뉴얼은 달라진다

미디어를 통해 다양한 형태로 소개되는 산더미 같은 정보가 많은 엄마들을 당황하게 하고 우유부단하게 만들지만, 빈대 잡으려다 초가삼간 태우지 않도록 주의해야 한다. 전문가들의 실제적 조언이 스스로를 의심하는 엄마를 안심시켜주고 자신감을 북돋워 주는 경우도 많다. 그런 조언이 안정적인 출발점을 제공하고, 덕분에 엄마들이 그 조언을 자신의 필요에 적용할 수도 있게 된다.

하지만 경험 부족에 의해 유발된 엄마의 스트레스는 여기서 그치지 않는다. 엄마는 탁한 물 위를 항해하는 법을 배우고 앞으로 나아감에 따라 상황을 더욱 명확히 하려고 애쓴다. 그런데도 새로운 불확실성이 출현하면, 스트레스는 즉각 다시 솟아오른다. 아이들 각각의 발달 단계가 엄마를 다시 출발점으로 돌려보내기도 한다. 마침내 엄마가 아이의 문제에 익숙해지고 그것을 통제할 수 있게 되면, 아이는 이미 자라서 변해 있다. 그리하여 엄마는 자신을 재검토하게 된다. 무엇을 할 것인가? 그리고 어떻게 할 것인가? 매번 이런 의문이 생길 것이다. 그다음에는 사춘기가 온다. 여기서 명확히 해두자. 이 시기를 평온하게 마주할 준비가 된 엄마는 아무도 없다! 수많은 아이들이 있지만 그 아이들을 각기 다르다. 어떤 아이에게 유효했던 원칙이 다른 아이에게 반드시 유효하지는 않다. 그래서 상황이 복잡해진다. 어쨌든 아이 교육과 관련된 문제는 항상 유동적이라는 것을 염두에 두어야 한다. 완벽한 엄마가 될 기회가 절대 거저 주어지지 않는다. 낙담과 스트레스만 주어질 뿐이다…….

실제적 교육의 부재와 전문가들의 서로 다른 조언은 엄마에게 무시할 수 없는 스트레스 요인이 된다. 지식의 부족은 처음에는 스트레스 요인으로 보이지 않지만, 다른 스트레스 요인이 거기에 추가되면서 빠르게 스트레스 요인으로 변한다. 자신감 부족과 통제력 부재에 실제적 경험의 부재가 동반되어, 엄마는 심리적 정서적으로 취약해진다. 이런 맥락에서, 엄마가 느끼는 정서적 책임감은 아이의 행복을 보장하는 데 필요한 지식을 갖추지 못했다는 느낌에 위협받는다. 한편으로, 가까운 사람들이 정서적 심리적으로 견고한 지원을 제공해 엄마를 안심시키고 격려해주지 않을 경우, 엄마는 아이에게 해를 끼칠지 모른다는 두려움 때문에 고독을 느끼고 의심과 불확실성을 경험할 것이다. 자신이 느끼는 불안에 대한 대응책으로, 결함을 보상하고 지식 부족에 대처하기 위해 많은 에너지를 쏟을 것이다. 엄마는 최선을 다하고 아낌없이 줄 것이다. 그렇게 에너지가 고갈될 위험을 무릅쓸 것이며, 그리하여 모성 소진에 이를 수도 있다.

9장

스트레스,
끊임없는 스트레스……

"부모님의 기쁨이 비밀인 것처럼
그들의 근심과 슬퍼함 또한 비밀이다."

― 프란시스 베이컨

9

모성의 잠재력을 잠식하는 다른 스트레스 요인

소진은 중간 강도의 만성적 스트레스가 누적되어 나타나는 결과라고 앞에서 말했다. 이런 스트레스는 한계에 다다를 정도로 사람을 망가뜨린다. 과중한 일과, 통제력 부재, 예측 불가능성, 보상과 인정의 부재, 지원 부족, 적절한 교육의 부재는 엄마를 소진에 이르게 하는 잠재적 요소이다.

나는 엄마들이 모성 소진에 다다를 수 있다는 것을 설명하면서, 직업 세계에 특징적으로 나타나는 스트레스 요인이 엄마들에게도 나타난다는 것을 명확히 했다. 하지만 엄마들이 경험하는 스트레스는 직업 세계와 공통되는 스트레스 요인에만 한정되지는 않는다. 엄마의 삶에 특징적으로 나타나는 스트레스 요인이, 그 반복적인 특성 때문에 모성 소진을 일으킬 수 있는 다른 상황이 존재한다. 앞에서 살펴본 스트레스 요인들도 여기에 포함된다. 과중한 일과, 통제력 부재, 지원이나 인정의 부재가 이미 힘든 상황에 추가되어 모성 소진의 위험을 증가시킨다.

아버지의 부재

나는 남편과 이혼하거나 사별하고 혼자 아이를 키우는 엄마들을 많이 만나보았다. 그들은 부모의 책임을 혼자 떠안고 있었고, 스트레스가 무엇을 의미하는지조차 실감하지 못할 정도로 마음의 여유가 없었다.

스스로 그런 선택을 했을 경우, 혼자 아이 키우는 일이 덜 어려울 수도 있을 것이다. 하지만 이혼이나 사별 때문에 혼자가 되었을 경우, 원하지 않았던 고독이 분노, 낙담, 원망으로 이어지기 쉽고, 때로는 우울증으로 이어지기까지 한다. 혼자인 엄마는 부득이하게 스트레스 누적에 직면할 것이고, 점차로 심각한 모성 소진 상태에 빠질 수도 있다.

과중한 일과는 이런 엄마들을 괴롭히는 으뜸가는 스트레스 요인이다. 혼자 가정의 모든 것을 책임지기 때문에 피로에 지치고, 인내심의 한계가 느껴질 때도 파트너에게 일을 떠넘길 수 없어서 몹시 힘이 든다. 피로나 고갈로 인한 불평조차 허락되지 않는 사치가 되어버린다. 임무를 제대로 수행하려면 휴식을 취할 수가 없다. 아이가 아프거나 엄마 자신이 아파도 자리를 지키면서 역할을 수행하고 아이들의 필요에 부응해야 한다. 이런 엄마들의 일과는 특히 과중하고 **빽빽**하다. 대개는 생활비까지 벌어야 하므로 밖에서 일하지 않을 수가 없다. 배우자나 파트너 없이 혼자인 만큼, 더 많은 헌신을 해야 한다. 다른 선택의 여지가 없다.

이런 엄마들은 아이의 정서적 안정이 자기 어깨 위에 놓여 있다는 것을 자각하고, 책임을 계속 감당하는 데 필요한 에너지를 내면 깊숙한 곳에서 끊임없이 퍼 올린다. 육체적 정서적 고갈은 혼자 된 엄마가 감수하는 주된 위험이다. 계속되는 과중한 일과가 역경과 맞서 투쟁할 에너지와 의지를 압도해버리기 때문이다.

10년 전 이혼하고 이제는 청소년이 된 두 아이와 함께 사는 38세의 엘레나가 자신의 경험을 이렇게 털어놓았다.

"나는 스물여덟 살에 이혼했어요. 그 결정을 후회하진 않지만, 이혼 후에 어떤 삶이 기다리고 있는지는 전혀 알지 못했죠. 이혼 전에 나는 일을 하지 않았어요. 하지만 이혼한 뒤엔 일을 해야 했죠. 일 자체가 성가시진 않았지만, 그때부터 모든 것이 굉장히 복잡해졌어요. 당시 딸들은 세 살과 여섯 살이었고 자립성이 전혀 없었어요. 나는 직장에 출퇴근하는 데만 매일 2시간 넘게 걸렸고요. 아이들을 돌보고 직장 일을 하는 것 외에 집안일까지 혼자 감당해야 해서, 새벽 5시에 일어나고 밤엔 11시나 자정에 잠들었어요. 그렇게 얼마 동안 지내다 보니 일에 치이는 느낌이 들었어요. 온종일 이리 뛰고 저리 뛰면서 최대한 효율적으로 행동해야 했거든요. 직장 일, 가정 일, 아이들 교육 문제에도요. 당시 아이들은 엄마 아빠의 이혼 때문에 많이 힘들어했고, 나는 되도록 아이들 옆에 있어 주고 싶었어요. 내가 무너지면 아이들도 힘들 거라는 것을 알고 있었으니까요. 아이들을 위해서라도 머리를 꼿꼿이 쳐들고 강한 모습을 보여야 했죠. 하지만 의지와 현실은 다르죠. 나는 바쁜 생활에 완전히 치여

버렸어요. 혼자 아이들을 키우려면 마지막 한 방울의 힘과 에너지까지 쏟아부어야 한다는 걸 깨달았죠. 언제 터널 끝에 다다를지 알 수 없었어요. 나는 매일 고군분투했어요. 아니, 차라리 몸부림을 쳤다고 말해야 할 거예요. 몸부림을 쳐도 항상 좋은 결과를 얻는 건 아니었어요. 할 수 있는 일을 다 했지만, 항상 부족해 보였죠.

얼마 지나지 않아 언제나 기진맥진 상태라는 느낌이 들었어요. 도움을 청할 수 있는 경우가 거의 없었고, 예기치 못했던 일에 대처하기 위해 누군가에게 의지할 수도 없었어요. 의지할 사람이라곤 나 자신뿐이었답니다. 그렇게 1년, 5년, 10년씩 아니, 영원히 계속하지는 못하리라는 생각이 들었어요……. 그렇게 10년을 보냈는데, 적어도 20년은 늙어버린 느낌이에요."

결국 엘레나는 재혼했다. 현재 그녀는 행복하고, 셋째 아이가 태어나기를 기다리고 있다. 그녀는 혼자 아이들을 키우던 시절이 끔찍한 시련이었다고 이야기한다. 그 시절이 말 그대로 그녀의 에너지와 용기를 바닥내 버렸던 것이다. 그녀는 조금씩 회복되고 있지만, 그 10년의 세월은 그녀에게 지워지지 않는 상처를 남겼다.

과중한 일과가 혼자 아이를 키우는 엄마들이 마주하는 유일한 문제는 아니다. 배우자와의 이혼이나 사별은 대부분의 경우 재정 상태가 불안정해지는 것을 의미한다.

주디스의 남편은 그녀보다 젊은 여자에게 빠져 여섯 달 전 그녀를 떠나버렸다. 그녀는 혼자 남아 비서 월급과 얼마 되지 않는 수당으로 세 아이를 키워야 했다. 열심히 일했고 기회가 되면 시간 외 근무도 했지만, 수입과 지출을 맞출 수 없었고 빚을 지기 시작했다. 그래서 지치고 불안에 빠졌으며, 아이들을 돌보는 것이 점점 더 힘들게 느껴졌다. 자신을 버린 남편에게 화가 났고, 물질적으로나 심리적으로 상당히 어려운 상황에 빠져들었다. 남편의 사랑을 받으며 유복하게 사는 여자들에게 화가 났고, 자신에게 그런 시련을 안겨준 인생에도 화가 났다.

이러한 물질적 정서적 심리적 어려움 외에 주변의 지원을 받지 못해 느끼는 고독도 어려움을 안겨준다. 외출하거나 여가 생활을 누릴 여유가 없는 엄마들은 고립으로 힘들어한다.

엘레나는 나에게 이렇게 말했다.
"가장 힘든 건 사람들이 내게서 달아나는 것 같은 느낌이 든다는 거예요. 내 고통과 어려움이 그들에게 겁이라도 주는 것처럼 말이에요. 사람들은 그런 것에 대해 언급하기를 꺼리고, 나에게 일어난 일에 어떤 반응을 보여야 할지 알지 못해 곤란해해요. 그래서 멀어져 가는 거죠."

과중한 일과, 고립, 지원과 인정의 부족, 재정적 불안정은 혼자 아이를 키우는 엄마들의 삶에 공통적으로 존재하는 스트레스 요인이다. 이런 엄마들은 여러 가지 사건에 치여 자주 고갈을 느끼고 마침내는 포기하게 된다. 아이들에게 닥치는 문제를 더는 극복하지 못하게 된다. 육체적 정서적 고갈에 다다르고, 거리 두기 단계로까지 이행하는 경우가 많다. 이 단계에 이르면 불안한 현실에 맞설 힘이 없기 때문에 그 현실로부터 마음이 멀어진다.

정서적인 면에서는 엄마로서 실패했다는 기분에 혹독한 타격을 입는다. 아이들의 성장을 위해 필요한 안정감과 균형감을 제공하지 못하는 것에 죄의식을 느낀다. 그리하여 정서적 책임을 감당할 여력이 없어지고, 우울증에 빠질 위험과 모성 소진에 다다를 위험이 매우 커진다. 이런 우울증에는 자주 무력감이 동반되고, 엄마는 자신과 자신의 삶에 대한 부정적인 생각에 빠져버린다.

37세이고 세 아이의 엄마인 파트리샤가 심리치료 시간에 나에게 털어놓았다.

"너무 우울해서 밤에 침대에 누워 있으면 죽고 싶은 기분이 들었어요. 그런 기분에서 벗어날 수만 있다면 무슨 짓이든 할 수 있을 것 같았죠. 사는 것이 외롭고 절망스러울 뿐이었어요. 남편, 꿈, 힘, 영혼 등 모든 것을 잃었으니까요. 내가 희생해서 돌봐야 하는 아이들만 남았죠. 하지만 아이들에게 줄 것이 아무것도 없었어요……. 공허 그 자체였죠. 그래도 아이들 덕분에 삶을 유지할 수 있었어요. 아이들이 있었기 때문에 죽음을 선택할 권리조차 없었던 거죠. 어쨌든 아이들을 내버려둘 수는 없었어요. 아이들이 살아갈 힘을 주었죠. 우리 아이들에겐 아무리 고맙다고 말해도 지나치지 않을 거예요……."

아프거나 문제가 있는 아이

모든 아이들이 똑같은 상태로 태어나지는 않는다. 어떤 아이들은 장애를 안고 태어나서 부모, 특히 엄마의 시간과 노력, 에너지를 많이 요구한다. 이 경우 아이 문제에 아무런 도움도 받지 못하면, 엄마는 자신이 진 책임에 짓눌리게 된다.

'까다로운' 기질을 갖고 태어나는 아이들도 있다. 이런 아이들은 엄마를 유난히 심하게 필요로 한다. 환경이 어떠하든 엄마와 떨어져 있는 것 자체를 힘들어한다. 엄마와의 육체적 접촉이 기운을 북돋워 주기 때문에 항상 엄마에게 의지하려 하고, 잠을 자지 않으려고 고집을 부릴 때가 많다. 이런 기질을 타고난 아이들은 엄마의 힘과 에너지를 소모시키며, 엄마는 아이의 지칠 줄 모르는 필요를 채워주느라 지쳐간다. 돌봐야 할 아이들이 더 있고, 설상가상으로 그 아이들도 그런 기질을 갖고 있을 경우 상황은 더욱 복잡해진다.

주의력 결핍이나 과잉행동장애, 강박장애(Obsessive Compulsive Disorder, OCD), 독서장애를 지닌 아이들도 있다. 이런 아이들은 학교 성적이나 친구관계에 어려움을 겪는다. 이 경우 엄마는 아이의 특별한 필요를 채워주느라 상당한 에너지를 소비한다. 학교 숙제, 규칙 준수, 집안일 등에서 고생하고 갈등을 겪게 되며, 엄마는 아이가 조화롭고 바람직한 방식으로 행동하도록 몹시 애를 써야 한다. 이런 엄마들의 증언을 들어 보면 그들이 경험하는 육체적 정서적 고갈을 잘 알 수 있다. 이런 문제는 대개 수년 동안 끈질기게 이어지며, 그동안 엄마는 쉴 수 있는 시간이 거의 없다. 나는 할 수 있는 일을 다 해봤고 최선을 다했다고 말하는 이런 엄마들에게서 모성 소진 현상을 많이 목격했다. 그 엄마들은 결국 기운이 다 빠져서 포기해버린다. 통제할 수 없는 문제에 맞서 투쟁할 에너지가 더는 없기 때문이다. 이 경우 상당 기간의 육체적 정서적 고갈 상태에 이어 거리 두기 단계가 자주 나타난다. 아이의 행동은 매일 반복되며, 엄마는 그 행동을 중단시키기 위해 혹은 행동의 강도를 약화시키기 위해 엄청난 에너지를 소비하게 된다.

소진의 셋째 단계는 엄마가 무력하고 패배했다고 느끼는 순간에 나타난다. 죄책감, 기대수준에 도달하지 못했고 엄마 역할을 하는 데 실패했다는 확신이 이런 느낌에 동반된다. 때로는 주변 사람들의 냉혹한 눈길과 평가가 죄책감을 더욱 심화시키기도 한다. 이런 문제의 양상을 잘 알지 못하는 학교 당국이나 가족들은 아이가 극단적이고 통제되지 않는 방식으로 행동하는 것을 지나치게 방임한 엄마 탓으로 돌리는 경향이 있다.

건강에 심각한 문제가 있거나 불치병에 걸린 아이들 역시 엄마의 책임을 많이 요구한다. 이 아이들을 돌보는 데 소모되는 에너지는 아이들이 걸린 병의 심각성과 지속 기간에 따라 달라진다. 어쨌든 아픈 아이를 돌보는 것은 시간은 물론 육체적 정서적 심리적 헌신을 요구하고 엄마의 에너지를 소모시키며, 엄마를 '분별력을 잃고 절망에 가까운 피로 상태[34]'로 몰아간다. 다른 아이도 함께 돌봐야 할 때는 특히 그렇다. 그 엄마가 어떤 고생을 하는지, 엄마로서 느끼는 무게가 어떤지 주변 사람들이 이해하지 못하는 만큼, 그것은 더욱 고생스러운 일이 된다.

간단히 말해, 사회적 의학적으로 문제가 있는 아이를 키우는 엄마는

---

[34] M. 그린스펀, 「'평범한 세상'에서 '특별한' 아이 보살피기」, 『역경을 딛고 아이 돌보기: 현대 엄마들의 다양한 목소리들』, C. 가르시아 콜, J. L. 서리 그리고 K. 바인가르텐 편집, 뉴욕, 길포드, 1998년.

모성 소진에 다다를 '위험에 노출되어' 있다. 과중한 일과, 통제력 부족 그리고 때로는 사회적 정서적 지원의 부재가 모성 소진을 일으킨다.

타인의 시선

엄마가 아이 때문에 타인의 비난 어린 시선을 경험하는 일이 드물지 않다. 슈퍼마켓에 갔는데, 아이들이 심하게 흥분해 슈퍼마켓 저쪽 끝에서도 들릴 만큼 큰 소리로 꽥꽥 고함을 지른다. 엄마라면 한 번쯤 이런 경험을 해봤을 것이다. 그러잖아도 화가 나고 인내심이 한계에 다다랐는데, 설상가상으로 사람들이 '내 아이라면 저렇게 행동하도록 내버려두지 않을 텐데!'라며 비난하는 눈길로 엄마를 흘겨본다. 엄마는 자신의 사정을 알지 못하는 사람들의 따가운 시선 속에서 덫에 걸려버린다.

가족이나 배우자가 비난하는 일도 드물지 않다. 디안은 부모님 집을 방문할 때마다 겁이 난다며 이런 이야기를 털어놓았다.

"부모님은 우리 부부가 아이들을 잘못 교육한다고 생각하세요. 아침에 아이들이 입을 옷은 부모가 골라줘야 하고, 아이들을 훈육하는 데는 오로지 엉덩이를 때려주는 것이 최고라고 말씀하시죠. 선택의 개념을 가르치고, 갈등이 생길 때 자신의 의견을 말하게 함으로써 비판적 사고력을 키워주려는 우리의 생각을 비난하세요. 그런 식으로 아이를 키우면 사춘기 때 반항적인 아이가 된다고, 정말 그렇게 된다면 전적으로 우리 부부 탓이라고 단언하시죠. 물론 우리는 그런 부모님의 생각에 전혀 동의하지 않고요. 우리는 오히려 우리가 아이들에게 한계를 부과하는 엄격한 부모라고 생각해요. 아이에게 책임감을 가르치는 것이 중요하다고 생각하거든요. 어쨌든 우리의 교육방식에 대한 부모님의 평가는 나에게 많은 상처를 줘요. 부모님을 방문할 때마다 잔소리를 들어야 해서 긴장하고 스트레스를 받지요."

타인의 비판적인 시선은 엄마에게 불편한 기분과 낙담을 유발하고 스트레스로 변한다. 특별한 상황과 요구에 응답하기 위해 엄마는 직관에 호소한다. 이를테면 한밤중에 아이가 잠에서 깨어나 울 때 많은 엄마들이 혹독한 단련을 받는다고 느낀다. 이럴 때 엄마의 본능적 반응은 아기를 품에 안아 달래고 안심시켜주는 것이다. 아이가 우는 소리를 들으면 보호 본능이 솟아오르기 때문이다. 엄마는 아이가 조금이라도 고생하는 것을 견디지 못한다. 하지만 주변 사람들이 그런 충동을 곱지 않은 시선으로 볼 때가 많다. 그렇게 하면 아이가 엄마에게 지나치게 의존하게 되고 변덕스러운 성격을 갖게 된다며 비판하는 것이다.

우는 아이에게 즉각적으로 반응을 보이면 그런 행동을 강화하게 될까? 전문적으로 말해 강화란 어떤 행동이 반복될 가능성을 증가시키는 것이다. 아이가 운다는 것은 만약 엄마가 반응을 보일 경우 아이가 또다시 울 가능성이 있다는 것을 뜻한다. 하지만 전문가들의 조사는 그 반대의 결과를 보여준다.[35] 조사에 참가한 엄마들은 생후 3개월 된 아이의 울

---

35 J. 캐시디와 P. R. 셰이버, 『애착 핸드북: 이론, 조사, 그리고 임상 적용』, 뉴욕, 길포드, 1999년.

음소리에 일관성 있는 반응을 보였다. 그렇게 한 살이 되자 그 아이들은 엄마와 떨어져 있을 때 덜 울게 되었다. 게다가 엄마와의 애착도 더 강하고 안정적으로 형성되었다.[36] 이 조사는 엄마들(나도 포함해서!)을 안심시켰으며, 덕분에 엄마들은 아이가 밤에 하염없이 울어대도록 내버려두지 않아도 되게 되었다!

엄마의 마음은 정서적으로 기능하며, 때로는 타인에게 제대로 이해받지 못한다. 타인들의 악의적인 비판과 논평은 앞에서 이야기한 정서적 지원의 부재와 비슷한 스트레스를 유발한다.

타인의 비판은 다른 한편으로 엄마의 자신감을 떨어뜨린다. 친정엄마 같은 가까운 사람이 비판할 경우에는 더욱 그렇다.

어떤 엄마는 이런 이야기를 털어놓았다.

"엄마가 나와 아이의 행복을 원한다는 건 나도 알아요. 하지만 엄마는 수많은 조언을 쏟아내고, 내 교육방법 중 잘못되었다고 생각하는 것을 모조리 지적하죠. 이렇게 혹은 저렇게 해야 한다고 끊임없이 잔소리를 해대서 내가 자신감을 잃을 정도예요. 엄마의 조언이 일리가 있을 때조차 상당한 중압감과 스트레스를 받아요!"

주변 사람들의 비판적인 눈길만 엄마에게 스트레스를 주는 것은 아니다. 전업주부가 되기로 결심한 여성을 향한 사회의 시선이 늘 호의적

---

36 S. 크로켄버그와 K. 매클러스키, 「아기의 생후 일 년 동안 엄마의 행동 변화」, 『차일드 디벨롭먼트』, 57, p. 746~753, 1986년.

인 것도 아니고, 어떤 엄마들은 그 결정을 하는 데 어려움을 겪기도 한다.

아이는 없지만 폭넓은 육아 지식을 가진 사람들의 비판도 있다. 몇 년 전 친구 한 명과 활발한 토론을 벌였던 일이 기억난다. 그 친구는 내가 아이들을 훈육할 때 때리지 않는 것을 신조로 삼고 있음을 알고 몹시 놀라워했다. 그 친구는 내 교육 방식을 비난했고, 앞으로 내가 아이들의 반항 때문에 매우 힘든 시간을 보내게 될 거라고 단언했다. 앞날이 훤히 보인다는 것이다! 그 친구는 아직 아이가 없었지만, 언젠가 아버지가 되면 엉덩이를 때려 아이들을 교육하겠다는 생각을 갖고 있었다. 그의 부모님이 그런 방식으로 그를 교육했고, 덕분에 자신이 진지하고 책임감 있는 어른으로 성장할 수 있었기 때문에 부모님께 고마워하고 있다는 것이다. 그로부터 몇 년이 지난 뒤, 그를 다시 만날 기회가 있었다. 그때 그는 네 살배기 남자아이의 아빠가 되어 있었다. 나는 엉덩이를 때려 아이를 훈육하는 방침에 대한 생각이 그대로인지 그에게 물어보았다. 그러자 그는 조금 겸연쩍어하더니, 생각이 완전히 바뀌었다고 털어놓았다. 그 방법이 비효율적일 뿐만 아니라, 의도했던 것과 반대되는 결과를 가져온다는 사실을 경험을 통해 알게 된 것이다.

역할은 바뀌는 것

사회에서 여성이 하는 역할은 지난 몇 세대 동안 많이 바뀌었다. 여자는 전업주부와 밖에서 일하는 엄마라는 두 범주로 뚜렷이 구분되었다. 엄마들은 자신이 다른 범주에 속하는 엄마들과 다른 삶을 산다는 것을 알고 있다. 이런 자각에서 오는 내적 긴장감이 엄마의 스트레스 요인에 추가된다.

현대사회에서 여성과 엄마의 역할 변화는 다른 여성들과의 관계에만 타격을 입히는 것은 아니다. 남성과 여성의 전형적 역할이 세월과 함께 변화해온 만큼, 많은 커플이 가정에서 각자의 책임을 어떻게 분배해야 할지 헷갈려한다. 요즘에는 "우리 아버지는 이런 역할을 했고 우리 어머니는 저런 역할을 했어. 그러니 나도 우리 아버지 어머니처럼 할 거야!" 같은 말을 듣기 힘들다. 상황이 바뀌었고, 명확히 규정된 기준이 없어서 상당한 스트레스를 받게 된다. 이런 상황에서 전통이라는 이름으로 가정에서의 책임을 상대방에게 일방적으로 떠넘길 경우, 그것은 권력 남용이 된다.

세 아이의 엄마 앤젤라는 자신의 결혼생활에 대해 이렇게 말했다.
"내 남편이 머릿속에 그리는 역할은 아침마다 직장에 출근하고, 월말이 되면 월급을 갖다 주고, 주말엔 텔레비전을 보고 인터넷을 하고 긴장을 풀면서 쉬는 거예요. 나는 집에서 아이들을 돌보고, 식사를 준비하고, 세탁을 하면 되고요. 남는 시간을 몽땅 투자해 공과금을 납부하고 잔디도 깎아야 하고요! 물론 나는 밖에 나가서 일하지 않고, 아이들이 아프면 밤에 깨어나 아이들을 보살필 수도 있어요. 하지만 가끔 남편이 나에게 뭐라는지 아세요? 어떻게 아무 일도 하지 않고 온종일 집 안에만 있느냐고 한다니까요!"

엄마들이 처한 상황은 일반적으로 앤젤라의 경우만큼 극단적이지는 않다. 하지만 엄마들이 하는 일이 상대적으로 덜 중요하다는 개념이 암묵적으로 존재하는 것은 사실이다. 그런데 사실 엄마는 가정에서 아빠보다 더 큰 책임을 감당해야 한다.

남성과 여성이 집안일 분배라는 문제에 어떤 식으로 합의를 보든, 합의에 다다르기까지는 시간과 노력이 필요하다. 이것이 또 다른 스트레스 요인이 되어 이미 많이 소모된 엄마들의 에너지를 고갈시킨다.

사춘기

우리는 모두 한때 사춘기를 경험했지만, 아이들이 겪을 사춘기에 진정으로 준비된 사람은 많지 않다! 많은 엄마에게 아이들의 사춘기는 스트레스와 동의어이다. 아이들이 사춘기를 겪을 때, 엄마는 자신에게 통제력이 부족하다는 느낌을 많이 받는다. 유년 시절에는 아이들의 행동과 교우관계를 주의 깊게 살피고 감독하면 된다. 하지만 사춘기가 되면 그런 감독이 점점 힘들어진다.

사춘기가 되면 아이들은 부모에게서 벗어나려고 한다. 자신만의 고유하고 자립적인 세계를 수립하려 하고, 부모의 권위에서 벗어나 정체성을 구축하고자 한다. 이 시기는 유년 시절에 주입된 가치관을 거부하고 반항하는 시기이다. 이 시기에는 아이와 부모 사이에 많은 갈등이 생겨난다. 엄마는 교우관계, 방과 후 활동, 이성교제 등 아이들의 생활을 통제하기 힘들어진다는 것을 느낀다. 아이들이 자라는 모습을 바라보며 여태까지 했던 대로 아이들을 보호하고 이끌려고 애쓰지만, 사춘기 자녀들은 사생활을 침해받지 않기 위해 엄마의 권위를 단호히 거부한다. 이런 경험을 하게 되면 엄마는 무척 외로움을 느낀다. 아이들과의 의사소통이 힘들어지는 만큼 더욱 외롭다고 느낀다. 삶으로부터 배운 경험들을 아이들과 나누고 조언할 의사가 충분히 있지만 상황에 맞지 않을 뿐 아니라 때로는 거부당하기도 한다. 사춘기 청소년은 자신의 존재를 입증하길 원하며, 혼자서 결정을 내리고 싶어 한다. 가족의 영향을 계속 받긴 하지만, 가족에게서 점점 멀어져 간다. 이 시기에 엄마들은 약물 복용이나 흡연, 음주부터 시작해 나쁜 친구들을 사귀어 비행을 저지르는 것 등 온갖 문제를 걱정한다.

이렇듯 아이가 사춘기일 때 엄마의 걱정거리는 넘쳐나지만, 아이와 의사소통을 하기가 어려워지므로 아이에게 어떤 태도를 보여야 할지 알 수 없게 된다. 아이가 지금까지와는 완전히 다른 행동을 하기도 해서 엄마는 더욱 당황스럽다.

사춘기 자녀 셋을 키우는 엄마 오드리는 나에게 이런 이야기를 털어놓았다.

"세 아이가 다 달라요! 한 아이에게 잘 통했던 방법이 다른 아이에게는 전혀 통하지 않죠. 누구에게 무엇이, 어떻게 그리고 언제 필요한지 더 이상 모르겠어요. 상황에 치여버린 느낌이에요. 자라면서 아이들이 필요로 하는 것은 계속 변하고, 내가 언제 그리고 누구에게 어떤 역할을 해줘야 할지 항상 자문하게 되죠!"

아이의 사춘기는 엄마가 거친 시련을 맞이하는 시기이다. 한 번 더 말하지만, 엄마는 책임을 적절히 감당하고 제시된 문제를 극복하기 위해 내면의 에너지를 퍼 올릴 것이다. 이런 끊임없는 에너지 소모가 일상에 존재하는 다른 피로에 가중되어 스트레스 요인이 된다.

엄마가 육체적 정서적 고갈 단계에 다다르고 상황에 대한 통제력이 부족할 경우 모성 소진의 둘째 단계, 즉 거리 두기 단계로 진입하게 된다. 이 단계에서 엄마는 아이들과의 갈등이 점점 커지는 것을 느낀다. 갈등 속에 사는 데 지친 엄마는 두 손 두 발 들어버린다.

14세와 17세 두 사춘기 자녀를 둔 아멜리는 이렇게 말했다.

"도대체 어떻게 해야 하는 거죠? 아이들이 어렸을 때는 나와 마음이 잘 통했어요. 나도 그 애들에 대해 잘 알았고요. 하지만 지금은 그 애들이 낯선 애들 같아요. 나에게 말도 걸지 않고, 내가 그 애들에게 뭔가 묻거나 작은 지적을 할 수도 없어요. 그랬다 하면 어김없이 말다툼으로 번지니까요. 난 그 애들이 옷 입는 방식이 마음에 들지 않지만, 그것에 대해 한마디라도 할라치면 방으로 들어가 문을 쾅 닫고 틀어박혀 버리죠! 나도 나름대로 노력하지만 개선되는 것이 전혀 없어요. 나는 오랫동안 내가 옳다고 믿는 대로 아이들을 교육하려고 안간힘을 썼어요. 하지만 이젠 지쳐버렸어요. 아이들의 교만함과 공격성을 더는 견딜 수가 없어요. 이젠 그냥 내버려두고 있어요. 더 이상 힘이 없어요. 일어날 일이 있다면 결국 일어나겠죠."

이 엄마는 거리 두기 단계에 다다랐다고 볼 수 있다. 이 단계에 다다른 엄마는 고통스럽다. 아이들 곁에 있어 주고 싶지만 아이들과의 접점이 없어졌고, 어떻게 해야 다시 접점을 만들 수 있는지 알 수가 없다. 게다가 아이들과 멀어짐에 따라, 아이들 삶에 발생하는 문제와 사고의 책임이 자신에게 있다고 느낄 위험이 있다. 그리하여 엄마는 모성 소진의 셋째이자 마지막 단계인 과거, 현재 그리고 미래의 수행에 대한 부인 단계로 접어든다. 이 단계에서 엄마는 자신의 상태가 가족 전체의 균형에 미칠 수 있는 영향 때문에 짓눌리고, 사기가 꺾이고, 의기소침해지는 느낌을 받는다.

10장

작은 스트레스가 점점 커진다

"어머니의 은근한 희망은
이 모든 것을 견디며 살아나가는 것이다."

— 올리버 호움즈

10

숨겨진 스트레스 요인도 똑같이 위험하다

엄마의 일상생활에는 또 다른 범주의 스트레스 요인이 존재한다. 나는 이것을 '숨겨진 스트레스' 요인이라고 부를 텐데, 직업 세계에서는 이와 비슷한 스트레스 요인이 존재하지 않는다. 숨겨진 스트레스 요인은 엄마들에게 많은 스트레스를 유발한다. 한 번 더 말하지만, 모성 소진은 중간 강도의 스트레스 요인 하나가 일시적으로 출현해서 유발되지는 않는다. 스트레스가 여러 해 동안 거의 매일, 하루에도 몇 번씩 출현하기 때문에, 매우 씩씩한 사람이라도 힘과 인내심, 저항력이 소모되어 모성 소진에 다다르는 것이다. 모든 여성이 이런 스트레스를 매일 혹은 같은 방식으로 경험하는 것은 아니다. 하지만 산발적이고 반복적인 방식으로 스트레스를 경험할 때 타격을 입을 수 있다. 그런 식으로 스트레스를 경험하면 지쳐서 기진맥진해버리기 때문이다.

소음

엄마 주변은 온갖 종류의 소음으로 가득하다. 엄마는 아이들이 내는 모든 소리 신호에 민감하게 반응하므로, 소음에 의한 스트레스를 더욱 크게 느끼는 경향이 있다. 아이들은 엄마의 즉각적인 주목을 요구한다. 신호 탐지 이론[37]에 따르면, 매우 피곤한 엄마도 아기들이 자면서 내는 작은 신음이나 울음소리에 무척 민감하게 반응한다고 한다. 간신히 감지되는 그 소음이 한밤중에 엄마의 잠을 깨운다. 소리가 매우 작은데도, 엄마의 정서적 책임감이 경계 상태가 되어 그것을 감지하고 거기에 응답하는 것이다.

엄마의 책임을 일깨우는 소음은 셀 수 없이 많이 존재한다. 물건 떨어지는 소리, 날카로운 비명 혹은 비정상적인 조용함이 엄마에게는 경계 신호다. 이런 소리가 들리면 엄마는 아이가 물건을 떨어뜨려 다치지는 않았는지, 문에 손가락이 끼지는 않았는지, 아이들이 갑자기 조용해진 것이 말썽이 일어나려는 신호는 아닌지 확인해야 한다! 젖먹이나 어린아이가 자주 우는 것도 엄마를 피곤하게 하고 큰 스트레스를 준다. 엄마는 늘 경계 상태를 유지해야 하는데, 특히 아이들이 아직 어릴 경우 계속 경계 상태에 있어야 하는 것이 엄마를 지치게 한다.

---

37 J. S. 윔과 W. N. 뎀버, 「불침번」, 『사이콜로지 투데이』, p. 46~53, 1986년(4월).

소음에 의한 스트레스는 멈추지 않는다. 아이들과 관련된 소음의 종류는 매우 다양하며, 그 소리의 강도는 인내심의 한계를 시험받는 엄마들에게 엄청난 스트레스를 유발할 수 있다. 잠시 자리에 앉아 당신이 듣는 소음의 목록을 작성해보라. 강도가 커서 스트레스를 주는 소음뿐 아니라, 즉각적인 주의를 요구하는 소음까지 전부 적어보라.

나도 그 목록을 작성해봤는데, 적다 보니 끝이 없었다. 내가 가장 먼저 떠올린 것은 비명이었다. 아이 중 하나가 혹은 둘 모두가 동시에 내는 비명 말이다! 거의 십 년 동안 그 비명을 들어왔지만, 고백하는데 아직도 그 비명에 익숙해지지 않았다. 자기들의 성대 기능이 훌륭하다는 것을 반복적으로 증명하는 그 비명은 내 인내심을 많이 소모시켰다. 내가 두 번째로 떠올린 것은 아이들이 싸우는 소리였다. 그 소리는 매우 클 때가 많으며, 곧이어 훌쩍거리는 소리가 뒤따른다. 아이들이 어릴 때는 그런 일이 특히 잦았다.

시끄러운 소리 여럿이 겹쳐 매일의 일상을 가득 채우고, 때때로 우리를 신경발작 직전으로 몰고 가는 일도 있다. 지나치게 크게 틀어 놓은 텔레비전 소리, 식기 세척기나 세탁기, 건조기가 내는 소음, 개가 밖에 나가고 싶어서 끙끙대는 소리, 개가 고양이를 향해 짖는 소리, 개가 고양이를 쫓아다니거나 고양이가 개를 쫓아다니는 소리, 축구나 스파이 놀이를 하는 아이들이 내는 소리…… 때로는 우리 아파트가 동물원 같다는 생각이 들 때도 있다! 집전화 소리, 휴대전화 소리, 초인종 소리, 가끔은 이 셋이 동시에 울리는 경우도 있다. 전화벨이 울리는데 현관문을 열려고 하기도 하고, 그 사이에 고양이가 집 밖으로 쏙 빠져나가 아래층으로 달려 내려가기도 한다. 그 혼란을 틈타 개도 컹컹 짖으며 밖으로 나가려고 한다. 기상천외해 보이지만 사실이다. 하지만 다행히도 이런 경험은 딱 한 번뿐이었다. 비슷한 경험을 또 할 경우 내가 견뎌낼 수 있을지 모르겠다!

게다가 소중한 물건이 바닥으로 떨어지고, 때에 따라서는 깨지기도 한다. 문이 쾅 소리를 내며 여닫히고, 웃음소리가 폭발하고(이건 그래도 유쾌하다!), 그다음에는 완벽한 정적이 이어진다. 이런 소리는 즐거운 미소에서 불안까지 다양한 반응을 유발한다. 앞에서 내가 언급했듯이, 아이들의 갑작스러운 침묵 역시 엄마에게는 비명과 마찬가지로 스트레스를 줄 수 있다. 이런 소음들은 여간해선 없어지지 않으며, 시사하는 바가 꽤 크다.

세 아이를 키우는 젊은 엄마가 나에게 털어놓았다.

"내가 있는 곳, 내가 눈길을 주는 곳에는 항상 스트레스를 증가시키는 다양한 소음이 있어요. 이따금 나는 천국이 있다면 그건 방음장치가 된 커다란 방일 거라고 상상해요. 한 시간 정도 아니면 한 세기 동안 피난 가서 경이로운 고요와 평화를 만끽할 수 있는 방 말이에요."

소음으로 인한 스트레스를 이해하고 인정할 필요가 있다. 그러면 그로 인한 스트레스를 통제하는 데 도움이 되기 때문이다. 시끄러운 소리가 나는 일은 되도록 한꺼번에 하기보다 각각 따로 하는 것이 좋다. 식기세척기나 세탁기가 작동 중이라면 청소기 돌리는 일은 나중으로 미루는 것이 좋다. 자동차 안에서는 라디오나 CD를 트는 대신 그냥 조용히 있어 보라. 그것이 당신의 영혼에 매우 값진 휴식을 선사할 것이다.

하지만 아기의 끈질긴 비명이나 울음소리 같은, 벗어나기 힘든 소음도 존재한다. 그 소리가 5미터 밖에서 나는 굴착기 소리만큼이나 시끄럽게 느껴질 수 있다. 아이가 어리고 엄마가 피곤할 경우 비명은 더욱 큰 스트레스를 준다. 아기의 울음은 불가피한 것이긴 하지만, 일상의 다른 소음들과 마찬가지로 엄마에게는 고생스럽다. 이 소음이 오랫동안 누적되면 엄마의 에너지를 고갈시키는 스트레스 요인이 된다. 이것은 모성 소진의 특징인 육체적 정서적 고갈 상태에서 특히 엄마를 취약하게 만든다.

수면 부족

수면 부족으로 고생해보지 않은 엄마는 세상에 존재하지 않는다. 아기가 태어나 병원에서 퇴원하자마자 아무런 문제없이 잠을 잘 자는 경우는 드물다. 대부분의 엄마들이 아기의 생후 몇 달 동안은 밤에 자다가 자꾸 깨어야 해서 엄마들의 표현에 따르면 참기 힘든 고문을 경험한다. 게다가 아이가 아프기라도 해서 엄마가 머리맡에서 계속 지켜야 할 경우, 수면 부족은 큰 문제가 된다.

수면 부족으로 인해 엄마는 낮 동안 건강하게 일상생활을 하기가 힘들어지고 육체적 고갈에 이르게 된다. 밖에서 주의력과 지적 능력을 요구하는 일을 할 때 그 해로운 영향은 정점에 다다른다. 전업주부들 역시 수면 부족 때문에 고생한다. 앞에서 살펴봤듯이, 낮 동안 아이를 돌보는 것도 쉬운 일이 아니기 때문이다. 하루 이틀 정도 밤잠을 자지 못하는 것은 심각한 문제가 아니다. 하지만 그런 일이 빈번히 일어날 경우 문제가 되고 심한 스트레스를 받게 된다.

생후 5개월 된 여자아이 발랑틴의 엄마 스테파니는 자신의 수면 부족 경험을 나에게 들려주었다.

"발랑틴이 태어난 후 하룻밤도 편히 자본 적이 없어요. 매일 밤 네다섯 번은 잠에서 깼죠. 그런 식으로 다섯 달을 버티고 나니 지쳐버렸어요. 사는 게 그토록 피곤할 수 있는지 상상도 못했어요. 아이 우는 소리가 들리면 아이를 안아서 창밖으로 던져버리고 싶은 기분이 들 정도였죠! 피로에 지쳐 잠을 청해도 두 시간도 안 되어 아기 울음소리에 소스라쳐 깨어나야 하고, 힘을 내서 아이를 보살펴야 하죠. 잠을 청하면서도 마음이 불안하고 진정으로 휴식을 취할 수가 없어요. 자다가 여러 번 깨어야 한다는 걸 아니까 몹시 불안하고 스트레스를 받아요. 딸아이 잘못이 아니라는 걸 알지만, 심지어 딸아이를 원망하기도 하죠."

불시에 잠에서 깨어나야 한다는 걸 염두에 둔 채 잠드는 것은 극도로 스트레스 받는 일이다. 특히 누적된 수면 부족에 기인한 육체적 고갈이 극심할 경우엔 말이다. 피로가 쌓이고, 기력이 떨어지고, 에너지가 고갈된다. 마침내는 정신까지 타격을 받는다. 수면 부족의 악영향은 가볍게 여길 만한 성질의 것이 아니다. 사람의 몸이 제대로 기능하는 데 수면이 큰 역할을 한다는 것을 여러 학문적 연구를 통해 알 수 있다. 낮에 한 활동들로 인한 신체의 손상이 잠을 자는 동안 회복된다. 수면은 먹고 마시는 일과 마찬가지로 생명 유지에 필수적인 기능인 것이다. 이 기능이 결핍되면 극심한 스트레스를 받게 되고, 육체적 심리적으로도 문제가 생긴다.

레흐트샤펜(Rechtschaffen) 교수와 그 동료들이 쥐에게 행한 실험은 수면 부족이 유발하는 심각한 결과를 보여주었다.[38] 잠이 들면 회전판이 도는 실험 상자 안에 쥐를 넣어 수면을 방해해보았다. 쥐가 잠들자마자 회전판이 돌기 때문에, 쥐의 수면 시간이 87%나 줄어들었다. 8쌍의 쥐가 짧게는 5일에서 길게는 33일까지 실험 상자 안에 있었다. 쥐들에게 나타난 수면 부족의 결과는 매우 심각했다. 쥐들은 완연한 병세를 보였고, 몸을 전혀 가꾸지 않았다. 몸이 허약해졌고, 움직임에 연계성이 없어졌고, 회전판에서 자꾸만 떨어졌다. 세 마리는 견디지 못하고 죽었고, 네 마리는 정신이 이상해졌다. 사체를 부검해보니, 내출혈은 물론, 부신 비대, 위궤양, 기관지와 폐에 체액이 찬 것을 확인할 수 있었다. 외부 감염의 가능성은 없으므로, 스트레스에 의해 그 증상들이 유발되었을 가능성이 컸다. 이 실험은 오랫동안 잠을 자지 못하면 심각한 스트레스가 유발되며, 그것은 생명 유지에도 치명적임을 보여준다.

나는 엄마들이 불면으로 고통받지 않기를 바란다. 수면은 건강한 일상을 영위하는 데 무엇보다 중요한 요소이기 때문이다. 수면 부족은 상당한 스트레스 요인이며, 엄마들의 육체적 정서적 고갈에 상당 부분 책임이 있다는 것은 말할 나위도 없다.

38　A. 레흐트샤펜, M. 길리랜드, B. 버그먼 그리고 J. 윈터, 「쥐에게 장기간 수면을 박탈할 경우 나타나는 생리적 현상」, 『사이언스』, 221, p. 182~184, 1983년.

기다리고 또 기다려야 한다

두 아이의 엄마인 에밀리가 나에게 말했다.

"요전 날 저녁, 놀이방으로 아들아이를 데리러 갔어요. 딸아이도 학교로 데리러 가야 하는데 이미 늦어버렸죠. 아들 쥘은 나를 보자 무척 기뻐했어요. 다른 아이들은 벌써 집에 가고 없더군요. 쥘을 데리고 놀이방을 나서려고 했지만, 쥘은 가지 않으려고 했어요. 낮에 그리던 그림에 마지막으로 색을 칠해야 했기 때문이었죠. 그런 다음에는 아침에 접은 종이 암탉과 사라져버린 외투를 찾아내야 했어요. 마침내 놀이방을 나서려고 하는데 쥘이 하는 말이, 아침에 집에서 가져온 곰 인형을 잃어버렸다는 거예요. 학교에서 딸아이 아망딘이 나를 기다리고 있어서 몹시 조바심이 났어요. 데리러 갈 시간이 이미 지나버렸거든요. 나는 쥘이 서두르도록 온갖 방법을 동원했어요. 스타트 라인에 선 달리기 선수처럼, 쥘이 준비만 되면 뛰쳐나갈 준비가 되어 있었죠. 쥘은 내 앞에서 걸었고, 계단에 도착하자 천천히 내려가기 시작했어요. 한 계단 내려가고 멈추고, 또 한 계단 내려가다 멈췄죠. 나는 절망적인 기분이 극한에 다다랐고, 제발 인내심을 달라고 신께 기도했어요!"

대부분의 엄마들이 때때로 에밀리와 비슷한 상황에 처한다. 끝없이 기다리고 스트레스를 받으면서 인내심을 시험 당한다. 3장에서 우리는 통제력 부재가 왜 그리고 어떻게 직장에서는 물론 엄마의 삶에도 심한 스트레스를 유발하는지 살펴보았다. 기다림은 엄마가 통제하지 못하는 것의 대표적인 예이다. 아이들을 기다리면서 보낸 시간을 다른 유용한 일에 투자한다면 엄청난 성과를 거둘 것이다. 적어도 『전쟁과 평화』를 족히 대여섯 번은 읽을 수 있을 것이다!

일상생활은 엄마에게 끊임없는 기다림을 요구한다. 아침이면 학교에 보내기 위해 아이들이 잠에서 깨어나 씻고 옷을 입고 아침을 먹기를 기다려야 한다. 아이들이 학교에서 돌아온 뒤에는 옷을 갈아입고 숙제를 하기를 기다려야 한다. 저녁이 되면 저녁을 먹으러 식탁으로 오기를 기다려야 하고, 식사를 마친 후엔 목욕하고 잠옷으로 갈아입기를 기다려야 한다. 축구 연습이나 댄스 교습을 마치고 돌아오기를 기다리기도 해야 한다. 밤이 되면 아이들이 다툼을 그치고 얌전히 침대로 가서 잠을 자기를 기다려야 한다.

똑같은 말을 아이에게 세 번, 다섯 번, 열 번씩 해야 하는 것보다 더 화나고 절망스러운 일이 있을까? 아이들은 "곧 가요!"라고 대답만 하고 좀처럼 행동으로 옮기지 않는다. 긴 시간이 흐른 뒤에야 행동에 옮긴다. 시간이 더 흘러 아이들이 자라면, 엄마는 저녁마다 늦게 귀가하는 아이들을 기다릴 것이다. 엄마는 계속 기다린다. 기다릴 일은 셀 수 없을 만큼 많지만 매번 엄마는 별로 통제력을 발휘하지 못하고, 따라서 어김없이 스트레스를 받는다.

아이들을 기다리는 것도 스트레스 받는 일이지만, 아이들과 함께 뭔가를 기다리는 것은 훨씬 더 스트레스 받는 일이다. 아이들과 함께 슈퍼마켓 계산대 앞에 줄 서 있을 때 초조함을 느끼지 않는 엄마가 있겠는가? 맏이는 지루해서 어쩔 줄 몰라 발을 동동 구르고, 둘째는 우유 먹을 시간이 되어서 감당하기 힘들 정도로 울어댄다. 이런 상황에 맞닥뜨린 엄마는 최선의 방법으로 대처할 수 있도록 내면 깊숙한 곳에서 에너지를 퍼 올려야 한다. 소아과 대기실에서 보낸 시간이 아이의 과민한 기질과 나쁜 건강 상태에 비례한다는 사실을 생각해보았는가? 전날 밤 당신의 수면 시간과 반비례하지는 않는가?

어쨌든 기다림은 엄마들의 삶에 보편적으로 존재하는 요소이며, 그것을 견디는 데 필요한 첫째 덕목은 굳건한 인내심이다. 하지만 반복된 기다림은 결국 엄마를 낙담하고 고갈되게 만든다. 특히 스트레스를 받게 한다. 이런 상황에 대처하기 위해 엄마들이 매일 쏟는 노력 또한 이미 소모된 에너지를 더 소모시키며, 여기서 기인하는 정서적 육체적 고갈이 결국엔 모성 소진을 유발한다.

경제적 책임

가족의 생활비를 버는 사람이 아빠든 엄마든, 대부분의 가정에서는 엄마가 살림을 담당한다. 아빠가 가정 경제를 책임진다 해도, 물건을 사거나 돈을 내는 사람은 거의 엄마다. 식료품 구입비, 살림살이 비용, 아이들 옷값, 급식비, 놀이방 비용, 병원비, 미용실 요금, 자동차 기름값, 세탁비, 그 밖의 모든 경비들을 전부 엄마가 지불한다. 살림을 하다 보면 돈이 술술 빠져나가기 마련이다. 물가가 비싼 대도시에서는 더욱 그렇다. 요즘에는 많은 가정들이 돈 문제로 큰 스트레스를 받는다. 엄마들도 마찬가지이다. 가정 살림을 꾸려가는 것은 대다수의 가정에 무거운 짐이다. 엄마 혼자서 아이를 키우거나 가장이 실직한 경우엔 더욱 그렇다.

살림을 꾸리느라 받는 스트레스 외에, 많은 엄마들이 받는 스트레스가 또 있다. 다름 아니라, 살림하면서 소비하는 돈의 액수와 쓰임새에 관한 배우자의 그칠 줄 모르는 비난이다. 엄마들은 대개 돈의 지출을 책임지고 있다. 돈을 가장 자주 쓰는 사람도 엄마이다. 엄마는 돈이 어디에 얼마나 나갔는지 알고 있다. 아빠들은 세세한 지출 명세를 알지 못한다. 그래서 월말이 되어 가정 살림을 결산할 때 아빠들의 반응이 항상 부드럽지는 않다.

38세이고 두 아이를 키우는 바르바라가 나에게 말했다.

"전 남편은 우리가 분수 이상으로 돈을 쓴다고, 자기가 아무리 많이 벌어 와도 항상 그것보다 많이 쓴다고 나를 비난했어요. 돈 이야기만 나오면 지독한 말싸움이 벌어졌죠. 그 사람은 내가 분별없이 충동적으로 쓸데없는 데 소비를 한다고 생각했어요. 그렇지 않다는 걸 증명하려고 애썼지만 소용이 없었어요. 그 사람이 하도 그렇게 말하니까 미안해져서 나도 소비를 줄이려고 노력했죠. 하지만 물가가 너무 비싸고, 아무리 아끼려고 해도 돈이 물 흐르듯 쑥쑥 빠져나갔어요……. 그 사람은 우리처럼 분수에 맞지 않게 사는 집은 없다고 말하곤 했어요. 하도 고민이 돼서 친구들에게 털어놓았는데, 친구들도 똑같은 고민을 하고, 똑같이 돈 문제로 남편과 다투고, 죄책감을 느끼고 있더군요. 우리 부부가 헤어진 데는 여러 가지 이유가 있지만, 주된 이유가 바로 돈 문제였어요. 당신처럼 책임감 없는 사람하고는 함께 살 수 없다고, 우리는 가치관이 서로 너무 다르다고 소리소리 지르더라고요. 내 죄책감과 스트레스가 절정에 달했고, 우리 부부가 실패한 건 전부 내 책임이라는 기분이 들었어요. 물론 무엇이 문제인지 나는 알고 있었어요. 4인 가족이 살아가는 현실이 어떤 것인지 그 사람에게 이해시키지 못한 거죠. 그 사람은 우리가 헤어진 뒤에야 현실에 눈을 떴어요. 헤어지고 몇 달 후까지도 우리가 사용하던 예금 계좌의 명세서가 내가 사는 집으로 배달되었어요. 물론 나는 더 이상 그 계좌를 사용하지 않고, 그 사람이 혼자 사용하고 있었죠. 명세서를 우연히 보게 되었는데, 지출한 액수가 놀랍더군요. 이젠 자기 혼자 돈을 쓰고 집세도 예전 집보다 더 싼데, 내가 집세까지 포함해 아이 둘을 키우며 쓰던 돈의 거의 두 배를 썼더라고요. 그 사람이 무분별하게 돈을 쓰는 사람이 아니라는 걸 내가 잘 아는 만큼, 실망과 분노가 엄청났어요. 그 뒤 길에서 우연히 그 사람을 만났는데, 그 사람은 몹시 당황스러워했어요. 자기는 절대 불필요한 곳에 돈을 쓰지 않는데, 어떻게 그렇게나 많은 돈이 지출되었는지 이해가 안 된다고 나에게 말했어요. 그 광경이 나에겐 퍽 익숙하게 느껴졌어요. 그런 말을 들으니 기분이 좋더군요. 하지만 자기가 잘못 생각했다고, 그것이 우리 가정이 깨지는 큰 원인이 되었다고 그 사람이 말했을 때는 무척 씁쓸한 기분이 들었어요."

가정 살림을 책임지는 것은 많은 엄마에게 큰 스트레스 요인이다. 금전 부족과 거기서 생겨나는 문제들은 엄마를 매우 힘들고 스트레스 받는 상황에 놓이게 한다. 대부분의 가정에서 엄마가 돈의 지출을 담당하기 때문이다. 실수하면 가족 모두를 위험에 빠뜨리는 심각한 결과를 초래할 수도 있다. 가정의 경제적 형편이 어떠하든, 하물며 형편이 나빠졌을 경우, 그 책임을 감당하기 위해 소모하는 큰 에너지는 엄마의 삶에 부가적 스트레스가 되고 그것이 모성 소진을 불러올 수 있다.

작은 죄의식

이런 식의 이야기를 하는 엄마들이 있다.

"아들아이가 어떤 친구들을 만나고 다니는지 내가 알았다면 얼마나 좋을까요. 그랬다면 아들아이가 약물에 빠지는 일을 피할 수 있었을 텐데……" 혹은 "내가 그날 저녁 딸아이에게 자동차를 빌려주지 않았다면 딸아이는 죽지 않고 살아 있을 텐데!" 불행하게도 '~했다면……'이라는 생각에 괴로워하고 엄청난 스트레스를 받는 엄마들이 꽤 있다.

이렇듯 크고 작은 온갖 죄의식이 엄마들의 삶을 가득 채우고 있다. '~했어야 하는데' '~해야 하는데' 같은 생각은 그 자체로서는 별로 중요하지 않다. 하지만 시간이 흐르면서 별로 중요하지 않은 작은 죄의식들이 켜켜이 쌓이고, 결국엔 스트레스 요인이 된다. '당신은 살면서 어떤 죄의식을 느끼는가?'라는 질문에 엄마들은 이런 대답을 했다. "일주일에 서너 번씩 가족들에게 피자, 파스타 또는 냉동식품을 먹이는 것에 죄의식을 느껴요." "남동생의 생일을 기억했어야 하는데 전화도 걸지 못했어요!" "지하실에 아이들의 헌 옷이 가득 든 상자가 두 개나 있어요. 시간을 내서 그 상자를 재활용 상점에 갖다 줘야 하는데!" "큰아들은 자기가 아기였을 때의 사진을 모은 앨범을 볼 때마다 무척 즐거워해요. 딸아이의 사진도 산더미처럼 많은데 앨범에 정리하질 못하네요. 정리하자고 생각한 지가 몇 년이나 됐는데 말이에요." "출근하기 전에 다 함께 편안히 아침 식사를 하려면 더 일찍 일어나야 하는데……."

~해야 하는데…… (당신에게 해당되는 항목에 체크해보라.)

- 아이들을 더 인내심 있게 대하고 소리 지르지 말아야 하는데……
- 아이들에게 책을 더 많이 읽혀야 하는데……
- 아이들이 텔레비전을 덜 보게 해야 하는데……
- 운동을 더 많이 해야 하는데……
- 아이들과 더 많이 놀아줘야 하는데……
- 요리를 더 자주 해줘야 하는데……
- 시간을 내서 열다섯 살짜리 아들아이와 약물 문제에 관해 대화를 나눠봐야 하는데……
- 밀린 공과금을 오늘 안에 전부 납부해야 하는데……
- 이 항목 중에서 나에게 해당하는 것을 체크해야 하는데!

항목은 더 많아질 수 있다. 이런 항목들에는 상당한 스트레스와 피로가 동반되고, 장기적으로 엄마에게 모성 소진을 일으키는 데 결정적 역할을 하게 된다.

배우자의 스트레스

배우자가 느끼는 스트레스는 엄마에게도 영향을 주고, 엄마의 책임과 관련된 다양한 스트레스에 추가된다.

최근에 한 젊은 엄마는 남편의 불면증 문제가 자신의 정신적 안정에 어떤 영향을 미쳤는지 나에게 설명했다. 그녀의 남편은 얼마 전 직장에서 심각한 문제를 겪었고, 그로 인한 중압감 때문에 정신적으로 힘들었을 뿐 아니라 불면증까지 생겼다. 스트레스로 인한 불면증이었다. 남편의 스트레스는 가족들에게까지 영향을 미쳤다. 그녀는 남편의 힘을 북돋워 주기 위해 밤이면 세 아이를 조용히 시키고, 주말이면 남편이 충분히 쉴 수 있도록 여러모로 애를 썼다. 가정에서 남편의 책임을 덜어주기 위해 전보다 두 배 더 큰 책임을 감당했다. 온갖 방법으로 남편을 스트레스에서 보호하려고 애썼다. "학교에서 아이들에게 문제가 생겨도 남편이 더 큰 스트레스를 받을까 봐 남편에게 말할지 말지 망설여졌어요." 그런 이야기는 하지 말아야 할까? 아니면 불면증이 악화될 위험을 무릅쓰고라도 남편에게 털어놓는 편이 좋을까? 이런 종류의 딜레마가 오랫동안 지속되면 스트레스가 된다.

나는 배우자가 실직 상태이고, 그로 인해 스트레스에 직면한 엄마들의 증언을 수집했다. 그런 시기에 동반되는 많은 불확실성은 빨리 새 직장을 구하지 못할 경우 배우자에게 매우 힘들 수 있다. 불행하게도 실직은 부부를 우울한 기분으로 몰고 갈 때가 많다. 분노와 낙담이 때때로 의도와 달리 마음을 상하게 하는 언급의 형태로 표출되어 상대방에게 상처와 모욕을 준다.

아이 넷을 키우고 있고, 그중 막내는 생후 몇 달밖에 되지 않은 엄마 오드가 남편의 실직 때문에 겪고 있는 일을 이야기해주었다.

"집안 분위기가 끔찍해요. 남편은 거의 18개월 동안 실직 상태고, 앞으로 두 달이 지나면 실직수당도 더 받을 수 없게 돼요. 남편이 스트레스를 많이 받고 불안해한다는 건 나도 알고 있죠. 하지만 때때로 남편이 그 일을 내 책임으로 돌린다는 기분이 들어요. 남편은 입을 열었다 하면 나를 비난하죠. 내가 무슨 일을 하든 항상 트집을 잡아요. 내가 열심히 노력하든 노력하지 않든 상관없이요. 게다가 남편은 내가 집에서 아이들만 돌보는 걸 비난해요. 일을 다시 시작하길 바라죠. 하지만 아이 넷을 키운다는 건 쉬운 일이 아니에요. 내가 일을 다시 시작한다 해도, 봉급의 상당 부분이 놀이방과 베이비시터 경비로 빠져나갈 거예요. 나는 남편의 부정적인 태도와 비난이 없어도, 집에서 네 아이를 키우는 것만으로 힘들고 스트레스를 받아요. 몹시 괴로워요. 그래서 잠을 이루지 못하게 되었고 지친 상태예요."

배우자의 직업에 장래성이 없지만 가정의 경제적 필요 때문에 일을 그만두지 못하는 것이 문제일 때도 있다. 어떤 엄마는 남편이 가족 기업의 사활을 책임지기 위해 쉴 새 없이 일하기 때문에 자신이 엄마 역할과 아빠 역할을 모두 감당해야 한다고 나에게 털어놓았다. 사춘기인 아들이 아빠가 함께 시간을 보내주길 몹시 바라지만, 남편이 집에 있는 시간이 거의 없다는 것이었다. 그런 상황은 그녀에게 그야말로 도전이었다. 그녀는 혼자서 모든 책임을 감당하느라 어려움을 겪었고, 아들의 필요를 충분히 채워주지도 못한다는 기분이 들었다.

엄마의 스트레스는 남편의 스트레스와 밀접한 관련이 있다. 그러므로 남편의 스트레스가 엄마의 책임과 관련해 스트레스를 가중시킬 수 있음을 인정해야 한다.

아이들에게는 각자 개성이 있다

아이들 간에는 기질적 차이가 존재하며, 그 차이를 염두에 두고 양육해야 한다. 엄마와 반대되는 성격을 타고난 아이는 엄마에게 매우 큰 도전이다. 매우 외향적이고 에너지 넘치고 활동적인 엄마는 아이가 수동적이고 내성적일 경우 실망스러울 것이고 때로는 짜증이 날 것이다. 하지만 가장 힘든 경우는 기질이 나와 너무 비슷해서 짜증을 유발하는 아이를 다뤄야 할 때이다!

네 살 난 여자아이의 엄마 플로렌스가 나에게 털어놓았다.
"나는 딸아이를 누구보다도 사랑해요. 하지만 인간적으로 그 아이가 마음에 들지 않은 적이 많아요. 딸아이는 성미가 정말 까다롭거든요. 온갖 짓을 해서 나를 미치게 해요. 내가 신경질 내는 모습을 보려고 일부러 그러는 것 같기도 해요. 물론 상냥하고 다정하게 굴 때도 있죠. 하지만 두 가지 성격이 순식간에 번갈아 가며 나타나서, 내가 정말로 그 애를 제대로 아는 건지 잘 모르겠어요. 딸아이가 또 하나 있는데, 그 애는 전혀 그렇지 않아요. 그 아이를 돌보는 게 훨씬 편하고 좋아요. 그래서 마음속으로 무척 죄의식을 느낀답니다."

우리는 지인, 친구, 배우자를 성격과 개성에 따라 선택할 수 있다. 하지만 아이는 그럴 수가 없다. 아이들은 각자 개성을 가지고 태어난다. 엄마가 통제할 수 없는 요소인 것이다. 이것 또한 시간이 흘러갈수록 무시할 수 없는 스트레스 요인이 된다. 하지만 그런 차이가 우리 엄마들의 경험을 더 다양하고 풍부하고 흥미롭게 만든다는 것을 염두에 두어야 한다. 아이들의 다양한 개성은 우리에게 스트레스를 줄 수 있지만, 우리를 감탄하게 만들거나 큰 만족감을 안겨줄 수도 있다. 그러므로 아이들의 개성을 잘 다루는 것이 중요하다.

사람에 따라 똑같은 스트레스 요인에 다른 반응을 보인다. 이를테면 나에게는 소음이 큰 스트레스이고, 소음에 익숙해지는 데 어려움을 겪는다. 하지만 당신의 경우에는 다른 유형의 스트레스 때문에 인내심과 에너지를 많이 소모할 수도 있다. 지금까지 열거한 숨겨진 스트레스 요인은 2장과 8장에서 살펴본 스트레스와 관련이 있으며, 엄마 역할을 한다는 것이 극도로 스트레스 받는 일이라는 매우 명확한 메시지를 우리에게 전해준다.

이런 현실에서 육체적 정신적 심리적 균형을 보존하고 싶다면, 스트레스 요인을 식별하고 그 영향과 결과를 잘 파악해야 한다. 그러면 그 스트레스 요인을 효율적으로 관리하게 해주는 전략을 세울 수 있을 것이다.

11장

"선생님, 심각한 문제인가요?"

"세상의 미래는 엄마의 손에 달려 있다."

― 드 보포르

11

모성 소진의 결과

생후 3개월인 엘리즈는 뚜렷한 이유 없이 밤낮으로 자주 울고, 엄마 엠마는 엘리즈의 울음소리를 견디지 못한다. 낮에는 그 소리에 스트레스를 받고, 밤에는 그 소리 때문에 잠을 이루지 못한다. 최근 엠마는 병원에서 진찰을 받았다. 엘리즈가 태어나기 전에는 어쩌다 한 번씩 두통을 겪었는데, 이제는 심한 두통을 달고 살다시피 하기 때문이다.

나탈리에게는 아이가 둘 있다. 열세 살인 베아트리스와 열여섯 살인 마리안이다. 맏이인 마리안과 나탈리의 관계는 팽팽하다. 의사소통도 잘 안 된다. 마리안은 자유와 독립을 갈구하고, 나탈리는 그것을 걱정한다. 토요일이면 마리안이 외출에서 귀가하기를 몇 시간이고 기다린다. 여러 번 대화를 시도했지만, 마리안의 행동 때문에 매우 걱정스럽고 스트레스를 받는다는 것을 이해시키지 못했다. 얼마 전에 나탈리는 위통이 점점 더 빈번해지는 것을 깨달았다. 밤늦게까지 딸아이가 귀가하기를 기다릴 때마다 위통은 더욱 악화되었다.

이 두 엄마가 장기간에 걸쳐 경험한 스트레스는 스트레스와 관련해 일반적으로 나타나는 두통과 위통이라는 두 가지 증상으로 표출되었다. 하지만 내가 이야기를 나눠본 많은 엄마들의 경우를 보면 스트레스가 유발하는 생리적 증상이 이 둘뿐만은 아니다.

스트레스와 소진: 유사성과 차이점

앞에서, 강조했듯이, 소진이라는 현상은 스트레스와 밀접한 관련이 있다. 소진은 스트레스의 직접적 결과이다. 소진은 중간 강도의 스트레스가 오랫동안 빈번하게 누적된 결과로 나타난다. 소진에 대해 잘 설명하기 위해, 우리는 우선 스트레스의 작용에 대해 알아볼 필요가 있다. 왜, 어떻게 그런 작용이 일어나는지, 그것이 신체에 미치는 영향은 어떤지 좀 더 자세히 살펴보아야 한다. 그러면 소진이라는 현상이 어떻게 펼쳐지며, 그 생리적 인지적 행동적 결과는 어떤지 알 수 있을 것이다.

좋은 스트레스? 나쁜 스트레스?

1907년 빈에서 태어났고 '스트레스의 아버지'라고 불리는 한스 셀리에 박사(Dr. Hans Selye)는 사십 년 동안 캐나다에서 스트레스와 그 영향에 대해 연구했다. 그는 스트레스와 생리적 증상 사이에 상관관계가 있고, 스트레스로 인해 신체에 질병이 생길 수 있다는 것을 최초로 밝혀냈다. 그는 이렇게 말했다. "스트레스가 전혀 없다면 그것은 곧 죽음이다." 이 말은 스트레스가 반드시 나쁘기만 한 것은 아니라는 의미를 담고 있다. 스트레스는 인간의 생존을 보장하는 필수 요소이기도 하다.

셀리에는 일반 적응 증후군(General Adaptation Syndrome, GAS)을 처음 발견하기도 했다.[39] 이 증후군은 스트레스 상황에 대처하려는 우리의 신체 반응을 잘 설명해준다. 이것은 외부 혹은 내부의 사건에 의해 유발될 수 있으며, 내분비체계(호르몬 계통)와 신경체계에 경계 신호를 보낸다. 이 경계 신호 덕분에 주변의 위험에 대처할 수 있고, 1929년 월터 캐논(Walter Cannon)이 설명한, 위협적인 상황에 노출된 동물에게 나타나는 투쟁 또는 회피(fight or flight) 반응[40]을 준비할 수 있다. 이런 의미에서 스트레스는 우리가 주변 환경에 적응하도록 해주는 긍정적 반응이다.

셀리에에 따르면, 스트레스의 적응 메커니즘은 '경계, 동화나 인내, 고갈'의 세 단계로 이루어진다. 이것이 구체적으로 어떻게 기능하는지 살펴보자. 육체적 정서적 스트레스를 감지하면 우리는 셀리에가 말한 첫 단계, 즉 경계 단계에 착수한다. 신경체계가 즉시 메시지를 보낸다.

---

39 H. 셀리에, 『삶의 스트레스』, 뉴욕, 맥그로-힐, 1976년.
40 W. B. 캐넌, 『고통, 굶주림, 공포, 분노를 겪을 때 몸의 변화』, 뉴욕, 브랜퍼드, 1929년.

1. 뇌에서 근육으로 반응이 전달된다.
2. 뇌에서 자율신경체계로 동맥압, 심장박동, 혈당이 증가한다. 적혈구 수치가 증가해 근육에 산소가 더 잘 운반되게 만들고, 장(腸) 기능을 둔화시킨다. 이것은 모두 육체적 에너지를 끌어올리기 위한 것이다.
3. 뇌에서 혈액 속 아드레날린 수치를 증가시키는 부신(副腎)으로 신체 전체를 자극한다. 신체가 자신을 위협하는 스트레스 상황에 대처하기 위한 최적의 상태에 놓인다.

둘째 단계, 즉 오랫동안 스트레스를 겪는 상황에서 발생하는 동화나 인내 단계에서는 체온, 동맥압, 호흡수가 높아진다. 신경체계가 감정을 관장하는 중추, 즉 시상하부에 스트레스 메시지를 보내고, 이로써 내분비체계의 반응이 개시된다. 호르몬 체계는 신경체계보다 천천히 기능하지만, 그것이 신체에 미치는 영향은 더 오래 지속된다. 호르몬 체계는 뇌하수체와 갑상샘 등 우리 신체의 다양한 샘들에 영향을 미치며, 여성의 생리주기에 따라 신체기관의 많은 기능과 백혈구 형성을 조절한다.

스트레스가 오래 지속되면 셋째 고갈 단계 동안 비축된 에너지를 쓰게 되는데 신체기관의 기능이 저하되고 쉽게 질병에 걸린다. 최악의 경우 죽음에 이르기도 한다. 엄마가 아이를 살리기 위해 차량 통행이 빈번한 큰길 한가운데로 뛰어 들어가는 것도 GAS 때문이다. 또한 GAS는 길고 고통스러운 출산 과정을 겪은 후 마지막으로 '힘을 주기' 위한 에너지를 엄마에게 부여하고, 마침내 갓난아기를 품에 안았을 때 비할 데 없는 행복감을 선사한다. 이렇듯 GAS는 수많은 기능을 가진 경이로운 적응 메커니즘이다.

하지만 GAS에는 상당한 위험도 포함되어 있다. 스트레스의 부정적 영향을 논할 때 이 점을 염두에 두어야 한다. 이 적응 메커니즘은 특수하지 않다. 직면한 스트레스 상황이 어떠하든, 그 스트레스가 일시적이든 만성적이든, 긍정적이든 부정적이든 똑같은 생리적 반응을 일으킨다. GAS는 주로 우리 신체가 움직이고 자신을 방어하도록 돕기 위해 단기적으로 기능하는 메커니즘이다. 스트레스가 짧게 지속될 때 이 메커니즘은 완벽하게 기능한다. 최대한 효율적으로 행동할 힘을 우리 신체에 부여하고, 스트레스의 강도가 약화되면 중압감을 완화해준다. 하지만 스트레스 요인이 오랫동안 지속되고 신경체계가 정상적인 상태에서 휴식을 취할 기회가 별로 없을 때, 우리의 신체는 '나쁜 스트레스' 신호를 보이기 시작한다. 엄마들이 받는 스트레스는 지속 기간이 길 뿐 아니라 통제력을 벗어날 때가 많은데, 이것은 '나쁜 스트레스'의 특징이기도 하다.

단기적으로 GAS는 근육, 샘 그리고 신체기관에 강장 신호를 보낸다. 그렇게 힘을 받고 자극받은 근육과 기관은 시간이 흐르면서 피로해지기 시작한다. 최근에 오랫동안 높은 스트레스 호르몬에 노출된 사람의 뇌를 찍은 자기 공명 촬영(MRI) 영상을 볼 기회가 있었다. 그 영상을 보니 정보 기억 과정에서 가장 중요한 역할을 담당하는 측두부의 해마 부분이 현저히 수축되어 있었다.[41] 이 현상은 장기간에 걸쳐 심각한 스트레스를 받은 사람들이 기억력에 혼란을 겪는 이유를 설명해준다.

지금까지 보고된 스트레스와 관련된 육체적 증상은 우리가 앞에서 이

---

41 R. 사폴스키, 「스트레스와 뇌의 수축」, 『디스커버』, p. 116~120, 1999년(3월).

야기한 두통이나 위통에 한정되지 않으며, 다음과 같은 증상도 포함한다.

- 음식을 삼키기 힘든 증상(식도 경련)
- 불면증
- 탈모
- 설사
- 변비
- 앓치증(戛齒症, 이갈이)
- 기억력의 혼란
- 목과 등의 확산성 통증
- 식은땀
- 구토증
- 현기증
- 가슴 통증
- 근육 경련
- 건선 등의 피부 트러블
- 천식 등 알레르기 증상
- 호흡 과다
- 심장 부정맥
- 그 밖의 증상들

미국 잡지 『프리벤션』에 따르면, "스트레스는 암, 고혈압, 심장병, 당뇨병, 천식, 알레르기, 궤양, 결장염, 알코올 중독, 니코틴 중독, 비만, 두통 등의 통증을 비롯해 온갖 질병의 발발과 진행에 점점 더 많이 관련된다"[42]고 한다. 이뿐만이 아니다. 세계보건기구(World Health Organization, WHO)는 세계적으로 병원을 방문하는 환자의 4분의 1이 스트레스로 문제를 겪고 있다는 점에 주목했다.[43]

6장에서 언급했듯이, 스트레스는 우리의 면역체계에 큰 영향을 미친다. 면역체계는 질병에 맞서 최선의 방법으로 스스로를 방어한다. 사실 우리의 면역체계는 박테리아, 바이러스 및 외부의 다른 공격들을 고립시키고 파괴함으로써 우리의 신체를 보호하는 복잡한 감독체계이다. 이 체계에는 림프구라고 불리는 두 가지 유형의 백혈구가 포함된다. B림프구는 골수에서 형성되며, 박테리아 감염에 맞서 싸울 항체를 생성한다. T림프구는 흉선(胸線) 및 다른 림프 조직에서 형성되며, 암세포, 바이러스 그리고 신체기관에 침입한 낯선 물질에 맞서 싸우는 일을 담당한다. 대식세포(大食細胞)는 면역체계의 또 다른 동인(動因)이다. 이것은 혈액의 단핵세포에서 파생된 커다란 세포로, 체내에 들어온 이물질, 세균, 바이러스 등을 병합하고 파괴한다. 나이, 식습관, 유전자 배열, 체온 그리고 스트레스는 면역체계에 영향을 미치는 요소이다.

그런데 우리의 면역체계는 무턱대고 기능하지 않는다. 사실 면역체계는 뇌 그리고 호르몬 생성을 담당하는 내분비체계와 끊임없이 정보를 교환한다. 뇌는 림프구의 활동을 축소하는 아드레날린, 노르아드레날린, 코르티솔 같은 스트레스 호르몬의 분비를 조절한다. 동물을 태어나

---

42 『프리벤션』, 1987년 9월.
43 N. R. 사르토리우스, 「WHO 정신건강 프로그램 설명서」, W. J. 로너와 R. 맬패스(éds.), 『심리학과 문화』, 보스턴, 앨린 & 베이컨, 1994년.

자마자 어미에게서 분리시키고, 우리 안에 가둔 뒤 전기충격을 주고, 극심하고 지속적인 소음에 노출시키고, 억지로 찬물에 목욕시켰더니 면역체계가 상당히 많이 약화되는 것을 볼 수 있었다.[44]

스트레스가 면역체계에 미치는 이런 영향은 사실 매우 논리적이다. 스트레스는 투쟁 또는 회피 반응을 일으킨다. 그러기 위해 우리의 신체가 행동에 돌입하도록 에너지의 방향을 근육과 뇌 쪽으로 돌린다. 그리하여 모든 면역 반응이 경쟁에 돌입한다. 감염에 맞서 투쟁하려면, 그리고 체온을 높은 수준으로 유지하려면 많은 에너지가 필요하기 때문이다. 병이 나면 신체는 활동하지 않고 수면을 취함으로써 근육 에너지의 생성을 줄인다. 스트레스를 받으면 에너지의 방향이 면역체계 쪽으로 바뀌고, 우리의 몸은 질병에 더욱 취약해진다. 결론적으로 우리가 병에 걸리는 이유는 스트레스 자체 때문이 아니라, 우리의 면역 기능에 작용하는 스트레스의 영향 때문이다. 그래서 우리의 몸이 외부의 공격에 더 취약해지는 것이다.[45]

스트레스가 멈추는 곳에서 소진이 시작된다

나는 스트레스가 멈추는 곳에서 소진이 시작된다는 말을 자주 한다. 소진이 스트레스와 아무 관련이 없다는 뜻은 아니다. 내가 말하고자 하

---

44 S. F. 마이어, L. R. 왓킨스 그리고 M. 플레슈너, 「심리신경면역학: 행동, 뇌, 면역 사이의 접점」, 『아메리칸 사이콜로지스트』, 49, p. 1004~1017, 1994년.
45 앞의 책, p. 204.

는 것은, 소진이 셀리에 박사가 일반 적응 증후군에서 설명한 셋째이자 마지막 단계, 즉 고갈 단계에 뒤이어 나타난다는 것이다. '다음 회에 이어서'라는 자막이 나온 뒤, '소진'이라는 제목이 붙은 다음 회가 방영되는 텔레비전 연속극처럼 말이다.

고갈은 지속적인 스트레스 상태에 노출된 우리 신체에 찾아와 한동안 계속되면서 우리의 에너지를 모두 소모해버린다. 그리하여 휩쓸리고 압도되는 느낌을 받고, 신체 능력이 위태로워진다. 육체적 정서적으로 힘이 다 빠져버린다. 한스 셀리에의 스트레스 설명은 이 고갈 단계에서 멈추지만, 이후 소진 현상으로 연결된다고 볼 수 있다. 소진은 장기간 경험한 스트레스의 결과가 어떤 양상으로 나타나는지를 명확히 설명해준다.

여기서 소진의 세 단계에 처한 개인이 어떤 경험을 하는지 간단히 설명하고 넘어가자.

육체적 정서적 고갈

이 단계는 한스 셀리에가 설명한 단계와 똑같다. 이 단계에 처한 사람은 스트레스 받는 상황에 대처하기 위해 오랫동안 사용했던 내적 수단이 모두 고갈된 상태이다. 육체적 정서적으로 남은 에너지가 전혀 없다. 어떤 반응을 보일 수도 없다. 스트레스 상황이 멈추지 않아 에너지가 계속 자극을 받지만 별 소용이 없다. 이후에는 소진의 둘째 단계로 이어진다.

거리 두기/초연함

이 단계에 처한 사람은 상황을 타개할 능력이 없음에도 계속 대처해야 한다. 그리하여 자신을 고갈시키는 스트레스 요인으로부터 육체적 정서적으로 거리를 두게 된다. 스트레스 상황을 더는 위협적으로 감지하지 않는다면, 그 상황이 예전처럼 자신에게 타격을 입히지 못할 것이며 과거처럼 에너지가 소모되지 않으리라는 것을 무의식적으로 느끼기 때문이다. 이 사람은 소진의 셋째 단계로 진입하기를 기다리는 일종의 스탠바이 상태에 있는 셈이다.

과거, 현재 그리고 미래의 수행에 대한 부인/생산성과 효율성 저하

이 단계에서는 힘과 에너지가 없어져 자신감을 잃고 자신이 한 일에 대한 믿음도 잃는다. 자신이 계획했던 바에 부응하지 못하고, 스스로 그것을 안다. 자신의 판단과 행동을 부적절하게 느낀다. 매사에 불안과 의심이 들고 자신에 대해 부정적인 이미지를 가지며 혹독한 자기비판을 하게 된다.

이 단계에 다다르면 소진의 징후가 나타난다. 이 징후들은 세 가지 범주로 분류된다. 이 징후들은 스트레스의 신체적 발현이지만 본질적으로는 육체적이지 않다.[46][47]

46　L. K. 햄버거와 G. V. 스톤, 「인적 서비스 종사자들을 위한 소진 예방책: 조직적 접근을 위한 제안」, 『저널 오브 홀리스틱 메디신』, 5, p. 149~162, 1983년.
47　D. 밀러, 「직업에서의 사망률과 소진: HIV/AIDS 환자 간호인들을 위한 교훈과 경고」, 『인터내셔널 리뷰 오브 사이키어트리』, 3, p. 439~449, 1991년.

1. 소진의 생리적 징후
    - 육체적 고갈
    - 수면 장애
    - 확산성 통증
    - 만성 피로 증후군

2. 소진의 인지적 징후
    - 불쾌감(질병 상태)
    - 자신의 문제에 대해 타인이나 시스템을 비난하는 경향
    - 고립과 감정적 초연함
    - 과민증
    - 무력감
    - 비관론
    - 권태
    - 우울한 상태
    - 우유부단함
    - 집중력 저하
    - 완고함
    - 편협함
    - 냉소주의
    - 자신에 대한 부정적 이미지
    - 자신의 삶을 통제하지 못한다는 느낌

3. 소진의 행동적 징후
- 생산성 저하
- 쉽게 흥분함
- 낙담
- 화를 잘 냄
- 충동성
- 내향 성향
- 약물이나 알코올 같은 중독성 물질 소비

소진의 악순환은 대개 무관심이나 자신에게 맡겨진 임무를 제대로 완수하지 못하는 무능력으로 귀결된다. 소진의 여파는 만성적 스트레스의 결과에 필적한다. 소진의 독특하고 특수한 측면이 갖가지 질병을 유발하는 것이다.

육체적, 정서적 그리고 심리적 결과

우리는 엄마들이 쉽게 소진에 이를 수 있음을 잘 알게 되었다. 엄마의 일상에 존재하는 많은 스트레스 요인들이 몇 달, 길게는 몇 년씩 지속되면서 소진에 이르게 하기 때문이다.

육체적 정서적 고갈은 모성 소진의 최초의 전조 신호이다. 엄마들 중 화난 어조나 절망적인 어조로 "난 이제 속수무책이야. 한계에 다다랐어"라고 말해보지 않은 사람이 있겠는가? 수면 부족, 울음, 비명, 변덕, 매일 하는 집안일에 대한 책임, 아이들의 다양하고 동시적인 요구, 학교 문제, 유아 때 앓는 질병이나 계절성 질병, 경제적 문제, 부모로서 내려야 할 결정들은 엄마에게 스트레스를 준다. 그리고 이 스트레스 요인들은 통제력 부재, 인정과 정서적 지원의 부재, 적절한 교육의 결핍과 관련해, 엄마의 생리적 정서적 안정에 실제적 위협이 된다.

우선 육체적 고갈이 나타난다. 장기간 계속된 피로로 인한 스트레스가 앞에서 언급한 육체적 문제를 일으킨다. 가장 흔한 것이 두통, 구토감, 위통, 등의 통증, 현기증, 기억력의 혼란이다. 엄마들은 긴장을 풀고 쉴 기회가 별로 없으므로, 시간이 갈수록 피로가 쌓이고 정서적 고갈이 일어난다. 1920년대 초반 생리학자 월터 캐논은 스트레스라는 현상이 신체와 정신 사이의 매우 밀접한 관계에 기인한다고 주장했다. 하나가 없으면 다른 하나도 기능하지 못하며, 둘은 서로 영향을 주고받는다. 신체가 고갈되면 얼마 지나지 않아 정신까지도 피로해진다. 사람이 힘든 상황과 대면하려면, 신체에 그럴 수 있는 에너지가 있어야 한다. 신체에 그럴 에너지가 없으면, 정신에도 그런 에너지가 없어진다.

생리적으로 고갈된 엄마는 아이들을 돌보는 능력에 타격을 입는다. 주의력을 가지고 특별한 행동을 해야 하는 상황에서 원하는 만큼 민첩하게 개입할 힘이 없어진다. 아이들을 위해 그렇게 하고 싶지만, 어디서 그 힘을 퍼 올려야 할지 알지 못한다.

어느 젊은 엄마가 나에게 이야기했다.
"아들 쥘리앵이 지금 생후 5개월인데, 나는 그 애가 태어난 이후 잠을 푹 자본 적이 없어요. 쥘리앵은 체액 역류 증상이 있고, 하룻밤에도 몇 번씩 울면서 잠에서 깨어나요. 옆에서 지키며 아이를 달래주고 힘도 북돋워주고 싶어요. 하지만 잠에서 깨어 일어날 때마다 다리에서 힘이 쭉 빠져요. 그래서 발을 질질 끌다시피 해서 걸어가 간신히 아이를 품에 안아요. 몸 전체가 쑤시고, 어떤 때는 다시 일어나지 못할 것 같은 느낌이 든다니까요."

    육체적 고갈에 동반되는 정서적 고갈은 아이의 정서적 요구에 더는 부응할 수 없을 것 같다는 느낌으로 표출된다. 예를 들어 아이들이 다퉈서 엄마가 달래고, 진정시키고, 안심시키고, 도와주거나 딱 잘라 해결해주는 등 중재자 역할을 해야 하는 상황이 엄마에게는 침착함, 객관성, 집중력, 효율성 그리고 무엇보다도 인내심을 요구하는 고생스러운 상황이 되어버린다. 그런데도 엄마의 정서적 책임감은 여전히 남아 있다. 엄마는 한계를 넘어섰다고 느낄 정도로 늘 최선을 다하려고 노력한다. 그리하여 결국 초조함과 과민함에 직면해 쉽게 소리 지르고 화를 내며, 그런 다음에는 몹시 후회한다. 삶은 똑같은 양상으로 계속된다. 엄마는 끊임없이 자극받고, 그리하여 스트레스가 만성적으로 자리를 잡는다.

    책임을 계속 감당하는 것 외에 엄마에게 다른 선택의 여지가 없는 이상, 엄마는 이따금 자신을 둘러싼 스트레스 상황으로부터 거리를 두는 경향을 보인다. 그리고 소진의 둘째 단계, 즉 거리 두기 혹은 초연함의 단계로 이행한다. 스트레스 요인이 정서적으로 자신에게 타격 입히는 것을 엄마가 더 이상 허락하지 않을 경우, 즉 엄마가 일종의 무관심과 초연함으로 스트레스와 마주할 경우, 그것에 대처하는 데 필요한 에너지는 더는 중요하지 않게 되며 엄마는 정서적 요구에도 반응하지 않게 된다. 스트레스 상황에 무관심하게 대처하면 엄마는 절대 불쾌해지거나 상처 받지 않는다. 그리하여 정서적 여파를 두려워하지 않고 좀 더 침착하게 스트레스 상황에 접근할 수가 있다. 이렇듯 엄마들은 본능적으로 자신을 보호한다. 이런 방어 메커니즘을 사용하지 않으면, 돌발사건이 발생할 경우 육체적 정서적으로 무너질 수 있다는 것을 느낀다.

아이들에 대한 엄마의 이런 초연함은, 숨겨진 이유를 이해하지 못할 경우 비정상적이거나 매우 충격적으로 보인다. 얼마 전 나는 아이 넷의 엄마인 친구 하나와 꽤 큰 공원 근처에서 대화를 나누었다. 20분가량 이야기를 하고 있는데, 주위에서 놀던 네 살 난 셋째 아이가 갑자기 보이지 않았다. 걱정돼서 그 사실을 친구에게 말했더니, 친구는 아이가 한동안 눈앞에서 사라지는 것도 이젠 익숙해졌다고 대답했다. 그 아이는 엄마 눈앞에서 갑자기 사라져버리는 버릇이 있어서, 예전에도 여러 번 기진맥진할 정도로 자기를 걱정시킨 적이 있다는 것이다. 친구는 이렇게 말했다. "굉장히 불안하지만, 이제는 아이가 없어져서 정말 길을 잃어도 어쩔 수 없다는 생각이 들어. 인생이란 그런 거지. 그런 비극이 일어날 수도 있다는 걸 받아들였어……." 친구는 그 아이에게 또 다른 문제도 있다고 털어놓았다. 몇 달 전부터 자동차에 타면 안전벨트를 매지 않겠다고 고집을 부린다는 것이다. 안전벨트를 매주려고 할 때마다 몸부림을 치고 울부짖으며 한껏 버텨서, 단념할 수밖에 없게 만든다고 했다. 아이의 안전이 염려되어서 아이가 굴복하도록 엄하게 야단쳤지만, 상황은 더욱 심각해질 뿐이었다.

시간이 흐르자 투쟁할 힘조차 없어졌다. 자동차를 타고 어딘가로 갈

때마다 아이가 비명을 지르고 몸부림칠 거라는 생각에 마음이 불안했다. "그 문제로 엄청나게 자주 갈등을 빚었지만 결국 포기해버렸어. 이젠 안전벨트를 매지 않고 다녀. 급히 브레이크를 밟을 일이라도 생기면, 아이가 튀어나가 앞 유리창에 부딪히기라도 할까 봐 걱정돼. 하지만 그럴 수도 있는 일이라고 생각하기로 했어. 이제는 싸울 에너지도 없으니까."

이런 이야기가 놀랍게 느껴지고 이런 엄마가 놀라워 보일 수도 있다. 나도 이 친구가 참 대단하다고 생각한다. 이 친구는 매우 헌신적이고, 아이들을 잘 돌본다. 하지만 네 아이를 키우면서 쌓인 피로와 스트레스, 인정과 정서적 지원의 부재로 힘과 에너지를 조금씩 잃어버렸다. 그래서 고의는 아니지만 거리 두기와 초연함을 자기 보호 수단으로 선택하게 되었고, 덕분에 엄마의 책임을 계속 감당할 수 있게 되었다. 엄마라는 일을 '사직'하는 것은 그녀의 선택사항이 될 수 없었다. 그래서 현실적으로 가능한 방법을 찾은 것이다.

거리 두기 또는 초연함 단계에 있는 엄마들은 자신감과 자존감에 뚜렷한 타격을 입는 위험을 무릅쓰게 된다. 완벽한 엄마에 대한 신화는 지하 감옥에 처박히고, 좋은 엄마로서의 가치와 능력을 최소화하는 경향을 띠게 된다. 그리하여 소진의 셋째 단계이자 마지막 단계, 즉 과거, 현재 그리고 미래의 수행에 대한 부인 단계로 진입한다. 에너지가 고갈되고 정서적으로 초연해지는 경향이 심해진다. 다른 한편으로, 주변 사람들의 인정과 정서적 지원을 받지 못하면 혹은 주기적으로 비난이라도 받으면 자기비판에 빠질 것이고, 자신이 수행한 일의 부정적 측면만 보게 될 것이다.

이 단계에서 소진의 부정적 악순환은 피할 수 없어 보인다. 모성 소진 현상에 대해 모르는 엄마들은 낙담과 스트레스 속에 고립된다. 자기 혼자만 그런 딜레마를 겪는다고 생각한다. 더는 어쩔 도리가 없다고 느끼고, 주변의 엄마들은 자기보다 상황을 잘 헤쳐 간다고 느낀다. 이것이 그들의 무력감을 더욱 크게 만든다.

우울증은 모성 소진의 매우 흔한 결과 중 하나다. 스트레스와 고갈이 절정에 다다르고, 스스로에 대한 이미지가 부정적이 된다. 미래를 내다봐도 스트레스가 끝이 없을 거라고 확신하게 된다. 과민성, 인내심 부족, 분노가 우울한 상태에 앞서거나 동반되거나 뒤따른다. 몇몇 연구에 따르면, 우울해하는 엄마들은 다음의 두 가지 방법으로 주변 사람들과 상호작용을 한다고 한다.

1. 회피
2. 분노 어린 개입

회피에 기반을 둔 상호작용을 하는 엄마들은 아이들과 거리를 둔다. 아이들의 눈길을 피하고, 아이들이 보내는 의사소통 신호를 무시한다. 분노 어린 개입에 기반을 둔 상호작용을 하는 엄마들은 많은 시간을 아이들과 함께 보내지만, 행동에는 분노와 원망의 흔적이 뚜렷이 남아 있다. 연구자들은 이 두 가지 상호작용이 모두 아이들에게 코르티솔이라는 스트레스 호르몬 분비를 증가시킨다는 것을 입증했다.[48] 그래서 내가

---

48 M. 라드케-애로, 『우울한 엄마의 아이』, 케임브리지, UK, 케임브리지 대학교 출판부, 1998년.

엄마의 모성 소진이 주변 사람들, 특히 아이들에게 영향을 미친다고 말한 것이다.

아이들에게 미치는 모성 소진의 영향

고통받는 엄마들을 비난하려는 의도는 전혀 없다. 나는 엄마들이 죄의식을 느끼는 것을 원치 않는다. 그저 모성 소진 현상에 대한 공감과 깊은 이해를 유도하고 싶을 뿐이다. 무엇보다도 내 목표는 모성 소진에 대한 인식을 고취하고 사실을 알려서 변화와 예방을 유도하는 것이다.

아이들은 엄마의 소진으로 고통받는 최초의 존재일 경우가 많다. 엄마는 격분, 우울증, 피로, 인내심 부족 때문에 엄하게 행동하고 자신의 감정을 격하게 표현한다. 이 경우 엄마가 하는 말은 마치 날카로운 단검처럼 아이들의 마음에 상처를 준다. 가장 신뢰하고 가장 중요하게 여기는 사람의 입에서 나온 말인 만큼 더욱 상처를 남긴다. 그리하여 아이들 쪽에서도 자신의 주장을 관철하기 위해 소리를 지르게 되고, 엄마는 공격성이나 폭력으로까지 치달을 수 있는 엄격한 훈육 방식에 더욱 의존하게 된다. 아이들은 심한 스트레스 상태에 처해 두려움, 낙담, 불안, 내향적 성향을 띠게 된다. 스트레스 호르몬 생성은 어른에게만 해당되는 현상이 아니다. 아이들도 포함된다. 스트레스를 받으면 아이들의 건강과 심리적 정서적 안정이 장기간에 걸쳐 타격을 입는다.

회피와 무관심은 모성 소진의 또 다른 결과이다. 에너지와 인내심이 없어진 엄마는 단념해버리고, 아이들에게 일어나는 일에 무관심해진다.

아이들은 엄마가 자신을 버려두고 돌보지 않는다고 느끼며, 더는 의지할 수 없는 엄마에게 원망과 분노를 보인다.

 엄마가 겪는 소진은 통제되지 않는 공격적 행동이나 무관심의 형태로 표출되며, 그로 인해 아이는 부정적인 타격을 입는다. 자존감과 자신감에 혼란이 오고, 가정이나 학교에서 적절하지 않은 행동을 보인다. 복종을 거부하고, (아이의 나이가 몇 살이든) 엄마와의 대화가 줄어드는 경향을 보인다. 의사소통 부족이 갈등을 유발하고, 갈등은 가정 분위기를 무겁게 만들며, 갈등 속에서 신뢰 관계가 손상된다. 아이의 학교 성적이 떨어지고, 어른들, 특히 권위가 있다고 여겨지는 어른들 및 다른 아이들과의 관계에서 분노, 불안, 낙담이 표출된다. 아이는 장기간에 걸쳐 자신의 삶과 주변 사람들에게 통제력을 행사하지 못한다는 느낌을 받는다. 그리하여 독립심과 자신감이 부족해지며, 비관적이고 비사교적인 성격이 된다.[49]

모성 소진과 아동 학대

 아동 학대는 언급하기가 매우 조심스럽지만 무척 중요한 주제다. 이 주제를 음지에서 끌어내 다루어야 한다. 아동 학대 문제는 상상할 수 없고 변명의 여지가 없어 보이기 때문에 두려움을 유발한다. 하지만 이 문제는 현실적으로 존재하며, 이 문제에 관해 이야기하는 것은 이 현상을 조금이라도 줄이는 데 도움이 될 것이다.

---

49 E. 매코비, 『사회성 발달: 심리적 성장과 부모-아이의 관계』, 뉴욕, 하코트 브레이스 조바노비치, 1980년.

통계에 따르면, 불행히도 아동 학대 사건은 계속 증가 추세에 있다. 미소아과학회(American Academy of Pediatrics, AAP)는 지난 10년간 아동 학대가 63% 증가했다고 보고했다. 학대 아동을 위한 미국 자문위원회에 따르면, 미국에서 적어도 2,000명의 아이가(하루 평균 5명) 부모나 보호자의 손에 죽는다고 한다. 역시 미국에서 매년 약 18,000명의 아이가 학대로 인해 심각한 장애를 입고, 약 142,000명의 아이가 중상을 입는다.[50]

우리는 아동 학대에 대해 무엇을 알고 있는가? 프랑스 국립 분산 사회 행동 관측소(Observatoire national De l'Action Sociale décentralisée, ODAS)는 다음의 정의를 제안했다. "학대받은 아이는 육체적 폭력, 정신적 가혹 행위, 성적 학대 등 중대한 과실의 희생자이다. 이것은 아이의 육체적 심리적 발달에 심각한 영향을 미친다."

오늘날 학대는 많은 가정의 아이들에게 일어나지만, 아이들은 그것을 정상 상태로 인지한다. 그 아이들은 완벽하게 고립되어 고통받는다. 실제 통계 수치가 그것에 대해 말해준다.[51] 아동 학대 사건의 양상은 다음과 같다.

- 육체적 폭력 69.20%
- 심리적 폭력 61.90%
- 성폭력 12.90%

---

50 『아동 학대와 방임의 폭풍 가라앉히기』, 미소아과학회, 2004년.
51 R. 에잇 알리와 M. 샤르니에, 「학대 받은 아동, 늘 진행 중인 고통」, 인터넷 기사, 2003년.

연령별로는 다음과 같이 나타난다.

- 0~3세   23%
- 4~6세   22%
- 7~9세   19%
- 10~12세 18%
- 13~15세 12%
- 16세 이상 6%

4세 이하 아이들이 주된 희생자이다. 이 아이들은 무방비 상태이며, 보호자의 육체적 공격을 피하지 못한다. 외부 사람에게 자신을 보호해 달라고 요청할 수도 없다.

아동 학대를 유발하는 요인에는 여러 가지가 있다. 그중 주요한 요인은 다음과 같다.

- 가족의 과거
- 가족 구성 상황(아이들의 수)
- 가정 환경
- 주변 공동체의 특성(사는 지역, 이웃과의 관계 등)

학대를 조장하는 특성과 요인은 때에 따라 달라진다. 그러나 미소아과학회는 학대를 유발하는 주된 요소는 항상 똑같다고 말한다. 바로 스트레스다. 스트레스를 다스리는 방법을 배우지 못한 부모는 울거나 대소변을 가리지 못하는 것 같은, 아이가 하는 지극히 정상적인 행동 때문에 아이를 학대하게 되는 것이다.

나는 20대였을 때, 그러니까 엄마의 스트레스 문제에 별로 관심이 없었을 때, 나보다 열두 살 정도 나이가 많은 선배를 방문한 적이 있다. 그 선배는 워싱턴 근처의 볼티모어에 살고 있었고, 일곱 살과 네 살인 두 딸이 있었다. 어느 날 두 딸이 오랫동안 말다툼을 벌였고, 선배는 말 그대로 머리끝까지 화가 났다. 그녀는 울면서 소리 지르는 두 딸을 붙잡아 질질 끌어 방에 데려다 놓았다. 외출할 준비를 해야 했기 때문이었다. 갑자기 미친 듯이 화가 나서 그런 행동을 한 것이다. 선배는 눈물을 글썽이며 나에게 말했다. "내 이야기를 듣고 넌 충격을 받았을 거야. 하지만 사람들이 왜 자기 아이를 때리는지 너무도 이해가 돼! 충분히 그럴 수 있다는 생각이 들어!" 그 선배가 온화하고 상냥한 사람이라는 것을 잘 알고 있었기 때문에 그 말은 내 기억 속에 인상 깊게 남았다. 몇 년이 흐른 뒤 내가 그 문제의 해답을 찾아내려고 많은 시간과 에너지를 쏟게 되리라고는 상상하지 못했지만…….

모성 소진이 절정에 다다랐을 때, 이미 오래전에 한계를 넘어서서 신체와 정신이 포기 상태일 때, 더는 버틸 힘이 없고 감정조차 메말랐을 때, 생각할 수도 없는 일, 차마 입 밖에 내어 말할 수 없는 일, 돌이킬 수 없는 일이 벌어지는 것이다. 엄마가 인내심의 한계에 다다라 고함을 지르고, 욕설을 하고, 아이를 때리게 되는 일은 드물지 않다. 다행히 많은 엄마들이 스스로를 통제하지만, 때에 따라서는 통제력이 사라져버리기도 한다. 이런 행동의 심각성은 엄마가 겪는 모성 소진의 강도, 고립감 그리고 엄마가 그 문제에 직면해온 시간에 따라 달라진다. 모성 소진에 기인하는 학대는 가벼운 언어폭력에서부터 욕설, 엉덩이 때리기, 때로는 치명적인 폭력에 이르기까지 다양하다.

'흔들린 아기 증후군(Shaken Baby Syndrome, SBS)' 같은 문제도 발생한다. 아기의 머리를 앞뒤로 심하게 흔들거나 뭔가에 힘껏 부딪히게 하면 뇌에 심각한 상처가 생긴다. 이런 폭력적인 행위가 반복적으로 일어나면 뇌가 두개골에 짓눌리고, 혈관이 찢기거나 조직에 상처가 생겨 출혈이 일어나고, 뇌에 부종이 생겨 죽음에 이를 수도 있다. 아기가 쉬지 않고 울고 식습관이나 배변에 문제가 생기는 이유가 SBS 때문일 때가 종종 있다. 이때 스트레스 요인은 대개 어른들이 겪는 고갈과 낙담이다. 모성 소진을 겪고 있는 엄마가 아기의 울음소리에 화가 나 아기를 조용히 시키려고 이런 폭력적인 행동을 보일 수 있다. 하지만 이런 위험한 행동은 아기에게 평생 동안 영향을 끼친다.

비극에 이를 때까지……

모성 소진으로 인해 일어나는 가장 끔찍한 사건은 엄마가 아이들을 살해하는 사건이다. 2003년 10월 프랑스에서 어린 여자아이 카디가 심한 우울증에 걸린 엄마에게 목 졸려 죽은 사건이 그렇다. 사건이 벌어진 후 이 엄마는 '사는 데 싫증이 났다'고 말했다. 이 엄마는 '딸을 행복하게 해줄' 능력이 없고 '딸에게 괜찮은 미래를 제공할' 능력도 없다고 느꼈고, 딸아이가 '까다로운' 아이여서 '무너져버렸다'고 말했다.

더 지독한 사례는 2001년 6월 미국 전역을 충격에 빠뜨린 사건으로, 생후 6개월에서 7살 사이의 다섯 아이가 엄마인 36세 여성 앤드리아 예이츠에게 살해된 일이다. 이 엄마는 상상도 못할 끔찍한 살인으로 여론을 들끓게 했다. 젊은 엄마가 어떻게 그런 반인륜적인 짓을 저지를 수 있었는지 나라 전체가 궁금해했다. 어떻게 엄마라는 사람이 다섯 아이를 욕조 물에 한 명씩 빠뜨려 전부 죽일 수 있었을까? 모성 본능으로 조건 없는 사랑을 베풀어야 할 엄마가 어떻게 그런 범죄를 저지를 수 있었을까?

우리 사회에서 엄마는 자연이 맡긴 소중한 책임을 완수해야 하는 존재이다. 아이를 낳고, 사회적 문화적 가치를 통해 세밀하게 정의된 일반 법칙에 따라 아이를 잘 키워야 한다. 문제는 이런 문화적 관점에 숨겨진 요인이 미국에서 일어난 앤드리아 예이츠 사건이나 프랑스에서 일어난 카디 사건 같은 비극을 몰고 올 수 있다는 점이다. 이 엄마들이 사회의 비난을 받아 마땅한 행동을 한 것은 사실이지만, 사회 역시 그들의 삶의 조건이 어떤지, 무엇이 그들을 그런 절망적인 행동으로 몰아갔는지 살펴보지 않았다.

한편으로 생각하면, 누가 그런 끔찍한 사건을 예측할 수 있겠는가? 연쇄살인을 저지르는 사람은 대개 소시오패스이고 사회의 변두리에 소외된 사람들이다. 그들은 냉혹하고 난폭하고 가학적이다. 그런데 앤드리아 예이츠는 이 모든 특성과 정반대되는 사람이었다. 그녀는 누구보다도 이타적인 사람이었다고 한다. 가족과 친구들은 그녀가 가정과 아이들에게 헌신하는 이상적인 엄마였다고 증언했다. 주변에 뭔가를 필요로 하는 사람이 있으면 항상 아낌없이 도와주는 모범적인 여성이었다고 했다. 남편이 필요로 하는 것을 충족시켜주지 못할까 봐 늘 염려했으며, 완벽한 엄마가 되려면 어떻게 해야 하는지 궁금해했다는 것이다.

앤드리아는 7년 동안 아이를 다섯이나 낳은 만큼 임신 상태인 때가 많았고, 많은 수의 가족을 돌봐야 했다. 지인들의 말에 따르면, 그녀는 그 큰 책임에도 불구하고 도움이 필요한 이웃들을 많이 도와줬다고 했다.

앤드리아는 일을 하지 않는 전업주부였다. 결혼 전에는 간호사로 일했지만, 남편이 그녀가 집에서 아이들만 돌보기를 원해서 간호사 경력을 포기했다. 남편 러스티 예이츠는 나사(NASA)의 엔지니어로, 공동체의 도움 속에서 아이들을 키우는 것은 쓸데없는 일이라고 생각해 맏이와 둘째를 학교에 보내지 않고 집에서 홈스쿨링을 하게 했다. 홈스쿨링의 책임 역시 앤드리아의 몫이었다. 다시 말해 그녀는 폴(3세), 루크(2세) 그리고 메리(6개월)를 돌보면서 노아(7세)와 존(5세)에게 선생님 노릇까지 했다. 일곱 식구를 위해 집안일을 하고 장보기까지 해야 했다. 네 아이와 남편을 위해 식사를 준비하고, 젖먹이인 막내를 위해 하루에도 몇 번씩 젖병에 우유를 준비하고 기저귀를 갈아주고 낮잠을 재우는 등 거의 쉴 틈이 없었다. 하지만 앤드리아가 가정주부인 이상 이 모든 일은 다분히 정상적으로 보였다. 모두 엄마가 매일 감당해야 하는 일들 아닌가? 밖에서 일하지 않고 집에 있는 모범적인 가정주부가 아이들을 돌보는 것 말고 무엇을 하겠는가?

"자기 자식을 전부 죽인 짐승만도 못한 여자가 다 있네! 그런 여자는 죽여야 해!" 이것이 그 비극이 일어난 날 아침, 텍사스 휴스턴의 라디오 뉴스를 들은 사람들이 보인 첫 반응이었다. 자극적인 뉴스를 좋아하는 여론은 즉각적으로 아이들을 살해한 이 엄마에게 관심을 보였고, 그녀가 이미 두 번이나 자살을 기도한 적이 있으며 수년 동안 우울증을 앓은 뒤 정신질환에 걸렸다는 사실을 밝혀냈다. 여러 종류의 항우울제와 항정신질환제를 복용하다가 급기야 정신적 균형이 무너져버린 것이다. 넷째 아이를 출산했을 때 의사는 앤드리아가 위험하다고 경고했다. 하지만 러스티 예이츠가 언론에 말한 바에 따르면, 의사의 경고를 들은 뒤 그들 부부는 충분히 대화를 나누었고, 앤드리아가 나아지고 있는 듯해서 하느님께서 보내주신 아이를 기쁜 마음으로 받아들이는 것이 좋겠다고 결론을 내렸다고 했다(여기서 정확히 누가 결론을 내린 것인지 궁금해할 필요가 있다).

경고하기 위해 이해하기

"그 여자는 미쳤다, 틀림없다!" 미국 언론들은 이렇게 외쳤다. 대다수의 미국인들은 그녀가 사형을 구형 받아야 한다고 강력히 주장했고, 앤드리아의 변호인은 그녀의 정신에 이상이 있다고 변론했다. 도대체 어떤 요인이 이런 비극을 초래한 걸까? 우리는 사회과학과 의학에서 '예방'이라는 단어가 매우 특별한 관심의 대상이 되는 시대를 살고 있다. 즉각적인 관심을 요구하는 인간적 절박함에 의해 사회악에 맞서 싸우는 일의 중요성을 이해한다. 그러나 아직도 어떤 문제들이 제대로 이해받지 못하고 부적절한 방식으로 다뤄지고 있는 것은 매우 실망스럽다.

최근 나는 어느 소아과 진찰실 벽에 붙어 있는 포스터를 보았다. 그 포스터에는 이런 말이 적혀 있었다. '하느님께서는 동시에 여러 곳에 계실 수 없어서 엄마를 창조하셨다.' 그렇다, 물론이다. 하지만 나는 남편이 출근한 뒤 일곱 살 이하인 다섯 아이를 나 혼자 돌보는 생활을 상상해 보았다. 위의 네 아이는 어린아이들이니 부산스럽다. 생후 6개월인 젖먹이만 좀 조용하다. 하지만 끊임없이 돌봐줘야 하고, 먹이고 또 먹여야 한다. 전화벨이 울린다. "엄마, 나 목말라요!" "엄마, 나 배고파요!" "엄마, 얘가 자꾸 날 괴롭혀요!" "엄마, 우리 공원 가면 안 돼요?" "어마, 어디 있어요오오?" 여기에 계속된 임신으로 인한 우울한 기분을 덧붙여보라. 가정 안에서 일어나는 다른 일은 굳이 말하지 않더라도 말이다. 남편은 나에게 엄마이자 아내의 역할을 기대한다. 내가 자기의 모든 필요에 신경 써주기를 바란다. 앤드리아 예이츠를 변호하려는 게 아니다. 대부분의 사람들이 그랬듯이, 나도 절망에 빠진 이 엄마가 저지른 일에 공포를 느꼈다. 하지만 상황을 이해하려고 노력해보자…….

그 비극이 일어난 날, 앤드리아 예이츠는 경찰에게 이 말만 했다. "내가 해야 할 일들을 다 해낼 수가 없었어요. 나는 나쁜 엄마이고, 무능함 때문에 아이들을 돌이킬 수 없을 정도로 망쳐버렸어요……." 모성 소진을 이보다 더 명백하게 보여주는 예가 또 어디 있겠는가?

얼마나 많은 엄마들이 때때로 자신이 좋은 엄마가 아니라고 생각하는가? 이런 생각 때문에 얼마나 많은 짓눌리는 느낌과 숨기고 싶은 비밀이 생겨나는가? 그리고 그 결과는 어떠한가? 우리는 앤드리아 예이츠에게 영향을 미친 다른 매개변수들을 고려하지 않고 사실만을 판단할 권리가 있는가? 우리는 모두 큰 충격을 받았다. 하지만 이 문제를 전체적으로 분석해 명확히 파악하고 이와 유사한 비극이 또 일어나지 않도록 예방할 책임도 있지 않겠는가? 나는 모성 소진 문제를 더 잘 이해하려는 마음을 갖는 순간부터 예방이 가능하다고 생각한다. 이런 문제는 꽤 자주 발생하고 고립과 비참함 속에서 자주 비밀스럽게 경험됨에도 불구하고 지금까지 '이름 없는 문제'였다. 하지만 상황이 바뀌어야 한다.

모성 소진과 부부관계

모성 소진이 부부에게 미치는 영향은 중요한 두 측면을 포함한다. 우선 부부 사이의 상호작용 유형이 모성 소진에 중대한 역할을 할 수 있다는 점을 염두에 두어야 한다. 긍정적 피드백과 격려, 도움을 받지 못하고 매일의 일과를 남편과 나눠 하지도 못하는 엄마들이 정서적으로 얼마나 의기소침해지고, 스스로에 대해 낮게 평가하게 되고, 무능하다고 느끼게 되는지 그리고 특히 얼마나 고립감을 느끼게 되는지는 5장과 6장에서 길게 설명했다.

정서적 지원은 남편이나 파트너의 몫이다. 그런데 정서적 지원이 제공되지 않을 경우 그 영향은 매우 심각하다. 자신을 사랑한다고 말하는 남자가 부드럽고 긍정적인 눈길로 자신을 바라보지 않고, 자신의 헌신에 고마워하지 않는 것을 무리 없이 받아들이기란 힘든 일이다. 그녀는 최선을 다했고, 자신이 사랑하는 사람들에게 사랑과 희생의 메시지를 보냈다. 그런데 돌아오는 것이 비판과 부정적인 논평일 경우, 존재 전체가 유죄 선고를 받고 상처받는다.

기억하라. 사람은 인정, 감사, 물질적 정서적 보상 같은 긍정적 강화를 받은 행동을 되풀이하는 경향이 있다. 그런 보상이 기쁨과 즐거움을 가져다주기 때문이다. 반대로 비판 같은 부정적 강화만 받을 경우, 그 행동을 되풀이할 동기부여를 전혀 받지 못한다. 이 경우 엄마는 낙심하고, 사기가 떨어지고, 존중받거나 인정받는다는 느낌을 거의 받지 못하지만, 그래도 내면 깊숙한 곳에서 에너지를 퍼 올리면서 최선을 다한다. 배우자의 존중 부족과 긍정적 시선의 부재는 엄마가 에너지를 갱신하지 못하게 하며, 결국 에너지가 고갈되어버린다. 그리고 곧 육체적 정서적 고갈에 다다른다.

이런 힘든 상황이 오래 계속될 경우, 자신이 기울이는 노력의 진정한 가치를 알고 있는 엄마는 배우자나 파트너의 인정과 정서적 지원 부재에 대해 강하게 반응하기 시작한다. 엄마의 임무는 쉽지 않으며, 단죄와 비판을 받아 사기가 저하되지 않더라도 그 자체로 상당한 노력을 필요로 한다.

여기서 우리는 모성 소진이 부부에게 미치는 영향의 두 번째 측면을 발견한다. 엄마는 배우자의 부정적 비판에 직면해 몰이해를 경험하고, 그 상태가 계속되면 원망과 분노를 느끼게 된다. 시간이 흐르면서 부당하다는 느낌이 더욱 커진다. 말다툼과 갈등이 점점 더 빈번해지고, 의사소통이 끊겨버린다. 그래도 파트너가 계속 비판할 경우, 엄마의 반응은 점점 더 강력해진다. 부부 사이에 공격성과 과민성이 나타나고, 관계가 뚜렷이 악화된다. '비난→엄마의 정서적 반응→더 많은 비난'이라는 악순환이 일어나고, 엄마는 배우자가 하는 하찮은 지적도 견딜 수 없게 된다.

빈번한 비난, 비판, 상처 주는 언급이 듣는 사람에게는 절대 하찮은 것이 아님을 알아야 한다. 여기서 우리는 부부간의 도덕적 공격이라는 문제를 접하게 된다. 이것은 자체로서 하나의 주제이고, 전체적으로 다뤄볼 가치가 있다. 이 책 속에서 곧 그 문제를 다룰 것이다. 하지만 먼저 비판에 직면한 엄마의 분노는 본능적 방어이자 자기보호 메커니즘이라는 것을 강조하고 싶다. 엄마는 그 비판과 부정적 언급이 자신에게 해롭고, 자신의 결정은 물론 심리적 정서적 행복에 방해가 된다는 것을 안다.

그리하여 엄마는 반응하고, 저항하고, 배우자가 하는 말이 모욕적이고 고통스럽다고 규탄한다.

38세이며 두 아이의 엄마인 바르바라가 나에게 말했다.

"나를 사랑한다고 말하면서 그 사람이 내 작은 잘못이나 실수를 찾아내려고 호시탐탐 노리는 것을 더는 못 견디겠어요. 그 사람은 내가 무슨 일을 하든 긍정적인 면은 보려 하지 않죠. 반면 비난받을 만한 행동이 있으면 몽땅 찾아내 지적하려고 무척 애쓰는 것 같아요. 그래서 무척 힘들어요. 하지만 가장 힘든 건 어떤 문제를 놓고 그 사람과 이야기하는 거예요. 나는 그 사람의 행동 때문에 내가 얼마나 힘든지 설명하려고 애쓰죠. 그가 나를 칭찬하지 않고, 나에게 상냥하고 기분 좋게 말하지 않을 때 내가 어떻게 느끼는지를 그에게 말해요. 하지만 그의 대답은 항상 똑같아요. '그건 당신 관점이지. 내가 느끼는 현실은 전혀 그렇지 않아. 아무튼 당신하고는 제대로 대화를 할 수가 없어. 당신은 너무 감정적이니까! 별로 대단치도 않은 일을 가지고 늘 극단적인 반응을 보이잖아.'"

패트리샤 에반스(Patricia Evans)는 『부부 사이의 언어폭력』에서 부정적인 행동을 부인하는 것의 심각성을 설파했다. 엄마의 현실과 경험을 배우자가 부인(discounting)하는 것 말이다. 에반스는 상대방을 정신적으로 괴롭히는 사람들에게서 이런 현상이 매우 흔하게 나타난다고 설명한다. 단지 부인에 그치는 것이 아니라, 상대방에 대한 진정한 인식을 망가뜨리는 것이라고 말한다. 상대방의 경험이나 느낌을 고려하지 않는 것이다. 마치 그것이 아무런 가치도 없는 것처럼, 그것이 사실이 아니므로 유

효하지 않은 것처럼 말이다.[52]

다른 학자들은 부인을 통해 경험을 무시당하고 경시당하고 짓밟히는 사람들이 받는 심각한 영향을 강조했다.[53][54][55] 엄마가 이런 경험을 하면 심한 낙담과 자신이 쓸모없는 존재라는 느낌을 받게 되고, 이것은 엄마의 자존감과 자신감에 직접적으로 타격을 입힌다.

그리하여 파트너로부터 육체적 정서적으로 점점 더 멀어지게 된다. 파트너에게서 자신을 사랑하고 존중해주는, 상냥하고 다정하고 이해심 많은 모습을 전혀 보지 못하게 되는 것이다. 엄마가 생각하는 도식은 간단하다. 사랑이란 존경심, 경탄, 관용, 그리고 사랑하는 사람과의 나눔을 통해 표현된다는 것이다. 하지만 이것과 반대되는 것을 경험하면 엄마는 이런 생각을 하게 된다. "그 사람이 나를 사랑하긴 하는 걸까?"

---

52 P. 에반스, 『언어 학대 관계: 어떻게 인정하고 어떻게 반응할 것인가』(제2판), 미국, 애덤스 미디어 코포레이션, 1996년.
53 M. S. 밀러, 『보이지 않는 상처: 여성이 남성에게서 받는 비육체적 학대 식별하기』, 뉴욕, 랜덤하우스 퍼블리싱 그룹, 1995년.
54 B. 엔젤, 『정서적으로 학대받은 여성』, 뉴욕, 밸런타인 퍼블리싱 그룹, 1990년.
55 M. F. 이리구아앵, 『정신적 학대: 매일 일어나는 변태적 폭력』, 파리, 시로스, 1998년.

12장

'지치지' 않으려면 어떻게 해야 할까?

"어머니의 숨결은 언제나 달다."

― 영국 속담

12

 이번 장을 시작하기 전에 짚고 넘어가야 할 문제가 있다. 나는 이 문제가 매우 중요하다고 생각한다. 독자들이 실망할지 모르지만, 엄마의 스트레스와 모성 소진을 기적적으로 해결해주는 방법은 존재하지 않는다는 것이다. 훌륭한 해결책은 절충적으로 접근하게 해주는 해결책이다. 이런 해결책을 동원하면, 엄마들은 미리 정해져 있는 방법에 제한받지 않고 자신의 필요와 기질에 알맞은 다양한 방법들을 생각해낼 수 있다.

우선 알아야 한다

 모성 소진을 통제할 수 있다고 주장하기 전에, 그것을 일으키는 원인이 무엇인지부터 알아야 한다. 타당한 원인을 식별하게 되는 순간부터,

우리는 모성 소진에 관련된 느낌과 감정을 받아들일 수 있다. 문제의 여건에 대한 철저한 지식은 가치를 평가할 수 없을 만큼 귀중하다. 지식이 문제를 자각하고 행동에 착수하게 해주기 때문이다. '스트레스의 아버지'라 불리는 유명한 학자 한스 셀리에도 "질병의 원인이 무엇인지 아는 것 자체로 치료 효과가 있다!"고 말함으로써 그런 지식이 지닌 가치를 인정했다.

효율적이고 지속적으로 스트레스를 관리하고 싶다면, 스트레스의 원인, 행위 그리고 결과를 이해하는 것이 필수적인 출발점이 된다. 모성 스트레스의 경우 문제 자체가 제대로 인정받지 못하고 사회에 큰 관심을 불러일으키지 못하는 만큼 이것이 더욱 중요하다. 우리 사회에서는 엄마의 책임과 관련된 어려움이 자연의 섭리라는 구실 하에 경시될 때가 많다. 그래서 내가 이 책의 열한 개 장(章)을 할애해 독자들과 그것에 관한 지식을 나누고자 한 것이다.

이제 엄마의 책임과 관련된 스트레스를 관리하는 기술을 습득하는 단계이다. 이 장(章)에서 나는 엄마의 책임에 내재하는 스트레스 요인을 관리하는 데 도움이 되는 다양한 접근들을 소개할 것이다. 여러 사건들에 치인다고 느낄 경우, 당신은 문제를 어디서부터 공략할지 알지 못해 막막할 것이다. 우선은 당신 자신에 대해 인내심과 너그러운 태도를 가져라. 스트레스를 줄이고 모성 소진을 극복하는 법을 하룻밤 만에 몸에 익힐 수는 없다. 적어도 몇 주는 필요하다. 하지만 목표를 잘 인식한다면, 상황이 바뀔 수 있다고 끈질기게 믿는다면, 정말로 상황이 바뀌어 목표에 다다를 수 있도록 무엇이든 해보라.

고립은 그만!

　요점 하나를 강조하고 싶다. 당신은 지금까지 내가 말한 내용에 수긍하며 한숨을 쉬었을 것이다. 그러니 이제는 그런 감정, 낙담, 불안을 당신 혼자만 느끼는 게 아니라는 사실을 알아야 한다. 당신과 가까운 지인들부터 시작해 세계 곳곳의 많은 엄마들이 똑같은 경험을 하고 있다. 하지만 불행히도 엄마들은 오해받지 않을까 하는 두려움 때문에 그런 느낌을 충분히 공유하지 못한다. 엄마가 되는 것은 짐이 아니라 특권이며, 우리의 여성성을 찬란하게 꽃피울 기회이다. 개인적 실존적 낙담을 안겨주는 경험이 아니다. 그러니 비판받거나 단죄받을까 봐 두려움을 느낀다면, 자연이 우리에게 맡긴 그 특별한 책임에 대한 의심과 긴장을 내색하지 않는 편이 좋다.

　얼마 전 한 친구가 여섯 살과 여덟 살인 두 아이를 데리고 나를 찾아왔다. 친구의 오른쪽 얼굴이 빨갛게 부어 있어서 나는 깜짝 놀랐다. 어떻게 된 일이냐고 물으니, 친구는 "의사 말로는 두드러기"라고 대답했다. 알레르기일 가능성은 별로 없고, 심한 스트레스에 대한 생리적 반응으로 그런 증상이 나타난 것 같다는 진단을 받았다고 했다. 친구는 자신이 어떤 스트레스를 받고 있는지 나에게 알려주었다.

　우선, 일주일 예정으로 시부모님이 다니러 오셨는데, 시부모님은 육아법에 대해 끊임없이 참견하기 때문에 두렵다고 했다. 다음으로는 맏이가 독서장애 때문에 학교 성적이 썩 좋지 못하다고 했다. 남편 문제도 있었다. 새로운 일을 맡은 후 귀가 시간이 점점 늦어질 뿐 아니라, 한 달에 수차례씩 외국 출장을 간다는 것이다. 게다가 얼마 전에는 큰 홍수가 나서 집 1층이 물에 잠겨버리는 피해를 보았다고 했다. 새로 깔 양탄자 비용을 보상받기 위해 보험회사와 여러 번 통화하고 양탄자를 주문해서 까느라 거의 2주 동안 집 안이 뒤죽박죽 상태였다고 했다.

이후 우리는 기질이 서로 비슷해 성가시게 굴 때도 많지만 상황에 따라 큰 감동을 안겨주기도 하는 막내 아이들에 관해 이야기를 나누면서 가끔 웃음을 터뜨렸다. 그날 나는 이야기를 많이 하지 않았다. 판단하거나 조언하려 하지 않고, 주로 친구의 이야기를 듣기만 했다. 그 친구가 받는 스트레스를 짐작해보는 것만으로도, 그 친구에게 필요한 것은 조언이 아니라 들어주고 공감해주는 것임을 알 수 있었다.

그 친구는 "넌 이렇게 하거나 저것을 바꿔야 해. 그런 식의 반응을 보여서는 안 되고, 차라리 이런 식으로 해야 해!" 같은 말을 들을 걱정 없이, 누군가 자신이 겪고 있는 일을 이해해준다는 것만으로도 자신의 속마음을 몇 시간 동안 털어놓을 수 있었다. 허심탄회하게 이야기하면서 자신의 경험을 나누는 것이 그 친구가 긴장을 풀고 스트레스에서 벗어나기 위해 가장 필요한 일이었다. 이야기를 마치고 일어설 때 친구의 얼굴에 두드러기가 거의 사라지고 없는 것을 보고 나는 깜짝 놀랐다.

그 아침나절의 대화는 직업적 경험을 통해 내가 여러 번 깨달은 사실을 다시 한 번 확인시켜 주었다. 판단하거나 멋대로 개입하지 않고 그저 들어주기만 해도, 공감을 통해 스트레스를 물리칠 수 있다는 사실 말이다. 공감은 자신을 누군가와 동일시하는 것, 상대방이 느끼는 것을 나도 느끼는 것으로, 우리 인간이 지닌 귀중한 보물이다. 미국의 유명한 심리학자이자 '인간 중심 치료'라는 심리치료법의 개척자 칼 로저스(Carl Rogers)는 공감의 가치를 높이 평가했다. 고립과 정서적 지원 부족은 엄마의 책임감이 일으키는 스트레스에 희생된 엄마들의 고약한 적들 중 하나이다.

다른 엄마들과의 네트워크 형성을 통해 고립과 지원 부족 문제를 부분적으로 해결할 수 있다. 스트레스를 받을 때, 우리는 마음의 문을 닫는 경향이 있다. 다른 한편으로, 모성 소진이 우리를 짜증나게 하고 초조하게 하면서 그런 경향을 악화시킨다. 완벽을 추구하는 기질을 타고난 엄마는 자신이 완벽한 엄마의 이미지에 부합하지 않는다는 것이 탄로 날까 봐 혹은 다른 엄마들의 불완전함에 짜증이 나서 다른 엄마들과 거리를 둘 수도 있다. 어쨌든 자신만의 경험과 스트레스 속에 고립되어 있다고 느끼는 엄마들이 많다. 모성 소진이 유발하는 감정을 남에게 털어놓기란 쉽지 않다. 자신의 임무를 제대로 완수하지 못한다고 느끼는 엄마들의 경우 특히 그렇다.

젊은 엄마인 내 친구 하나는 이런 말을 했다.
"나보다 더 많은 아이를 키우는 엄마들도 있어. 그 엄마들은 아이들에게 피아노 레슨, 무용이나 운동 또는 여러 가지 유익한 과외 활동을 시키지. 자기가 하고 싶은 일을 하고, 시간을 투자해 학부모 모임에도 참석해. 집에 가보면 항상 먼지 한 톨 없이 말끔한 데다, 옷을 잘 입고 화장도 예쁘게 하고 다녀. 그 엄마들이 해내는 산더미 같은 일들을 보면 그야말로 입이 떡 벌어진다니까. 그 엄마들이 하는 일을 나는 왜 못하는 건지 모르겠어. 그 엄마들에게는 무척이나 쉬워 보이는데 말이야. 나는 그 엄마들보다 아이 수가 적으니 할 일도 적은데, 실제로 내가 해내는 일은 그 엄마들의 절반밖에 안 되는 것 같아. 그 엄마들이 나보다 훨씬 더 훌륭한 엄마라는 생각이 들어. 나는 한참 멀었지!"

나는 친구가 느끼는 격한 감정을 접하고 불안하기도 하고 위안을 느끼기도 했다. 우선 내가 그 친구를 잘 알기 때문에, 그 친구가 훌륭한 엄마라는 것을 알기 때문에 불안했다. 성숙하고 민감하고 자신감 있는 여성이 엄마 역할을 수행하면서 스트레스를 느낀다면, 대부분의 평범한 엄마들은 훨씬 더 큰 스트레스를 느낄 수 있다. 다른 한편으로, 그 친구가 훌륭한 엄마로서의 능력에 대해 느끼는 의심을 쓸데없이 증폭시키지 않고, 부끄러움이나 가식 없이 자신의 고민을 털어놓을 만큼 우리의 우정을 신뢰하고 있다는 점에서 위안이 되었다. 그녀도 나도 좋은 상황에서 잘 지내고 있다고 굳이 상대방을 설득할 필요를 느껴본 적이 한 번도 없었다. 우리 관계를 지탱하는 솔직함과 정직함은 우리가 모성 스트레스에 직면했을 때 지원과 위로를 제공해주는 우정의 기둥이기도 하다.

두 아이를 키우는 또 다른 엄마는 많은 엄마들이 나에게 이야기했던 것을 다음과 같이 요약해서 말했다.

"다른 엄마들과 나누는 우정이 내가 엄마로서 느끼는 스트레스를 관리하는 데 가장 유용하고 소중한 도움이 되었어요. 아이들이 어렸을 때 그런 우정을 더 많이 나누지 못한 게 후회돼요. 그랬다면 아이들이 나에게 이런저런 질문을 할 때 외롭고 속수무책인 기분을 느끼지 않아도 되었을 테니까요. 내 경험을 다른 엄마들과 공유해야 했어요. 그랬다면 나 혼자만 그런 문제를 겪는 게 아니라는 걸 알고 훨씬 안심했을 거예요."

내가 느끼는 것을 상대방이 이해해준다는 것은 우정이 선사하는 매우 큰 혜택 중 하나이다. 그러니 망설이지 말고 다른 엄마들에게 다가가 엄마로서의 경험에 관해 솔직한 대화를 시도하라. 공통으로 느끼는 어려움, 의심, 감정에 관해 이야기를 나누어라. 다른 엄마들도 유사한 경험을 하고 있다는 사실이 얼마나 사람을 안심시켜 주는지 알면 당신은 놀랄 것이다. 내가 문제를 겪는 것이 내 무능력 때문이 아니라, 엄마라는 역할 자체가 쉬운 일이 아니기 때문이라는 사실을 깨닫는 것은 물론 내가 지극히 정상이라는 것을 알게 될 테고 전보다 외로움도 덜 느낄 것이다. 대화를 나누는 동안 죄책감이 완전히 사라져버리는 경험도 할 것이다.

다른 엄마들과 나누는 솔직한 대화의 또 다른 이점은 자신감을 얻게 된다는 것이다. 대화를 통해 생각을 공유하고, 다른 엄마들이 시도해본 해결책을 적용해볼 수 있다는 사실은 제쳐놓고라도, 엄마들은 서로를 격려하고, 칭찬하고, 각자의 노력과 경험이 지닌 진정한 가치를 인정할 줄 안다. 이것은 엄마들의 문제를 해결하는 데 매우 효율적인 도움이 된다.

우정을 통해 지원과 격려를 받게 되면 엄마의 책임에서 오는 스트레스가 줄어들고 소진의 위험도 감소한다. 하지만 맏이가 독감에 걸리거나 막내아이가 중이염에 걸려 사흘 연속 엄마를 종종걸음 치게 할 때 혹은 인내심의 한계에 다다라 폭발 직전이 될 때처럼 특별한 상황에서는 엄마들과의 우정만으로 충분하지 않을 수도 있다. 이 경우 내가 할 수 있는 조언은 도움을 청하라는 것이다! 엄마들은 가정에서의 책임을 혼자서 감당하는 데 익숙해 있어서 외부에 도움을 청할 엄두를 내지 못할 때가 많다. 주변 사람들에게서 도움 받을 수 없다는 것을 경험을 통해 알았기 때문에 그러지 않기도 한다.

대부분의 경우, 도움 청하는 법을 배우면 된다. 친구든 가족이든 아니면 배우자든, 당신이 중요하게 여기는 사람들에게 주저 말고 도움을 청하라. 많은 엄마들이 성가시게 할까 봐 또는 '이미 스트레스를 받고 있는 사람'에게 또 스트레스를 줄까 봐 주변 사람에게 도움 청하기를 망설인다. 하지만 친구가 당신의 아이 한 명을 봐주고, 당신의 언니가 둘째 아이를 봐줄 수도 있다. 그러면 당신은 한숨 돌리며 휴식을 취하거나 병원에 진찰 받으러 갈 수 있다. 나중에 기회가 되면 그들에게 똑같은 도움을 줄 수도 있고 말이다.

엄마가 일을 덜 해야 한다!

남자와 여자가 육아와 집안 살림을 나눠 해야 한다는 이야기를 주변에서 드물지 않게 듣는다. 요즘에는 아무도 이 말에 반대하지 못할 것이다. 하지만 가정에서의 실제 상황은 사뭇 다르다. 전체적으로 볼 때 남편이 가정 내의 책임을 아내보다 적게 감당한다. 아내가 직장 생활을 하는 경우에도 마찬가지이다. 젊은 부부들은 집안일을 공평하게 나눠 하기로 약속하고 결혼 생활을 시작하지만, 일단 부모가 되면 상투적인 틀에 갇혀버린다.

앨리 호크실드(Arlie Hochschild)는 『두 번째 일(The Second Shift)』에서 밖에서 일하는 여성들도 대부분 집안 살림과 육아 등 가정 내의 임무를 도맡아 책임진다는 사실을 강조했다.[56] 직업 활동을 하는 여성은 사실상 두 가지 일에 종사하는 셈이라고 말이다. 낮 동안 하는 직업 활동이 첫 번째

---

56 A. R. 호크실드, 『두 번째 일』, 뉴욕, 에이번 북스, 1989년.

일이고, 두 번째 일은 저녁에 귀가해서 해야 하는 온갖 집안일들이다. 저녁에 퇴근해서 집에 돌아오면 집 안이 엉망진창이다. 더러운 옷가지가 잔뜩 쌓여 있고 식구들은 배고파한다.

이 주제와 관련해 행해진 최근의 한 연구는 남자에게는 집이 긴장을 풀고 쉬는 곳이지만 아이가 있는 여자에게는 그렇지 않다는 사실을 입증했다. 연구자들은 일하는 아빠의 동맥압과 일하는 엄마의 동맥압을 비교했다. 아빠의 동맥압은 직장에서보다 집에서 훨씬 낮아졌지만, 엄마의 동맥압은 직장에서나 집에서나 똑같이 높았다.[57]

전업주부 역시 '두 번째 일'에 직면한다. 전업주부들은 학교 혹은 학교 밖의 일과 관련된 아이들의 수많은 필요를 채워주는 데 대부분의 시간을 사용한다. 그래서 샤워하고 옷을 갈아입는 등의 기본적인 일조차 며칠을 별러야 하는 일이 되어버린다. 남편이 저녁에 귀가해도 긴장을 풀 수 없고, 저녁 식사를 준비하거나 세탁을 하거나 장을 보는 등 집안일을 해야만 한다.

혼자 아이를 키우는 엄마의 경우, '두 번째 일'의 부담을 더 많이 받는다. 이들은 엄마 역할과 아빠 역할을 동시에 해내는 매우 무거운 임무를 감당해야 한다. 육아, 경제적 책임, 집안 살림을 혼자서 전부 감당한다. 이런 엄마들은 다른 엄마들보다 책임의 무게에 훨씬 더 짓눌릴 수 있다.

---

[57] C. A. 마르코, J. E. 슈워츠, J. M. 닐, S. 시프먼, D. 캐틀리 그리고 A. 스톤, 「일할 때 또는 일하지 않을 때 가정에서 성(性)과 자녀의 유무가 혈압에 미치는 영향: 편파적인 응답과 새로운 발견들」, 『애널스 오브 비헤이비어럴 메디신』, 22, p. 110~115, 2000년.

중요한 의무를 선별하라

잡지의 육아 관련 기사들은 과중한 일과가 가져다주는 속박에 대처하는 법과 시간을 활용하는 법에 관해 수많은 조언을 제시한다. 그러나 우리 엄마들은 해야 하는 일은 반드시 해야만 한다고 생각할 뿐이다. 그러다가 결국은 계속되는 과중한 일과에 혹독한 대가를 치르게 된다.

하지만 우리의 목적은 스트레스를 줄이는 것이므로, 완수해야 한다고 느끼는 일들에 대한 당신의 관점을 재검토해볼 필요가 있다.

당신이 하는 일들 중에 반드시 하지 않아도 되는 일이 있는가? 단호한 어조로 "없어요!"라고 대답하지 말고, 마음을 열고 잘 찾아보라. 적절하고 효율적인 해결책을 찾아내기까지는 숙고의 시간이 필요할 때가 많다. 그 시간 동안 당신에게 제시된 모든 선택사항을 객관적인 시각으로 고려해보라.

의무 목록을 작성하라

먼저, 당신이 매일 하는 일들을 모두 열거하라. 시간이 오래 걸리는 일을 특히 집중적으로 고려하라. 해야 할 일들의 목록을 작성하라. 엄마에게는 언제나 '해야 할' 일들이 줄줄이 있고, 엄마가 완수하는 일들은 여전히 남아 있는 '해야 할' 일들로 인해 존재감이 옅어질 때가 많다. 평소에 당신이 하는 일들을 모두 적어보면, 완수해내는 일이 무척 많다는 사실에 깜짝 놀랄 것이다.

일단 목록을 작성했으면, 항목들을 하나하나 검토하면서 그 일을 완수하는 것이 절대적으로 필수불가결한지 생각해보라. 모든 항목에 '그렇다'고 대답했다면 다른 접근 방법을 적용해보자. 모든 일 중 하지 않을 경우 가장 나쁜 결과를 초래할 일이 무엇인지 생각해보라. 그 대답에 당신 자신조차 깜짝 놀랄지도 모른다.

물론 선택은 개인에 따라 달라진다. 우리 가정에 효과가 있었던 해결책이 당신 가정에도 반드시 효과가 있는 것은 아니다. 내 경우 2년 전에 효과가 있었던 해결책이 오늘에도 효과가 있는 것은 아님을 깨달았다. 우리 가정의 필요가 변했기 때문이다.

목록에 적힌 일들 중 하나를 없애라고 했지만, 오늘 당장 그러라는 뜻은 아니다. 며칠 혹은 몇 주 뒤에 해도 된다. 상황을 검토할 사람은 당신 자신이다. 스트레스를 최대한 줄이면서 당신에게 가장 잘 맞는 해결책을 선택할 수 있도록, 당신 앞에 놓인 선택사항들을 모두 시험해보고 유연하게 결정 내릴 것을 권한다.

현실적인 표준을 적용하라: 완벽한 청결을 추구하지 마라

집안일은 엄마들의 일상에서 많은 부분을 차지한다. 집안일 중에서도 몇 가지를 없앨 수 있다. 청결함에 대한 기준을 바꿈으로써 스트레스를 줄일 수 있다. 이를테면 집 안이 완벽하게 청결할 필요는 없고 청결한 편이면 된다. 무슨 뜻이냐고? 일정한 한계를 넘어서면 청결이란 선택의 문제라는 뜻이다. 다음의 두 기준을 가지고 문제에 접근하기를 권한다.

정리

다른 물건들을 모조리 뒤엎지 않고도 찾는 물건을 쉽게 찾아낼 수 있는가? 공과금을 제때에 납부하는가? 우편물과 행정 서류를 기한에 맞게

처리하는가? 시간 약속을 지키는 효율적인 수단을 갖고 있는가? 열쇠, 안경, 깨끗한 속옷을 필요할 때마다 어려움 없이 찾아내는가? 여분의 화장지, 치약, 우유가 항상 구비되어 있는가?

청결

가족의 건강과 안전을 위해 최소한의 청결은 필요하다. 하지만 청결함의 기준은 다분히 주관적이다. 손님을 맞이할 때 당신은 긴장을 풀고 손님 앞에 편안히 있는가? 아니면 손님을 잠시 방 안에 가둬놓고 응접실에 얼른 청소기를 돌리고 싶은가? 손님을 맞이하려면 며칠 동안 꼬박 집 안을 정리해야 하는가? 깨끗하고 기분 좋게 유지된 집 안은 엄마 삶의 대부분을 지배하는 통제력 부족과 예측 불가능성을 보상해주는 만큼 많은 엄마들에게 매우 중요하다. 사회에 무리 없이 받아들여지는 정당한 측면이기도 하다. 하지만 그것이 당신의 건강에 피해를 주지는 않는지 생각해봐야 한다.

당신이 집 안을 완벽히 청결하게 유지하기 위해 많은 시간을 청소와 정리에 투자한다면, 청소와 정리에 관련된 일 몇 가지를 없애 스트레스를 줄일 수 있다.

반대로, 만약 당신이 청소와 정리에 많은 시간을 투자하지 않는다면, 아마도 당신은 밀린 집안일을 하기 위해 많은 시간을 보내고 잃어버린 물건을 찾느라 많은 시간을 허비할 것이다. 이 경우 다음의 내용이 당신에게 도움이 될 것이다.

해야 할 일을 합리적으로 계획하라

'해야 할 일'의 목록에서 몇 가지를 없앴다면, 남은 일들을 좀 더 효율적으로 완수할 방법을 깊이 생각해보라. 안심해라. 정리하는 재능은 하루아침에 생겨나지 않고, 당신이 그 필요를 인정하는 순간부터 생겨난다. 나는 엄마로서 삶의 많은 부분을 정리 불능자로 보냈다. 하지만 시간이 흐르면서 집안일의 기본 전략을 배울 필요가 있다는 것을 깨달았다. 내가 그 전략을 배울 수 있었으니, 당신도 당연히 배울 수 있을 것이다.

상황을 분석하라

정리 컨설턴트 줄리 모르겐슈테른(Julie Morgenstern)에 따르면, 맨 처음 해야 할 일은 정리와 관련해 당신에게 있는 문제의 특징을 식별하는 것이다.[58] 당신은 매일 열쇠를 잃어버리는가? 매일 아침 되풀이해서 하는 일이 당신에게는 진정한 악몽인가? 살림에 필요한 물건이 벽장 안에 있는지 없는지 알지 못해서 있는 물건을 또 사들이는가? 가장 고약하다고 생각되는 문제를 골라라. 그리고 그 문제부터 시작해라. 모든 문제를 동시에 해결하려고 하지 마라.

문제 하나를 따로 떼어놓는 데 성공했다면, 어떤 해결책이 적당한지 찾아낼 수 있도록 그 문제와 관련된 여건을 머릿속으로 검토해라. 매일 열쇠를 잃어버려서 짜증이 난다면, 현관문 안쪽에 열쇠고리를 설치하는 것을 고려해보라. 집에 돌아오자마자 거기에 열쇠를 걸어놓으면 될 것

58　J. 모르겐슈테른, 『안으로부터 정리하기』, 뉴욕, 헨리 홀트 앤드 컴퍼니, 1998년.

이다. 침대 옆에 온갖 종류의 신문과 잡지들이 수북이 쌓여 있는가? 그렇다면 작은 서가나 잡지꽂이를 설치하는 것이 문제를 해결하는 데 도움이 되지 않을까?

문제를 분석할 때, 이상적인 것을 생각하지 말고, 실제로 할 수 있는 것을 생각해라. 문제를 해결하려는 노력은 당신이 현재 처한 현실에 기초를 두어야 한다.

무질서를 없애라

집 안이 무질서하면 집안일을 하는 데 시간이 많이 걸린다. 자질구레한 장식품과 서류들이 가득 쌓여 있는 탁자를 청소하거나 장난감과 옷들이 잔뜩 널려 있는 방을 정리하려면 많은 시간이 필요하다. 어질러진 주방에서 식사를 준비하면 기분이 좋지 않을 뿐 아니라, 시간도 많이 허비하게 된다. 터질 듯 꽉 찬 서랍 안에 양말 몇 켤레를 더 집어넣는 것은 매우 짜증스러운 일이며, 넘쳐나는 장난감 통에 장난감을 더 쌓아올리려면 몹시 신경질이 난다.

주변을 바라보라. 당신이 가진 물건들 중 몇 가지를 없앨 때가 되지 않았는가? 당신이 아끼는 물건이나 애착을 느끼는 기념품을 버리라는 말은 아니다. 부서졌거나 작동하지 않는 물건이 주변에 널브러져 있지는 않은가? 그것들을 수리할 수 있는가? 아니면 다른 물건으로 대체하거나 없애야 하는가? 당신은 사용하지 않지만 다른 사람은 사용할 수 있는 물건이 집 안에 있는가? 수년 동안 입지 않은 옷이 옷장 안에 가득 걸려 있지는 않은가?

집 안의 무질서를 없애기로 마음먹었다면, 당신을 소모시킬지 모르는 함정에 빠지지 않도록 주의하라. 줄리 모르겐슈테른은 이것을 '비틀거리면서 간다'고 표현한다. 서가에 꽂혀 있어야 할 책이 발견된 서랍부터 정리한다. 서가로 가보니 그곳 역시 엉망진창이다. 그래서 서가 정리에 돌입한다. 서가에서 침실에 있어야 할 물건이 나온다. 당신은 그 물건을 제자리에 갖다놓는다. 그런데 미처 깨닫지 못한 사이에 침실의 붙박이장을 정리하고 있다. 하루가 저물 때쯤이면 목표한 것의 절반이 완수되어 있다. 하지만 아직 제대로 완수된 것은 아니다. 이 일 저 일 잡다하게 손대려 하지 말고, 한 번에 한 가지씩 해라. 종이 상자를 가져다 놓고, 애먼 곳에 놓인 물건을 발견하면 그것을 종이 상자 안에 넣어라. 방 하나의 정리를 끝마친 뒤, 종이 상자 안의 물건들을 제자리에 정리해라. 그런 후에 다음 장소를 공략하라.

일하는 공간을 존중하라

당신이 일하는 공간을 존중하면 빠르고 효율적으로 일할 수 있을 것이다. 특히 주방과 세탁실에 주의를 기울여라. 물론 이 원칙은 모든 방에 적용된다.

우선, 당신이 일하는 공간의 무질서를 없애라. 주방의 작업대를 비워두어라. 주방 구석구석에 그곳에 있지 말아야 할 물건들(서류, 청구서, 열쇠, 잡지 등)을 쌓아놓지 마라. 주방이나 욕실이 물기와 먼지로 끈끈하다면 깨끗이 청소해라.

세탁실 구석에 동전, 짝 잃은 양말, 뒤죽박죽된 옷, 바지 주머니에서 나온 자질구레한 물건들이 잔뜩 쌓여 있는 경우가 많다. 세탁기 옆에 쓰레기통을 놓아두고, 옷장 안에 정리해 넣기 전에 세탁물을 잠시 보관할 수 있는 바구니도 하나 놓아두어라.

당신이 필요로 하는 물건을 항상 손닿는 곳에 두어라. 그러면 스트레스를 덜 받으며 일할 수 있을 것이다.

도움을 받아라!

'도움을 청해라!'라고 말하지 않은 것을 의아하게 여길지도 모르겠다. 내가 '도움을 청해라'라고 말하지 않고 '도움을 받아라'라고 말한 것은 집안일과 육아가 전적으로 당신 책임이고 다른 사람들은 기회가 닿을 경우 당신을 도와준다는 것을 전제로 했기 때문이다. 예외적인 경우를 제외하고, 집안일을 도맡아 하는 사람은 대개 엄마이다. 그러도록 은연중에 약속되어 있기도 하고, 남편과 아이들이 집안일을 귀찮게 여겨서이기도 하다. 그래서 문제가 시작되는 것이다. 나는 가정의 모든 구성원이 집안일에 참여해야 하며, 어려서부터 그런 습관을 들이는 것이 아이들에게 도움이 된다고 굳게 믿는다.

남편이나 아이들로부터 결코 도움을 받지 못할 거라고 말하지 마라. 물론 남편과 아이들을 헌신적인 조수로 변화시키는 기적적인 방법은 존재하지 않는다. 당신도 이미 깨달았겠지만, 대부분의 엄마들은 집안일을 혼자 도맡아 하는 것에 대해 불평한다. 하지만 그 효과는 미미하다. 그런데도 왜 굳이 힘을 들여 변화를 일으켜야 하는지 궁금할 수도 있다. 가장 큰 이유는 당신이 전적으로 통제할 수 있는 거의 유일한 것이 당신 자신의 행동이기 때문이다. 또 다른 이유는 지금까지 당신이 집 안에서 모든 일을 도맡아 했고 다른 사람들은 현재 상태를 유지하는 데 급급했기 때문이다. 그러니 이제 그들이 좀 더 일을 해야 한다!

가사 전쟁: 남자와 여자 사이의 불평등

앞에서 언급했듯이, 과거 집안일과 육아와 관련해 남자와 여자 사이에는 큰 차이가 존재했다. 전업주부는 주당 평균 50시간을 아이들을 돌보고 집안일을 했다. 밖에서 직장 생활을 하는 엄마는 주당 거의 35시간을 똑같은 일에 사용했다. 반면 남자는 집안일과 육아에 주당 11시간만 사용했다. 아내가 직장 생활을 하는 남자는 하루에 10분 더 많이 집안일과 육아에 시간을 사용했고, 아이들의 나이가 매우 어린 아빠는 그보다 10분 더 많이 사용했다.[59] 최근 미국 잡지 『비즈니스 위크』에 실린 기사를 보면, 이런 경향이 조금 바뀌어 남자들이 주당 약 14시간을 집안일과 육아에 사용한다고 한다.[60]

숨길 것 없다. 가사 분담 문제는 부부싸움의 마르지 않는 근원이다. 얼마 전 미국 잡지 『레이디스 홈 저널』에서 다음과 같은 질문으로 설문조사를 실시했다. '당신의 남편을 바꿀 수 있다면 최고의 애인으로 만들겠습니까, 아니면 집안일을 더 많이 도와주도록 만들겠습니까?' 이 질문을 받은 여성 중 16%가 남편이 잠자리에서 더 능숙해지기를 바란다고 대답했고, 46%의 여성은 그보다는 남편이 아침에 일어나서 침구를 정

---

59 R. 슈워츠 코완, 『더 많이 일하는 엄마들: 화로에서 전자레인지에 이르기까지 가사 기술 혁신의 아이러니』, 뉴욕, 베이직 북스, 1983년.
60 K. H. 해먼즈, 「하루 24시간은 정말 충분치 않다」, 비즈니스 위크 온라인판, www.businessweek.com, 1998년 4월 15일.

리해주면 좋겠다고 대답했다![61]

남자들 중에는 자신이 가사를 공평하게 분담하고 있다고 믿는 경우도 있다. 앨리 호크실드가 『두 번째 일』에서 말하는 것이 바로 그것이다. 그의 말에 따르면 남자들은 가정에서 자신이 할 일은 '자동차 관리, 정원 손질, 재정 관리, 바비큐 그리고 거미와 바퀴벌레 죽이기'라고 여긴다. 그 외의 모든 일을 아내는 책임지고 말이다. 그러면서 가사를 아내와 공평하게 분담하고 있다고 생각한다.

슈워츠 코완도 똑같은 지적을 했다.[62] 남자들은 쓰레기 버리기, 잔디 깎기, 아이들과 놀아주기, 간단한 수리 같은 일을 담당한다. 하지만 세탁, 청소, 부엌일을 스스로 하는 경우는 드물다. 아이들을 먹이고, 옷을 입히고, 목욕시키는 일도 드물다. 그런 일은 많은 시간을 요하며, 대부분의 아빠들은 그런 일을 하지 않는다!

부부 사이에 어떤 문제가 있어서 가사 분담이 이루어지지 않는 경우도 있다. 당신이 그런 경우에 해당한다면, 대화를 시도해 상황이 어떤지 상세히 밝혀라. 일하느라 지치고 도움을 받지 못하는 엄마들은 남자와 여자 사이의 불공평함을 실제적으로 자주 경험한다. 시간이 흐르면 그런 느낌이 낙담과 분노로 변하고, 부부 사이에 불화가 생긴다. 이런 상태가 오래 계속되면 위험하다. 이 경우 도움이 될 만한 제안을 몇 가지 하겠다.

---

61 S. K. 존슨, 「가사 전쟁」, 『레이디스 홈 저널』, 2000년 3월.
62 R. 슈워츠 코완, 앞의 책.

해결책이나 타협안을 찾아라

당신과 배우자가 청결, 정리, 부엌일, 육아법에 대해 서로 다른 기준을 갖고 있다면 가정의 평화를 지키기 위해 합의점을 찾아내야 할 것이다. 그러기 위해서는, 한 번 더 강조하지만 대화의 힘을 빌리는 것이 중요하다. 마음이 평온하고 실망스러운 기분을 통제할 수 있을 때 대화를 시작하는 것이 좋다. 무엇보다 문제의 해결을 목표로 삼아라. 예를 들어 욕실 바닥에 남편의 더러운 속옷이 널려 있다면, 욕실 한쪽에 속옷 바구니를 갖다놓아라. 식탁 위에 우편물, 잡지, 신문이 항상 쌓여 있다면, 그것을 넣어둘 바구니를 갖다놓아라. 이때 주의할 점이 있다. 당신이 애를 써서 문제의 해결책을 찾아낼 경우 당신의 배우자 역시 성의를 보여야 하고, 배우자 자신이 그 필요성을 이해해야 한다. 당신이 원하는 바를 밝히고 그렇게 해달라고 요청해라. 당신의 요구에 대해 배우자와 명확하게 대화를 나눈다면, 문제의 해결책을 좀 더 수월하게 찾아낼 수 있을 것이다.

무질서에 한계를 정해라

타협하려면 효율적인 전략이 있어야 한다. 장소를 정해놓고 배우자와 아이들이 그곳에는 물건을 무질서하게 놓아둬도 되게 해라. 예를 들어 배우자에게 옷을 침실 바닥에 던져놓지 말고 의자 위에 올려놓으라고 말하면 된다. 아이들에게는 소지품이나 장난감을 자기 방에만 늘어놓으라고 말해라. 자질구레한 물건들을 넣어둘 상자나 서랍을 지정해놓는 것도 도움이 된다. 하지만 이 방법이 먹히려면 당신이 그 공간을 주기적으로 비워내야 한다.

갈등이 자주 일어나는 순간을 파악해라!

당신이 집에서 일하든 집 밖에서 일하든, 저녁 식사 직전의 시간이 가장 힘겨울 때가 많다. 전업주부의 경우 아이가 아닌 어른과 대화하고 싶은 마음이 간절하다. 배우자에게 의지해 한숨 돌리고 싶기도 하다. 집 밖에서 일하는 엄마는 퇴근해 집에 돌아와 쌓여 있는 세탁물 및 여러 일거리와 마주한다. 식사 준비도 해야 하고, 아이들 숙제도 도와줘야 한다. 남편은 퇴근해서 돌아와 쉬고 싶어 하고, 아이들 역시 부모의 손길을 필요로 한다. 이때 갈등이 일어나지 않도록 조치를 취하면 스트레스와 피로를 한결 피할 수 있다. 효율적인 조치를 찾아내면 매우 큰 도움이 된다.

당신이 밖에서 일한다면, 집에 돌아오자마자 시간을 조금 내서 마음을 편히 갖고 긴장을 풀어라. 20분쯤 그렇게 하면 도움이 될 것이다. 그 시간을 활용해 아이들과 차분히 이야기를 나누어라. 아이들과 조금 떨어져서 시간을 보내거나 배우자와 대화를 하는 것도 좋다. 당신이 '전업' 주부라면, 하루 일과에 피곤하고 신경이 몹시 날카로워져 있는데 배고파서 짜증을 내는 아이들까지 다독이는 일을 피할 수 있도록 미리 저녁 식사를 준비해놓아라. 창의력을 발휘해라!

아이들의 책임감을 고취해라

어릴 때부터 아이들에게 집안일을 조금씩 시켜라. 집안일이 몸에 익으면 성인기까지 그 습관이 이어지는 만큼, 이것은 무척 의미가 있다. 생활 습관과 태도를 가르치는 것은 아이들에게 해야 할 매우 중요한 교육이다.

아이들에게 모범을 보여라

아이들이 집안일을 돕도록 유도하는 가장 좋은 방법은 집안일을 도우면 엄마의 피로가 한결 줄어든다는 사실을 이해시키는 것이다. 어떤 일을 지정해서 시키지 말고, 아이들과 함께 그 일을 해라. 아마도 아이들은 물건을 어디에 두어야 하는지 몰라서 우왕좌왕할 것이다. 방을 정리하라고 시켰을 때 자신이 고립되었다고 혹은 벌을 받는다고 느낄 수도 있다. 아이들이 그 일을 해내도록 당신이 도와줄 수도 있지만, 장기적으로 볼 때는 스스로 일하는 법을 터득하게 하는 것이 바람직하다.

아이들이 할 일을 단순화해라

단순한 일을 시키면 아이들이 적극적으로 임할 것이다. 하기야 우리 모두가 그렇다! 당신이 시킨 일을 하는 데 필요한 물건이 아이들의 손이 닿는 곳에 있는지 살펴라. 아이들이 소지품을 정리할 공간이 확보되어 있는지 확인해라. 아이들이 어리다면, 장난감을 어디에 정리해야 하는지 명확하게 일러주어라. 아이들이 아직 글을 읽을 줄 모른다면 이미지를 활용해라. 아이들 방에 커다란 종이용 바구니와 더러워진 옷을 넣어둘 세탁물 바구니를 놓아두어라. 키와 나이에 비해 지나치게 어려운 일을 시키지 않도록 주의해라. 침대가 벽과 책상 사이에 끼어 있어서 침구를 정돈하기가 어렵지 않은가? 옷장의 봉이 너무 높아서 아이들이 옷을 걸기 힘들지는 않은가? 아이들이 옷걸이를 사용하기 힘들어하면, 방에 외투걸이를 세워둘 수도 있다. 아이들의 입장에서 세심하게 검토해보라.

마지막으로 그 일이 지루하지는 않은지도 살펴라. 어떤 엄마는 저녁식사 뒤 설거지통에 동전 몇 개를 던져놓았다고 한다. 그날 저녁 설거지를 한 아이에게 그 동전을 가지게 했더니 큰 효과가 있었다!

자신이 한 일의 결과를 알게 해주어라

아이들이 하기로 약속했는데 늘 엄마가 대신 해주는 경우가 있다. 이를테면 사춘기인 두 아이가 세탁을 맡아 하기로 했는데 엄마가 계속 세탁을 하는 것이다.

혼자 아이들을 키우는 어느 엄마가 아침에 일어나 외투와 책가방 챙기는 일을 아이들에게 맡겼다. 그 동안 엄마도 출근 준비를 할 수 있도록 말이다. 그런데 아이들은 아침마다 텔레비전을 보느라 시간 가는 것에 신경을 쓰지 않았다. 그래서 그 엄마는 늘 스트레스를 받았다. 어서 학교 갈 준비를 하라고 열 번은 다그쳐야 아이들이 말을 들었다. 어느 날 아침, 그 엄마는 아이들에게 아무 말도 하지 않고 문 옆에 가서 앉았다. 아이들은 시간 가는 것에 신경 쓰지 않고 태평하게 텔레비전을 보았다. 오랜 시간이 흐른 뒤 마침내 사태를 파악한 아이들은 공포에 질렸지만, 이미 늦었다. 아이들은 학교에 지각했고, 선생님 앞에서 지각한 이유를 설명해야 했다. 엄마의 의중을 간파한 선생님은 아이들에게 창피를 톡톡히 주었고, 그때부터 그 엄마는 아이들이 학교에 지각할까 봐 노심초사하지 않아도 되었다!

피해야 할 실수

어떤 엄마들은 아이들이 가사에 참여하도록 고취하지 못한다. 자신의 엄마가 그랬듯이, 엄마란 모름지기 아이들을 위해 모든 것을 해줘야 한다고 생각하기 때문이다. 또 다른 엄마들은 어린 나이에 책임을 감당하는 것이 아이들에게 바람직하지 않다고 생각한다. 하지만 내 의견은 다르다. 아이들은 자라서 언젠가 집을 떠날 것이다. 그런데 세탁한 옷이 저절로 자리를 찾아 서랍 안에 들어간다고 생각하도록 내버려두는 것이 아이들에게 도움이 되겠는가? 냉장고가 저절로 가득 차고 식사가 저절로 준비된다고 생각하도록 내버려두는 것이 도움이 되겠는가? 당신이 아이들 뒤치다꺼리를 전부 해주면, 장차 아이들이 사회에서 여성이 차지하는 지위에 대해 어떤 생각을 하겠는가?

완벽주의: 위험하니 조심할 것!

많은 엄마들이 완벽주의라는 함정에 빠지는 경향이 있다. 모든 일을 완벽하게 해내야 한다고 느낀다면 혹은 당신이 하는 일이 충분치 않다고 느낀다면, 당신은 모성 소진의 위험에 노출될 가능성이 크다. 나는 경험을 통해 어린 시절에 언어폭력이나 육체적 학대를 받은 여성이 완벽주의에 빠지는 경향이 크다는 것을 알게 되었다. 특히 부모로서의 능력이 도마 위에 오를 때 그렇다. 그런 여성은 훌륭한 엄마가 되기를 너무도 갈망한 나머지 아주 작은 실수도 저질러서는 안 된다고 느낀다. 항상 긍정적이고 다정해야 한다. 이런 엄마는 '모 아니면 도' 식으로 행동하는 경향이 있다. 완벽하게 잘하지 못하면 실패했다고 느낀다.

이런 생각은 배우자가 빈번한 비판이나 정신적 공격으로 신뢰를 망가뜨릴 경우 더욱 강화된다. 완벽주의 성향 탓에 배우자에게 비판을 듣지 않기 위해 고군분투하느라 에너지가 고갈되는 지경에 이른다. 이런 엄마는 모성 소진의 육체적 정서적 고갈 단계에 다다를 위험이 크며, 그렇게 시간이 오래 흐르면 결국 포기하고 가족에게 쌀쌀하고 냉소적인 태도를 보일 수 있다. '내가 이리 뛰고 저리 뛰어봤자 아무 소용 없어!'라고 생각하면서 말이다. 그런 식으로 모성 소진의 둘째 단계, 즉 거리 두기/비인격화로 이행하게 된다.

불가능한 목표

어떤 엄마들은 비현실적인 목표를 설정한다. 이것도 문제가 된다. 우리가 역할을 완벽하게 수행하려고 하는 것은 책임감 때문인 경우가 많다. 그러나 엄마 역할에 대한 사회의 기대에 완벽하게 부응한다는 것은 불가능하다. 사회가 요구하는 이상적인 엄마상은 믿기 힘들 만큼 모순적이다. 엄마들은 그 이상에 부응하기 위해 최선을 다하지만, 거기에 내포된 모순은 잘 인지하지 못한다.

그리하여 환한 불빛에 이끌려 다가갔다가 불에 타죽는 나방처럼, 사회가 요구하는 모든 일을 완수하려고 애쓰다가 고갈되어버린다. 이런 헛된 이상은 그것에 도달하지 못한다는 데서 오는 죄책감 탓에 잠재적으로 상당한 스트레스를 유발한다.

자신을 돌보는 법을 배워라

어떤 엄마는 갓난아기의 기저귀를 하루에 몇 번 갈아줘야 할지 몰라 당황하고, 세 자녀를 두었으며 손주가 둘이나 있는 나이 든 엄마는 막내

딸이 언제 결혼할지, 결혼을 하기는 할지 몰라 조바심을 낸다. 그런데 인생사란 상황에 따라 달라지게 마련이며, 우리는 그 일을 예측할 수도 바꿀 수도 없다. 하지만 자신을 잘 돌보고 생활을 잘 통제함으로써 모성 스트레스를 줄일 수는 있다. 이 주제에 대해 많은 엄마들과 대화를 나눠봤는데, 불행하게도 그 엄마들은 힘든 상황을 겪은 뒤에야 그것을 배웠다고 했다. 자신은 신경 쓰지 않은 채 모든 사람들을 무리하게 돌보느라 큰 스트레스를 받았을 뿐만 아니라, 온갖 부정적인 감정과 낙담마저 느낀 것이다.

충분한 수면은 좋은 항스트레스제

수면 부족이 엄마의 육체적 심리적 정서적 건강에 얼마나 해로운 결과를 가져올 수 있는지는 10장에서 이미 설명했다. 엄마로서 느끼는 피로를 모두 없애려는 것은 헛된 시도이며, 엄마라는 존재는 결코 고갈을 피할 수 없다고 단정 지으면 안 된다. 내 경우 하루 동안 겪는 스트레스와 피로가 전날 밤의 수면 시간과 반비례하는 경우가 많다는 것을 경험을 통해 깨달았다. 어떤 사람들은 대여섯 시간 자고도 일상생활을 영위하는 데 지장이 없지만, 나는 적어도 일고여덟 시간은 자야 낮 동안 받은 스트레스가 풀리고 지친 심신이 회복된다.

미국 수면장애 센터 협회의 메릴 박사(Dr. Merril)와 M. 미틀러(M. Mitler)에 따르면, '적정 수면 시간은 개인은 유전적 특성에 따라 결정된다고 한다. 현재까지 알려진 바에 따르면 적정 수면 시간은 성인기 동안 바뀌지 않고, 훈련을 통해 줄일 수도 없는 것 같다.' 달리 말해, 엄마의 책임이 아무리 중해도 엄마가 필요로 하는 수면 시간은 줄어들지 않는다.

일상생활에서 받는 스트레스를 관리하면서 신체와 정신의 건강을 유지하려면 충분한 잠을 자야 한다. 다시 말해 아이들을 재운 뒤 밤늦게까지 밀린 집안일을 하지 말아야 한다.

사춘기 자녀 둘을 둔 엄마 셀린은 자신의 경험을 이렇게 설명했다.
"내가 여덟 시간을 자야 더 주의 깊고 덜 스트레스 받는 엄마가 된다는 걸 깨달았어요. 그래서 이제는 지난 몇 년 동안 그랬던 것처럼 희생자를 자처하지 않아요. 아이들이 잘 때 자지 않고 깨어 집안 정리를 하거나 구멍 난 바지를 수선하지 않아요. 잠자리에 들기 전에 미처 마치지 못한 일이 생각나면, 급할 것 없다고, 내일 해도 된다고 스스로를 이해시키죠. 나 자신을 더 돌보기 위해 침대에 누워 10분 정도 책을 읽다가 잠을 청한답니다. 그랬더니 우리 가족이 전보다 훨씬 더 건강해졌어요!"

수면 습관을 재정립하는 데 필요한 조언 몇 가지를 하겠다. 우선 당신의 수면 패턴을 살펴보는 것부터 시작해라. 수면 시간이 부족한데도 충분히 잤다고 생각하는 경우가 꽤 많다. 다음의 질문들에 대답해보자.

- 아침에 잠에서 깨어나기 위해 알람이 필요한가?
- 알람이 울리면 그 소리를 무시하고 다시 잠드는가?
- 밀린 수면 시간을 보충하기 위해 주말에 낮잠을 자는가?
- 식사한 뒤 더운 방 안에 있을 때 혹은 회의가 길어질 때 졸게 되는가?

당신이 적정 수면 시간을 지키고 있다면, 위의 질문에 대한 대답은 모두 '아니요'일 것이다.[63] 적정 수면 시간을 파악하기 위해, 휴가 기간을 활용해 테스트를 해보아라. 피로를 느끼면 즉시 잠자리에 들고, 알람의 도움을 받지 않고 눈이 떠지면 일어나라. 처음 며칠은 밀린 수면을 보충하기 위해 잠을 많이 잘 수도 있다. 하지만 며칠이 지나면 당신의 몸이 최적으로 기능하는 데 필요한 적정 수면 시간을 파악할 수 있을 것이다.

좋은 수면 습관을 들이도록 노력해라. 잠자리에 들기 전에 긴장을 푸는 시간을 조금 가져라. 잠자리에 들기 두 시간 전부터는 배부른 음식을 먹지 마라. 밤늦은 시간에 카페인이나 알코올이 든 음료를 마시지 마라. 잠자리에 들기 두세 시간 전부터는 운동을 삼가라. 운동은 신체를 진정시키기보다는 일깨우는 경향이 있어서 잠드는 데 방해가 된다.

또한 침실이 조용해야 하고, 육체적 심리적으로 편안함을 안겨주는 오아시스가 되어야 한다. 침실은 자칫 경시당하는 공간이 될 수 있다. 잡다하고 자질구레한 물건들이 차곡차곡 쌓여 주의를 산만하게 만들 수 있다. 침실은 너무 덥거나 춥지 않은 쾌적한 온도를 유지해야 한다. 침대 매트리스가 너무 딱딱하다면, 혈액순환을 원활하게 해주는 부드러운 새 매트리스 구매를 고려해보아라. 베개가 너무 딱딱하지는 않은지, 자는 동안 머리를 잘 받쳐주는지 확인해라. 편안한 수면을 방해하는 요소가 없는지 주의를 기울여라. 잠옷은 편한가? 침대 시트 색깔이 마음을 진정시켜주는가? 어떤 사람들은 빨간색이나 노란색 같은 원색의 침대 시트를 고르는데, 원색은 신경체계를 흥분시킨다. 원색보다는 정신을 안정시켜주는 파스텔색 계열을 골라라. 밖에서 불빛이 많이 들어온다면 덧

---

[63] 국립 수면 재단, 『미국 여론조사에 나타난 수면 세태』, www.sleepfoundation.org, 2000년.

창을 닫거나 블라인드를 내려라. 침대맡 탁자 위에 읽지 않는 잡지나 책이 잔뜩 놓여 있어도 잡다한 생각을 일으켜 스트레스를 받을 수 있다. 그것들을 눈에 띄지 않는 곳에 치워라!

수면습관을 개선하면 삶에 바람직한 효과를 가져다줄 것이다. 당신의 필요를 진지하게 여기고, 당신 자신과 당신의 몸을 존중해라. 그것은 충족되지 않아도 충분히 살아갈 수 있는 사치가 아니라, 반드시 충족되어야 할 생리적 요구임을 명심해라.

적당한 운동과 균형 잡힌 식생활

먹는 약이나 주사약 외에 스트레스에 대한 효율적인 치료약이 있다. 바로 운동이다. 운동은 불안 증상을 완화하는 데 가벼운 신경안정제만큼이나 효과가 있고 아무런 부작용도 초래하지 않는다. 지나치게 미화된 이야기라고? 절대 그렇지 않다. 실제로 운동에는 수많은 이점이 있다.

운동하라는 권유를 받을 때 엄마들이 보이는 반응은 대개 비슷하다. "운동을 하라고요? 지금 농담하는 거죠! 나는 낮 동안 할 일을 하기에도 시간이 모자라요. 아이들이 잘 때까지 온종일 앉지도 못하고 동동거린다고요. 형편이 이런데 운동까지 할 에너지가 어디 있겠어요!" 충분히 이해가 되는 반응이다. 나 역시 몇 년 전이라면 그런 반응을 보였을 것이다. 하지만 운동은 에너지를 요구하는 동시에 단기적, 장기적으로 많은 에너지를 만들어내는 것이 사실이다. 운동은 육체의 에너지를 증가시키고, 신체기관에 활력을 주어 에너지를 더 효율적으로 사용하게 해준다. 정신은 물론 육체에도 작용하며, 정서적 가족적 사회적 삶의 다양한 측면에 광범위하게 작용한다.

무슨 운동이든 좋다. 테니스, 조깅, 댄스, 실내 자전거 등 스포츠 클럽의 다양한 강좌 중 하나를 선택해도 좋고, 하루에 30분씩 그냥 걷기만 해도 된다. 모든 운동이 심장과 폐 기능을 증가시키고 스트레스, 우울증, 불안을 완화하는 데 효과가 있음이 많은 연구를 통해 입증되었다.

북아메리카의 경우 미국인의 3분의 1과 캐나다인의 5분의 2가 정기적으로 운동한다. 그들을 대상으로 한 연구들은 운동이 삶에 존재하는 스트레스를 조화롭게 관리해줄 뿐 아니라, 운동하지 않는 사람들과 비교할 때 피로와 의기소침함을 덜 느끼게 함으로써 더 활력 있는 삶을 살게 해준다는 것을 보여준다.[64][65] 리자 매캔(Lisa McCann)과 데이비드 홈스(David Holmes) 박사[66]는 가벼운 우울증으로 고생하는 젊은 여성 그룹의 3분의 1을 에어로빅 강좌에 참여하게 하고, 또 다른 3분의 1은 릴랙스 요법 강좌에 참여하게 했다. 나머지 3분의 1은 아무런 개입이나 치료 없이 내버려두었다. 10주 뒤, 에어로빅 강좌에 참여한 여성들은 다른 두 비교군과 비교할 때 우울증이 뚜렷이 감소했다. 100건 이상의 연구가 이런 사실을 확인해준다. 운동은 우울증과 불안에 의해 유발되는 문제를 많이 줄여준다.[67][68]

---

64 J. D. 브라운, 「건강 유지와 잘 살기: 신체 단련이 스트레스를 조절해준다」, 『저널 오브 퍼스널리티 앤드 소셜 사이콜로지』, 60, p. 555~561, 1991년.
65 캐나다 통계, 『캐나다인의 건강에 관한 통계 조사』, 주민 건강 자문 위원회가 보건부 장관 회의에서 소개함, 샬럿타운, PEI, 16과 17, 1999년 9월.
66 I. L. 매캔과 D. S. 홈스, 「에어로빅 운동이 우울증에 미치는 영향」, 『저널 오브 퍼스널리티 앤드 소셜 사이콜로지』, 46, p. 1142~1147, 1984년.
67 L. L. 크래프트와 D. M. 랜더스, 「운동이 임상 우울증 및 정신질환에 기인한 우울증에 미치는 영향: 메타 분석」, 『저널 오브 스포츠 앤드 엑서사이즈 사이콜로지』, 20, p. 339~357, 1998년.
68 B. C. 롱과 R. 반 스타벨, 「운동이 불안에 미치는 효과: 메타 분석」, 『저널 오브 어플라이드 스포츠 사이콜로지』, 7, p. 167~189, 1995년.

연구자들은 왜 운동이 스트레스와 부정적 감정을 완화해주는지 밝혀내고자 했고, 다음의 사실을 알게 되었다.

- 운동은 심장을 튼튼하게 해주고, 혈액의 흐름을 증가시키고, 동맥압을 줄여준다. 이런 현상 때문에 스트레스가 줄어드는 것 같다.
- 운동은 노르아드레날린, 세로토닌, 엔돌핀 등 기분을 조절하는 뇌의 신경전달물질 생성을 증가시킨다.
- 기억력 등의 인지능력을 적당히 증가시킨다.

정신이 육체에 영향을 미친다면, 육체 역시 정신에 영향을 미칠 수 있다. 운동은 스트레스와 육체 및 정신 건강에 해로운 영향들에 맞서는 투쟁에서 매우 유익한 방식으로 작동한다. "말이야 쉽죠!" 이렇게 말하는 사람이 있을지도 모르겠다. 하지만 나는 인생을 살다 보면 자신이 원하는 것이 무엇인지 파악하고 그것을 얻기 위해 가능한 모든 수단을 동원해야 하는 순간이 한 번쯤은 온다고 믿는다. 시간을 할애해 자기 자신을 살피고 다른 사람들도 살펴야 한다. 그런데 다른 사람들을 돌보려면 당신의 육체적 정서적 상태가 양호해야 한다. 내가 가지지 못한 것을 남에게 줄 수는 없다. 당신의 가정과 아이들에게 평온, 인내, 조화를 선사하고 싶다면, 당신 자신에게도 똑같은 대접을 해줘야 한다. 자신을 돌보지 않고 엄마의 책임에 따르는 수많은 도전에만 몰두하는 것은 스트레스를 향해 가는 지름길이다. 그렇게 살면 시간이 흐른 뒤 육체적 정서적 고갈에, 그리고 모성 소진에 이를 확률이 크다.

균형 잡힌 식생활의 중요성도 강조하고 싶다. 나를 만나러 온 많은 엄마들, 특히 전업주부들이 자신의 식생활이 부실하다고 털어놓았다. 아침마다 분주히 아이들을 등교시켜야 해서 자신의 식사는 제쳐놓고 아이들에게 질 좋은 아침을 먹이기 위해 애를 쓴다. 그러다 보면 시간이 없어서 식탁 한 귀퉁이에서 아무 음식이나 급히 깨작거리기 일쑤이다. 점심시간이 되어도 전업주부는 아이들이 먹을 것을 준비하느라 자신을 위한 푸짐하고 균형 잡힌 식사를 준비하지 못한다. 시간이 없는 것이다! 일이 너무 많아서 아이들을 먹인 뒤에 빵 한 조각과 치즈, 요구르트 또는 과일 정도로 때울 때가 많다. 온종일 많은 일을 하는 신체에 에너지를 공급하기에는 턱없이 부족하다.

빈약하거나 불균형한 영양 섭취는 신체를 약화시키고 스트레스에 효율적으로 대처하는 능력을 약화시킨다는 사실을 알아야 한다. 반대로, 건강하고 균형 잡힌 영양 섭취는 스트레스의 부정적 영향에 대한 저항성을 향상시키는 데 필요한 에너지를 공급해준다. 규칙적이고 균형 잡힌 식사는 매일의 스트레스에 대처하는 매우 간단하면서도 생산적인 방법 중 하나이다. 그러니 신체가 잘 기능하는 데 필요한 비타민과 미네랄을 유의해서 섭취해라.

스트레스의 영향을 줄이려면 비타민 공급이 매우 중요하다는 사실을 명심해라. 어떤 연구에 따르면 스트레스 상황에 직면한 사람은 정상 상태에 있는 사람보다 비타민 C를 2~3배 더 필요로 한다고 한다. 그러므로 식사의 질에 신경 쓰고, 식사에 충분한 시간을 투자해라. 그 시간은 낭비하는 시간이 아니다. 오히려 그 반대다. 당신의 건강과 에너지가 걸린 문제이다. 이 두 가지가 결핍되면 모성 소진을 경험하게 될 수도 있다.

스스로 사기를 진작해라

엄마의 자유 시간: 사치가 아니라 필요

직업과 모성 스트레스 연구 덕분에 나는 정서적 행복과 사기 진작에 신경을 써서 일상의 스트레스를 줄인 엄마들을 만나볼 수 있었다. 언뜻 생각할 때 당연해 보일 수도 있지만, 이것의 중요성을 피부로 느끼는 엄마는 많지 않은 것 같다. 시시각각 흐르는 시간이 보물처럼 소중하고 주위 사람들이 당신의 주목과 즉각적인 헌신을 요구할 때면 '아, 나 자신을 위한 일을 하고 싶은데!'라고 생각하는 것이 조금 이기적으로 느껴질 수도 있다. 하지만 나는 엄마들의 증언에 귀 기울이면서, 약간의 이기주의는 가족과 자기 자신을 위한 유익하고 너그러운 행위일 수 있다는 것을 깨닫게 되었다.

몇 년 전, 상담소에서 심리치료를 하는 교수님 한 분과 점심을 먹으며 나는 이렇게 털어놓았다.

"연구하는 외에 운동을 하고, 때때로 전시회를 보러 가고, 강연회에 참석하다 보면 가족들에게 죄책감이 느껴져요. 이기주의 같아서요. 저에게는 무척 중요한 일이지만요."

교수님은 내 말을 주의 깊게 들은 뒤, 빙긋이 웃고는 이렇게 말했다.

"방금 한 말 중 이기주의라는 말만 자부심이라는 말로 바꿔서 해볼래요?"

나는 조금 어리둥절해서, 아무래도 제 말을 잘못 이해하신 것 같다고 불평했다. 그러자 그 교수님은 완벽하게 이해했다고 대답하고는 아까

했던 말을 재차 반복했다. 결국 나는 교수님이 시킨 대로 아까 내가 했던 말을 그 단어만 바꿔 되풀이했다. 잠시 침묵이 흘렀고, 교수님은 미소 띤 얼굴로 나를 지그시 바라보았다. 그 짧은 몇 분은 내 기억 속에 영원히 새겨졌다. 그 몇 분이 엄마로서 보내는 자유 시간에 관한 내 관점을 완전히 바꿔놓았기 때문이다. 나는 그 시간을 엄마로서 삶의 요구에 대처하기 위해 필수적인 에너지를 재생시키는 소중한 시간으로 보게 되었다.

시간이 조금 흐른 뒤, 나는 슈퍼마켓에서 '엄마가 기분 나쁘면 다들 기분이 나빠요!'라고 적힌 티셔츠를 입고 계산대에 서 있는 여성을 보았다. 이 말에 이의를 제기하는 엄마는 별로 없을 것이며, 하물며 이의를 제기하는 아이나 남편은 더욱더 없을 것이다. 내가 보기에 과장된 말이 전혀 아니다. 행복을 느끼고 싶다면 신체를 돌봐야 할 뿐 아니라, 정서적 정신적 에너지를 새롭게 하고 재충전하는 데 필요한 일도 해야 한다.

세 아이를 키우는 전업주부 앨리스는 자신이 혼자 오후 시간을 보낼 수 있도록 친정어머니가 일주일에 한 번씩 아이들을 돌봐준다고 말했다. 덕분에 그 시간 동안 자신이 좋아하는 일을 할 수 있다는 것이다.

"일주일에 한 번씩 돌아오는 그 반나절이 나에겐 정말 소중해요. 그 시간이 되면 기분이 참 좋아요. 오로지 나만을 위한 시간이니까요. 그 시간을 이용해 도서관에도 가고, 친구도 만나고, 그냥 할 일 없이 빈둥거리기도 하죠. 그 몇 시간 동안 긴장을 충분히 푼 다음 집에 돌아가 다시 가족들에게 봉사해요."

또 다른 엄마 샤를로트는 이따금 아이들을 일주일 동안 조부모님 댁에 보내놓고 혼자 지낸다고 했다. 그때마다 자유 시간을 가지고 스스로를 돌볼 수 있어서 얼마나 좋은지 모른다고 했다.

"아이들과 떨어져 지내는 그 시간이 모두에게 유익하다고 생각해요. 덕분에 다들 한숨 돌릴 수 있고, 나도 긴장을 풀고 좀 더 밝아져서 아이들이 집에 돌아왔을 때 기꺼운 마음으로 돌보게 되거든요. 자유롭게 휴식을 취하고 나면 마음이 훨씬 여유로워지고 인내심이 생겨요. 아이들을 돌보느라 에너지가 바닥났을 때처럼 쉽게 짜증도 내지 않고요."

아이들의 비명이나 말다툼 소리 없이 조용히 시간을 보내며 그동안 쌓인 긴장을 푸는 것은 엄마의 정신적 균형에 매우 중요하며, 스트레스를 줄이는 데도 큰 도움이 된다. 만성적 스트레스는 모성 소진에 다다르는 지름길임을 기억해라. 에너지를 재충전할 마땅한 방법이 떠오르지 않는다면, 당신은 모성 소진의 첫 단계, 즉 육체적 정서적 고갈 단계에 노출된 것이다. 그러니 죄책감을 느끼지 말고, 더 유용한 일에 투자할 수도 있는 시간을 허비한다고 생각하지 말고, 당신 자신을 위해 시간을 투자해라. 당신 자신, 당신의 에너지, 당신의 사기보다 더 중요한 것은 없다. 그것이 없으면 당신이 책임지고 있는 사람들을 돌보기가 훨씬 더 힘들어질 것이다.

하지만 모든 엄마가 아이들을 정기적으로 친지에게 맡길 수 있는 것은 아니다. 일주일 동안 아이들 없이 혼자 쉴 수 있는 행운은 더더욱 드물다. 엄마들은 그런 순간의 유익함을 잘 알고 있으며, 속으로 이렇게 생각한다. '내가 잠깐이라도 도망칠 수 있다면, 조용한 곳에서 한숨 돌리며 쉴 수 있을 텐데!' 하지만 엄마들이 그런 시간을 누리기란 십중팔구 매우 힘든 일이다. 그렇다. 4분의 3의 엄마들은 일주일 동안 혼자 휴가를 떠나 야자수 밑에서 휴식을 취하는 사치를 누리지 못한다. 하지만 미니 휴가를 누릴 수는 있을 것이다. 나는 '미니'라고 말했다. 사실 초미니라고 말하고 싶었지만, 쉽게 이해할 수 있도록 그렇게 말한 것이다. 미니 휴가는 5~10분 정도 일상에서 벗어나 짧지만 소중한 시간을 누리는 것이다. 이런 순간은 대개 예측하지 못할 때 찾아온다. 그 짧고 고요한 시간을 미리 계획하기란 힘든 일이다. 그러니 그 짧은 순간을 잘 활용해야 한다. 마침내 아기가 잠들고, 다른 아이들은 방에서 조용히 그림을 그리고 있다. 감미로운 침묵이 집 안을 감싼다. 그렇다면 즉시 그 시간을 활용해라. 편안히 앉아서 혹은 누워서 눈을 감고 긴장을 풀어라. 숨을 깊이 들이쉰 뒤 이렇게 말해라. "지금 나는 휴가를 온 거야!" 아마도 그 시간은 기껏해야 2분 정도, 운이 좋으면 10분 정도 지속될 것이다. 세탁기나 청소기를 돌려서 그 고요한 순간을 망치지 마라. 다시 한 번 강조하는데, 오직 당신 자신만 생각해라.

 자동차 안에 책이나 잡지를 갖다놓는 것도 좋은 방법이다. 아이들 학교 입구에 자동차를 세우고 아이들이 하교하기를 기다릴 때, '아이들이 지금 어디 있지? 학교에서 나오는 데 왜 이렇게 시간이 오래 걸리지?'라고 생각하는 대신 '자, 나에게 5분이라는 시간이 주어졌네. 5분 동안 해수 요법에 관한 기사를 읽을 수 있겠어!'라고 생각하며 미니 휴가를 즐기는 것이다. 이 몇 분은 오로지 당신만의 시간이고, 당신은 그렇게 함으로써 스트레스 받는 상황을 긍정적이고 기분 좋은 경험으로 바꿀 수 있다. 부정적인 것을 긍정적인 것으로 바꾸는 법을 배워라. 그것은 삶에 대한 유익한 접근법이며, 많은 것에 대한 관점을 변화시킬 수 있다.

또 다른 예를 들겠다. 당신은 공원에 있고, 아이들은 미끄럼틀에서 놀고 있다. 벤치에 앉아 5분 동안 미니 휴가를 즐겨라. 그런 다음 벤치에서 일어나 사랑하는 아이들에게 가서 함께 숨바꼭질 놀이를 해라. 나는 이런 방법을 통해 과중한 내 일과에 균형을 부여한다. 온종일 스스로를 밀어붙여 할 일을 모조리 완수하는 대신, 식구들이 모두 잠자리에 들고 나도 잠자리에 들 수 있게 되면 여기서 5분 저기서 10분 정도 조용한 시간을 보내려고 애쓴다. 그러면 하루 동안 받은 스트레스가 훨씬 줄어든다.

운 좋게도 5~10분 이상 혹은 몇 시간 정도 자유 시간을 낼 수 있다면 그리고 날씨가 화창하다면, 그 시간을 이용해 공원에 가서 산책을 하거나 윈도쇼핑을 해라. 행운을 마음껏 누려라. 당신의 행동을 통제할 사람은 아무도 없다. "피곤해. 지루해. 집에 가고 싶어!", "쉬 마려워. 급해!" 이런 말을 몇 번이고 되풀이할 사람도 없다. 이런 자유로운 순간에 당신 자신을 위한 관용의 시간을 가지면 집에 돌아가 스트레스에 대처하는 데 도움이 될 것이다.

상황이 허락하는 내에서 시간을 내어 창의력이나 지성을 자극하는 활동을 해도 된다. 피아노를 치거나 미술 강좌를 듣는 것도 좋고, 그림, 댄스, 글쓰기, 연극 같은 당신이 흥미로워하는 활동을 해도 좋다. 이런 활동들은 정서적, 정신적 긴장을 많이 풀어준다. 또한 이런 활동들은 성취의 경험을 제공함으로써 당신의 자신감과 자존감을 높여줄 것이다. 엄마들이 그것을 얼마나 필요로 하는지는 오직 신만이 아실 것이다! 이런 활동들은 뭔가를 '잘' 해냈다는 만족감을 줄 것이고, 스트레스 받는 엄마의 삶에 너무도 부족했던 성취감을 선사할 것이다.

직장에서 일하면서 위안을 받는 엄마들도 있다. 앞에서 살펴보았듯이, 밖에서 일하는 엄마들은 일 때문에 스트레스가 더 커진다고 말한다. 하지만 밖에서 일해서 얻는 이점도 있다. 이렇게 말한 엄마가 있다.

"일주일에 이틀 약국에서 약사 보조로 일하면서, 집에서 두 아이만 돌볼 때 느꼈던 고립감을 느끼지 않게 되었어요. 밖에 나가 내 적성에 맞는 일을 하고, 몇 년 동안 공부한 것을 활용할 수도 있게 되었죠. 그 일이 정말 좋고, 덕분에 집에서 느꼈던 단조로운 기분도 없어졌답니다. 일을 마치고 집에 돌아오면 컨디션이 무척 좋아요. 자랑스럽고, 나에게 도움이 되는 일을 했다는 기분도 들고요. 집에 돌아가 아이들을 다시 만나는 게 무척 기쁘고, 아이들과 함께 시간을 보내는 것도 즐거워요."

또 다른 엄마는 이렇게 털어놓았다.
"파트타임으로 간호사 일을 하게 되니 아이가 아닌 성인들과 대화할 기회가 생겼어요. 집에만 있을 때 몹시도 갈망하던 것이죠. 남들에게 도움 되는 일을 한다는 만족감도 생기고요. 게다가 집안일과는 달리 일의 대가로 칭찬과 인정을 받아요. 나에겐 무척 의미 있는 것이죠."

하지만 내가 이야기를 나눠본 엄마들 중에 파트타임으로 일하는 엄마들만 직업 활동에 만족감을 느꼈다는 사실을 염두에 두어야 한다. 풀타임으로 일하는 엄마들은 두 가지 역할이 오히려 스트레스를 증가시킨다고 말했다. 엄마로서 받는 스트레스를 극복하기 위해 파트타임 직장 생활을 선호하는 여성들도 있고, 전업주부로서 충분히 스트레스를 해소하면서 만족스럽게 생활하는 여성들도 있는 것 같다. 각자 성향이 다르므로, 자신에게 알맞은 해결책을 선택하면 될 것이다.

생각을 바꿔라

1장에서 말한 것처럼, 사회는 엄마들이 최선을 다하기를 기대한다. 하지만 이 까다롭고 힘든 목표에 다다르도록 도움을 주는 여건은 매우 열악하다. 상황은 시시각각 변하게 마련이고, 엄마들이 처한 현실에 대한 자각을 주변 사람들에게 고취하는 것이 중요하다. 우리가 옳다고 믿는 것에 대해 설명하고 토론해야 한다.

당신이 느끼는 것을 열린 마음으로 주변 사람들과 공유해라. 우선 배우자부터 시작해라. 당신이 엄마 역할을 하면서 맞닥뜨리는 어려움과 낙담, 당신이 필요로 하는 정서적 지원에 대해 배우자에게 이야기해라. 그런 대화의 중요성을 배우자에게 인식시켜라. 부끄러워하거나 죄책감을 느끼지 말고, 당신의 필요를 명확하게 표현해라. 이것의 중요성에 관해서는 앞에서 이미 이야기했다.

배우자 외의 다른 가족, 동료, 지인들과 대화를 시도해볼 수도 있다. 자신이 추구하는 변화의 정당성을 굳게 믿을 때만 현상을 재검토하고, 확신을 뒤흔들고, 상황을 변화시킬 수 있다. 그러니 당신의 관점을 옹호하고, 당신 내면의 여성과 엄마를 존중해라. 사회는 당신이 최선을 다하기를 기대한다. 그러니 사회가 당신이 필요로 하는 것을 제공해주도록 생각을 바꿔라.

부정적인 것으로부터 당신 자신을 보호해라

정신을 살찌우는 일에 관심을 가져라. 우리는 다양한 정보들에 늘 폭격을 당하지만, 그중 대다수가 쓸데없는 정보이다. 당신이 보는 TV 프로그램, 당신이 듣고 읽는 것에 주의해라. 많은 영화와 책이 부정적이거나 공격적이며, 의식하지 못하는 사이에 당신의 신경체계에 스트레스 반응을 유발한다. 당신 자신을 친절하게 대하고, 정신에 유익한 양분을 제공하고, 자부심을 키우고 자신감을 북돋워라.

긍정적인 사람들과 함께해라. 그들은 당신의 정신을 고양해줄 것이고, 당신을 성숙하게 해줄 것이며, 당신 내면의 좋은 것을 돋보이게 해줄 것이다. 끊임없이 비판하고 나쁜 측면만 강조해 에너지를 소모시키는 사람들과 달리, 그 사람들은 긍정적인 에너지로 당신에게 좋은 영향을 미친다. 반면 부정적인 사람들은 당신에게 남아 있는 약간의 에너지마저 고갈시킬 위험이 있다.

'안 돼요!'라고 말하는 법을 배워라

당신의 일과는 과중할 것이다. 그것은 들어주지 않아도 되는 요구에 '예!'라고 대답하기 때문일 수도 있다. 온갖 사람들이 당신에게 찾아와 자기 문제를 털어놓는가? 당신은 상처 입은 사람을 보면 그냥 지나치지 못하는 너그러운 성격의 소유자인가? (자청해서든 억지로든) 혼자서 모든 일을 처리하려는 경향이 있는가? "안 돼요!"라고 말하기가 힘든가? 만약 이 질문에 그렇다고 대답했다면, 당신은 한계를 설정하는 법을 배워야 한다. 사회는 엄마들의 처지를 쉽게 잊어버리는 경향이 있다는 사실을 명심해라. 무엇보다도 당신은 슈퍼우먼이 될 수 없다! 무조건 '예스'라고 대답하지 마라.

다른 사람들에게 신경 쓰지 말라는 뜻이 아니다. 당신 자신의 균형에 신경 쓰라는 뜻이다. 주변 사람들의 요구에 부응하는 능력은 당신이 설정하는 한계에 따라 달라질 수 있다. 친구가 항상 자기 문제만 이야기하고 당신 문제를 이야기할 틈을 주지 않는다면, 그 친구를 만나는 빈도를 조금 줄이고 그 친구의 문제를 들어주는 일도 조금 피하는 것이 바람직할 것이다. 친구의 이야기를 듣는 시간에 제한을 두는 것이다. 이 방법이 그 친구에게도 바람직하다는 것을 깨닫게 될 것이다.

누군가가 당신에게 도움을 청할 경우, 당신의 부담이 커지지 않는 선에서 그 사람을 도와줄 수 있는지 현실적으로 헤아려보아라. 때로는 "안 돼요!"라고 대답해라. 당신의 한계를 존중함으로써 당신 자신을 존중해라. 주변 사람들이 당신을 존중하지 않는 경향이 있을 때는 더욱 그럴 필요가 있다! 육체적 정서적 에너지를 적절히 남겨두는 것이 중요하다. 에너지가 남아 있지 않으면 스트레스에 대한 저항력이 낮아질 것이고, 모성 소진의 첫 번째 단계인 육체적 정서적 고갈이 닥칠 것이다.

작은 기쁨에 감사해라

엄마의 삶에 존재하는 다양한 스트레스는 불가피한 것일 때가 많다. 그러나 일상에 존재하지만 감지하지 못하고 지나치던 작은 기쁨들을 발견함으로써 스트레스의 영향을 줄일 수는 있다. 행복과 만족을 가져다주는 은밀한 순간을 찾아내 마음껏 누려라. 딸아이가 자랑스러워하는 표정으로 방금 완성한 멋진 그림을 들고 달려올 때, 소파에서 내 품에 안겨 자신이 쓴 시를 보여주고 낭송해줄 때, 아들아이가 다가와 내 허리를 두 팔로 감고는 활짝 웃으며 "엄마는 세상에서 가장 좋은 엄마예요"라고 말할 때, 나는 정신없던 질주를 멈추고 그 순간이 선사해주는 달콤한 행복의 감정을 잠시 음미한다.

　나는 그런 순간이 지닌 긍정적인 부분을 식별하고 간직하는 법을 배웠다. 그 순간을 통해 엄마로서의 내 삶에 노력, 속박, 시간에 쫓기기, 위기 관리하기, 상처 치료하기, 식사 준비, 세탁만 존재하는 것은 아니라는 사실을 자각한다. 우리가 경험하는 고된 순간과 기분 좋은 순간 사이에는 균형점이 존재한다.

　어떤 엄마에게 엄마가 되기 전에 어떤 조언을 듣고 싶었느냐고 물었더니, 그 엄마는 이렇게 대답했다.

　"나는 누군가 나에게 이렇게 말해줬으면 했어요. '엄마 역할을 한다는 건 가장 힘든 경험일 수 있단다. 아이를 낳지 말 걸 그랬다는 생각이 드는 순간도 있을 거야. 하지만 아이들 덕분에 큰 기쁨을 느끼는 순간도 있을 거란다. 그 순간 절망과 낙심은 언제 있었느냐는 듯 말끔히 사라질 거야. 그런 순간에 집중하렴. 그러면 힘든 일도 극복할 수 있을 거야…….'"

계속 떠오르는 생각

　첫아이를 가졌을 때 나는 육아 관련 서적을 많이 읽었다. 갓난아기를 어떻게 돌봐야 하는지 전혀 몰랐기 때문에 기본 지식을 습득해야 한다고 생각했다. 그러나 앞에서도 이야기했듯이 육아 서적들에 소개된 많은 조언들이 서로 모순되며, 그 조언들을 그대로 따르기도 쉽지 않은 일이다. 정말 그러려고 시도할 경우 매우 스트레스를 받을 것이다. 시간이 흐르면서 나는 경험을 통해, 어떤 조언이 흥미롭게 느껴지면 그것을 적용해보고 어떤 효용이 있는지 알아보는 것도 유익하다는 것을 배웠다. 가치가 없어 보이는 조언은 무시하고 말이다. 당신의 스트레스를 정말로 줄여주는 일을 하나 떠올려보아라. 그 일에 관해 주저 말고 조언을 구해라. 하지만 반드시 그 조언을 따라야 하는 것은 아님을 명심해라!

이런 맥락에서 몇 가지 제안을 하겠다. 이 제안들은 내가 이 책을 쓰는 동안 만나고 인터뷰했던 엄마들의 제안을 한데 모아 요약한 것이다. 나는 연구자이자 심리학자로서 모성 스트레스를 줄이는 데 도움이 되는 전략들을 소개했다. 자신을 돌보고 주변 사람들의 정서적 지원을 구하는 것 말이다. 아래에 소개하는 제안들은 스트레스의 주된 요인들과 밀접하게 연관된다는 점에서 특기할 만하다.

소음을 없애라

소음은 거의 모든 엄마들이 느끼는 스트레스 요인이다. 아이들의 비명, 울음, 말다툼 소리, 나이 어린 아이들이 낑낑거리는 소리를 들으며 엄마의 귀는 혹독한 시련을 겪고, 시간이 갈수록 소리에 대한 민감성이 점점 커진다. 어떤 엄마는 아이들이 어릴 때 소음 문제를 해결하기 위해 작은 솜뭉치로 귓속을 틀어막을 생각까지 했다고 털어놓았다. 그렇게 하자 귀에 들리는 소음의 강도가 꽤 낮아졌고, 이런 생각이 들었다고 한다. '이 방법 덕분에 아이들의 비명 때문에 받던 스트레스가 많이 줄어들었어. 전에는 걸핏하면 신경이 쿵쿵 밟히는 느낌이 들었는데, 이제는 그런 느낌이 들지 않아. 마침내 조용히 지낼 수 있게 되었어!'

또 다른 엄마는 매일 저녁 조용히 지내는 시간을 한 시간씩 갖기로 결정했다. 그 시간 동안 텔레비전도 끄고 조용히 있어야 했고, 덕분에 다들 평온하고 고요한 시간을 보낼 수 있었다.

자신의 한계를 받아들여라

다른 엄마들과 비교하는 데서 스트레스가 생겨날 수도 있다. 다른 엄마들을 관찰하고는, 그들이 어려운 일을 나보다 더 잘 해낸다고 생각하는 것이다. 그럼으로써 콤플렉스가 생긴다! 어떤 분야든 당신보다 훌륭한 사람은 늘 존재한다. 그렇다고 당신의 능력에 대해 성급한 결론을 내려서는 안 된다. 모든 엄마에게는 장점과 약점이 있다. 그렇지 않다면 완벽한 엄마라는 이상은 무척이나 손쉬운 목표가 될 것이다.

당신이 관객이라고 상상해보아라. 당신이 온종일 하는 일들을 모두 검토해라. 당신이 해내는 일들을 정확하게 파악하고, 다른 사람들이 당신을 부러워할 수도 있다는 것을 인정해라. 당신은 많은 일을 놀랍도록 훌륭하게 해내며, 그것을 자랑스러워해야 한다. 이것이 이해되지 않으면, 주저 말고 당신 아이들에게 의견을 물어라. 당신의 어떤 점이 좋고 마음에 드는지 그리고 당신이 아이들을 위해 매일 하는 일을 어떻게 평가하는지 물어라. 아이들의 대답에 당신은 놀랄지도 모른다. 혹시 당신의 행동에 아쉬운 부분이 있을지도 모른다. 하지만 당신은 당신보다 뛰어나 보이는 다른 엄마들과 마찬가지로 슈퍼우먼이 아니라는 사실을 잊지 마라. 그 엄마들도 당신만큼이나 자신의 약점 때문에 근심한다.

한계를 자각하지 않고 질주하면, 당신이 결함이라고 생각하는 것을 채우기 위해 지나치게 많은 에너지를 소비하게 될 위험이 있다. 더 유능한 엄마가 되기 위해, 에너지가 고갈될 때까지 더 잘하려고 애쓰게 되는 것이다. 그러다 보면 모성 소진의 육체적 정서적 고갈이 닥쳐올 수 있는데, 그렇게 되는 일은 어떻게 해서든 피해야 한다.

한 번에 한 가지씩!

세 아이를 키우는 한 엄마는 원하는 것을 아이들에게 모두 가르치지 못해서 낙담에 빠져 있었다. 그 엄마는 나이프와 포크 사용법, 하루에 두 번 양치질하기, 용변을 본 뒤 반드시 물 내리기, 더러워진 옷을 방바닥에 함부로 던져놓지 않기, 아침마다 머리 빗기, 욕실 바닥에 비누 흘리지 않기를 아이들에게 가르치고 싶어 했다. 간단히 말해 몸에 익혀야 할 모든 생활예절을 가르치고 싶었다. 그 엄마는 그것들을 한꺼번에 가르치려고 했고, 원하는 결과를 얻지 못해 매우 화가 났다.

나는 그 엄마에게 다른 방법으로 접근해보라고 제안했다. 모든 문제를 동시에 해결하려 하는 것은 바람직하지 않다는 사실을 받아들일 필요가 있었다. 아이들이 바른 식사예절을 몸에 익히기를 원한다면, 한동안 그것을 가르치는 데만 전념해야 한다. 아이들이 식사예절을 완전히 익힌 뒤에, 용변을 본 뒤 물 내리는 문제나 더러워진 옷 처리 문제, 여타 다른 문제들을 하나씩 해결하면 되는 것이다. 이런 접근법은 매우 효과가 있었다. 그 엄마는 스트레스가 현저히 줄어들었고 예전처럼 자주 화를 내지 않게 되었다고 털어놓았다.

당신을 가장 많이 괴롭히는 스트레스 요인을 파악해라

스트레스를 최소화하기 위해서는 당신을 가장 많이 괴롭히는 스트레스 요인을 파악해야 한다. 어떤 스트레스 요인이 당신에게 가장 큰 타격을 주는지 생각해보아라. 소음인가? 통제력 부족인가? 시간의 속박인가? 끊임없이 주어지는 책임인가? 아니면 인정 부족인가?

어떤 엄마는 가장 스트레스를 받는 요인이 자신이 집에서 하는 일과 아이들을 위한 헌신을 남편이 인정해주지 않는 것이라고 말했다. 남편은 자신이 하는 일들을 당연하기 짝이 없는 일로 여긴다는 것이었다. 마치 하녀 취급을 받는 기분이라고 했다. 남편의 무관심에 매우 낙심하고 남편이 가정에 대한 대화를 피하는 것 같다는 느낌이 든 그녀는 남편에게 편지를 써보기로 마음먹었다. 그 편지에 자신의 슬픔, 실망, 분노를 털어놓았고, 남편의 무관심이 자신을 사랑하지 않기 때문인 것 같다는 느낌도 털어놓았다. 남편이 저녁 늦게 퇴근해서 돌아와 그 편지를 볼 수 있도록 현관 입구 탁자 위에 눈에 띄게 놓아두었다. 퇴근해서 돌아온 남편은 그 편지를 보았고, 편지를 읽고는 무척 당황스러워하며 아내에게 다가왔다. 그는 그녀가 집에서 하는 일을 높이 평가하지 않는 듯한 느낌을 줘서 정말 미안하다고, 그녀가 하는 일이 정말 중요한데도 무신경하게 반응해서 미안하다고, 그녀는 멋진 아내이니 그가 그녀를 사랑하지 않는다고 생각해선 안 된다고 말했다. 이후 그들 부부의 관계가 개선되었고, 남편의 인정 부족에서 생겨난 스트레스는 거의 사라졌다.

당신에게 큰 스트레스와 낙담을 안겨주는 문제들에도 똑같은 방법으로 접근할 수 있다. 무엇보다 중요한 것은, 해결책을 잘 찾아낼 수 있도록 당신이 그 스트레스 요인을 가능한 한 정확하게 파악해야 한다는 것이다.

통제력 부재나 예측 불가능성 같은 주요 스트레스 요인에 의해 유발된 문제는 해결하기 힘들 때가 많다. 하지만 엄마들의 증언에 따르면, 가정 내에 규칙을 만들면 예측 불가능성을 없애는 데 부분적으로 도움이 되고 통제력도 조금 발휘할 수 있게 된다고 한다. 엄마에게 큰 스트레스 요인인 아이들 재우는 일을 예로 들어보자. 욕실에 가서 양치질하는 시간, 다음 날 아침에 등교하기 위해 책가방을 싸는 시간, 침대에 누워 부모가 읽어주는 동화책 이야기를 듣는 시간에 대해 정확한 규칙을 정함으로써, 아이들에게 무엇을 기대해야 하고 무엇을 기대하지 말아야 하는지 안정적인 기준을 부여할 수 있다.

항상 모든 사람을 만족시킬 수는 없다

항상 모든 사람을 만족시키려고 애쓰면 엄청난 스트레스를 받게 된다. 그것은 거의 불가능한 임무에 가깝다. 하지만 많은 엄마들이 그렇게 하기 위해 믿을 수 없을 만큼 에너지를 소모한다. 모든 사람을 행복하게 만들어줘야 한다는 의무감 때문이다.

두 아이를 둔 젊은 엄마 하나가 나에게 이런 말을 했다.

"다섯 살배기 아들아이는 나와 함께 장 보러 가는 걸 너무 싫어해요. 지루하고, 걷는 게 싫고, 빨리 집에 돌아가고 싶대요. 하지만 나를 따라다닐 수밖에 없어서 늘 짜증을 내고, 장을 다 볼 때까지 계속 울어대죠. 전에는 그 문제 때문에 정말로 미칠 지경이었어요. 하지만 내가 엄마이고 아이를 돌봐야 하는 이상, 아이를 100% 만족시킬 수는 없다는 걸 깨달았죠. 나는 장을 봐야만 하고 다른 선택의 여지가 없어요. 그러니 아들아이는 장 보는 것이 싫어도 참고 견뎌야 하는 거예요!"

문제에 대한 관점을 바꾸자, 죄책감에서 생겨난 스트레스도 사라져 버렸다.

지혜로운 말 몇 마디
- 작은 싸움을 위해 큰 대포를 꺼내지 마라.
- "양치질하렴"이라고 말할 때와 "거짓말하면 안 돼!"라고 말할 때 똑같은 어조를 사용하지 마라.
- 시간은 흐르게 마련임을 명심해라! 오늘 당신이 느끼는 많은 스트레스는 내일이면 당신 삶에서 사라질 것이고 당신은 새로운 스트레스에 대처해야 할 것이다. 하지만 적어도 오늘의 스트레스는 더 이상 존재하지 않을 것이다.
- 아이들과의 문제는 결국 아이들이 아직 미숙한 데서 온다. 그러니 아이들이 미숙하다는 사실을 일단 받아들여라. 우리는 어린 시절의 기억을 잊어버리고 아이가 어른처럼 생각하고 말하고 행동하기를 기대하는 경향이 있다. 하지만 아이는 작은 어른이 아니다. 유명한 심리학자 장 피아제는 오랜 시간에 걸쳐 어린아이의 정신은 어른 정신의 미니어처 모델이 아니라는 사실을 환기했다. 어린아이가 어른보다 모르는 것이 훨씬 많다고 생각해서도 안 된다. 어린아이들은 주변에서 얻는 정보들을 나름의 방식으로 분석하고 통합해서 세상을 자각하며, 이 자각은 어른의 자각과는 많이 다르다. 그 차이를 받아들이자. 아이들에 대한 우리의 기대와 요구는 아이들의 나이와 인지 발달 단계를 고려해서 이루어져야 한다.
- 당신에게 알맞은 훈육체계를 만들어라. 그리고 그것을 잘 지켜라.

일관적이지 못한 훈육은 아이를 불안하게 만들고, 그로 인한 통제력 부족과 예측 불가능성에 의해 스트레스가 유발된다.

- 어려운 결정을 나중으로 미루지 마라. 우유부단함은 스트레스를 유발한다. 결정을 내리지 않는 것이 잘못된 결정을 내리는 것보다 훨씬 더 큰 스트레스를 주기도 한다.

- 스트레스에 대한 일종의 내면 일기를 써보아라. 거기에 당신이 직면하는 스트레스를 모두 기록해라. 당신이 식별할 수 있는 스트레스 요인은 무엇인가? 당신은 거기서 반복적인 도식을 발견하는가?

- "나는 이 상황에 대처할 수가 없어요. 나에겐 버거워요"라고 말하지 말고, 당신의 문제에 주의를 기울여라. 고개를 들고 용기를 내라. "무척 스트레스를 받지만 할 수 있어. 나는 무너지지 않을 거야!" 부정적인 말을 긍정적인 대처로 바꾸어라. 개인적으로 내가 좋아하는 말이 있다. 어느 스포츠 브랜드 광고에 나온 말로, 이 말은 언제나 나에게 선의의 채찍질을 해준다. "Just do it!"이라는 말이다!

- 전혀 통제할 수 없는 스트레스는 지혜롭게 받아들여라. 엄마의 책임과 관련된 많은 스트레스들이 이런 범주에 속한다. 그러므로 모든 엄마들이 아시시의 성(聖) 프란체스코의 기도문을 마음속에 새겨야 할 것이다. "제가 바꿀 수 없는 것을 받아들이도록 힘을 주소서. 바꿀 수 있는 것을 바꾸는 용기를 주소서. 이 둘을 분별할 수 있는 지혜를 주소서."

모성 소진이 당신을 무너뜨린 것처럼 보일 때

하지만 스트레스를 줄이기 위한 아이디어와 조언을 제시하는 것만으로는 충분치 않을 때가 있다. 모성 소진은 복잡하고 은밀한 현상이다. 잘못 해석되거나 잘못 식별될 수 있는 많은 측면과 징후들을 포함하기 때문이다. 바로 이런 특성 때문에 내가 모성 소진의 주요하고 빈번한 결과 중 하나인 엄마의 우울증 문제에 관심을 갖게 되었다.

엄마가 우울증에 걸렸을 경우, 우울증에서 벗어나는 데 도움이 되는 조언을 제시하는 데 그쳐서는 안 된다. 우울증에 걸린 엄마는 조언을 적용하는 데 필요한 에너지를 갖고 있지 못할 때가 많기 때문이다. 모성 소진에 희생된 엄마는 자신에게 무슨 일이 일어나고 있는지 감지하지 못하거나 자신이 느끼는 것을 제대로 표현하지 못하는 경우가 많다. 아침에 일어나기가 힘들다면, 온종일 뭔가에 끌려다니는 것 같고 일상적인 일을 하기 위한 에너지가 전혀 없는 기분이 든다면, 당신이 우울증에 걸린 것을 부인하지 마라. 당신은 현재 겪고 있는 고통과 고립에서 벗어날 수 있다.

자각

우선 당신 삶에 존재하는 스트레스 요인들을 인정하는 것이 중요하다. 스트레스에 의해 잠재적으로 유발되는 육체적 징후도 식별해야 한다. 당신 자신이 상황을 변화시킬 때가 되었다. 당신은 엄청난 희생을 하고, 항상 대기 상태이며, 다른 사람들의 필요에 부응하고 있다. 하지만 이제는 당신 자신의 필요에 부응할 때가 되었다. 지금까지 설명한 모성 소진의 다양한 단계와 과정들을 떠올려보아라. 당신이 이 주제에 관한 지식을 많이 습득할수록, 총괄적인 시각을 갖기가 수월해질 것이다. 혹시 당신이 모성 소진과 그것에 동반되는 우울증으로 고통받고 있다면 가능한 한 신속하게 반응해야 한다.

당신 자신을 돌보아라

앞에서 나는 다른 엄마들과 경험을 공유하고 주변 사람들에게 도움을 청해 고독에서 벗어나라고 조언했다. 마찬가지로 우울증에 빠져 있을 때는 건강 전문가를 찾아가 상의하는 것이 좋다. 의료기관을 찾아가 우울증 검사를 받으면 치료를 시작할 수 있을 것이다. 우울증을 극복하기 위해서는 약물치료가 필요하지만, 강조하는데 그것만으로는 충분하지 않다. 약물은 증상을 완화해주지만, 스트레스 자체를 해결해주지는 못한다. 문제의 원인 자체를 공략하지 못하기 때문이다. 약물치료를 받게 되면, 적절한 심리적 지원을 함께 받도록 해라. 그럼으로써 당신의 힘든 심정을 표출할 수 있을 것이다. 스트레스에서 오는 고통스러운 감정의 무게를 벗는 것이 무엇보다 중요하다.

정신분석학적 접근은 피하는 것이 바람직하다고 생각한다. 정신분석학은 환경의 영향은 고려하지 않고 문제를 환자의 심리 문제로만, 다시 말해 개인의 머릿속에서 일어나는 일로만 간주하는 경향이 있기 때문이다. 앞에서 여러 번 살펴보았듯이, 엄마들이 처한 환경과 맥락은 엄마들이 경험하는 스트레스에 지배적 역할을 한다. 게다가 엄마들이 받는 스트레스는 과소평가되거나 더 심하게는 자기 관리를 잘하지 못해서 생긴 일로 간주되기도 한다. 당당해져라. 당신은 남에게 판단 받지 않을 권리가 있다. 당신에게 필요한 것은 비판이 아니라 도움이다.

당신을 피고석에 앉히는 것은 당신 자신에게 도움이 되지 않을 뿐 아니라, 맡겨진 임무를 제대로 완수하지 못했다는 죄책감을 더욱 부추길 위험이 있다. 다양한 방법으로 스트레스를 관리하는 법을 배우기 전에, 누군가가 비판적인 판단 없이 당신의 이야기를 경청하고 인정해줘야 한다. 무엇보다 외부의 스트레스 요인에 관해 안심하는 것이 관건이다. 그러므로 로저스 유형의 심리치료(미국의 심리학자 칼 로저스의 방법에 따른 심리치료)를 받는 것이 좋을 것이다. 이 유형의 심리치료는 모든 판단을 유보하고 우선 따뜻하게 경청해주는 인간 중심 접근법(person-centered approach)을 따른다. 사람의 단점이 아닌 장점에 초점을 맞춤으로써 그 사람이 잠재력을 발휘해 직면한 문제를 자립적으로 해결하게 한다.[69]

스트레스와 모성 소진에 직면한 엄마는 누군가가 호의적이고 안심시켜주는 태도로 자신의 이야기를 경청해주기를 무엇보다도 바란다는 사실을 나는 경험을 통해 알게 되었다. 냉정한 태도로 거리를 두는 정신분석가의 중립적 태도는 이 경우에는 도움이 되지 않는다. 게다가 정신분석의 목표는 억압된 어린 시절의 충동적 갈등을 분석하는 것이다. 그런 접근은 스트레스와 모성 소진 문제를 해결하는 데는 적당하지 않다. 프랑스에서는 정신분석적 치료가 많이 이루어지고 다른 치료법들은 부차적 위치에 머물러 있긴 하지만 그런 치료법들의 도움을 받을 수는 있다.

---

69 C. R. 로저스, 『사람이 된다는 것에 관하여. 심리치료에 대한 치료사의 관점』, 런던, 컨스터블, 1967년.

치료사를 선택해라

심리치료를 받기로 마음먹었다면, 당신이 치료사와 맺는 관계의 질이 매우 중요하다는 것을 명심해라. 치료사가 사용하는 방법이 당신과 잘 맞아서 큰 도움이 될 수도 있고, 당신의 필요와 반대될 수도 있다. 미국의 대학교에서 학생들을 가르칠 때 내가 우스갯소리로 자주 말한 것처럼, 치료사를 고르는 것은 신발을 고르는 것과 비슷하다. 당신 자신이 편안해야 한다. 어느 정도 시간이 흘렀는데도 그 신발을 신었을 때 편안하지 않다면, 당신은 그 신발을 신지 않고 신발장 깊숙한 곳에 처박아두게 될 것이다. 그러니 주저하지 말고 여러 치료사들을 만나보고 그들의 방법을 시험해보아라.

'느낌'을 따르고 직관을 믿어라. 그리고 당신의 필요에 귀 기울여라. 당신은 그 치료사와 함께 있을 때 편안함을 느끼는가? 자유롭고 자발적인 태도로 그에게 이야기할 수 있는가? 그가 당신을 당신이 바라는 대로 대접해주는가? 그와 나누는 대화가 당신을 긍정적인 측면으로 풍부하게 해주는가? 이런 질문들을 스스로에게 해보면 당신에게 맞는 치료사를 찾는 데 도움이 된다. 몇 번 치료를 받은 뒤 당신의 필요와 맞지 않는다는 느낌이 들면, 다른 치료사를 만나보아라. 당신의 몸과 정신은 당신 것임을, 무엇이 당신에게 맞고 맞지 않는지 결정할 수 있는 사람은 당신 자신임을 기억해라. 참고로 말하면 나는 의존관계를 수립해 환자를 어린애처럼 만드는 심리치료는 단호히 반대한다. 치료사가 하는 일은 환자가 의존하게 하는 것이 아니라, 자신을 책임지고 자립적으로 행동할 수 있도록 돕는 것이다.

부록

아빠들이여, 귀 기울여라!

"그녀에게 달을 따다 주어라.
그러면 그녀는 너에게 우주를 선사할 것이다."

— 작자 미상

'직업 스트레스, 소진, 어떻게 하면 일에 치이지 않을까?'

신문과 잡지들은 이런 화두를 점점 자주 제시하지만, 독자들의 주의를 그다지 끌지 못한다. 심리학자들 역시 이런 문제들의 해결책을 찾는다. 밀접한 관련이 있는 의학계 역시 이 문제에 진지하게 관심을 기울인다. 사회학자들은 통계를 낸다.

결론은 스트레스는 우리의 가장 큰 적이라는 것이다.

많은 연구들이 스트레스와 소진이 노동자와 사무직 직원들에게 타격을 준다는 것을 보여주었고, 시간이 흐르면서 직업 활동에서 스트레스와 소진을 야기하는 요인 몇 가지를 밝혀냈다. 다음의 사례들을 읽으면서 당신의 일에 스트레스를 야기하는 요인은 무엇인지 생각해보아라.

"나는 맡은 일 때문에 24시간을 대기해야 합니다. 한밤중에도 수없이 호출을 받죠. 하루에 14~15시간을 일해요. 휴가를 떠나도 항상 일거리를 가지고 갑니다."

→ 과중한 일은 직업 스트레스의 주요 요인이다.

"나는 많은 헌신을 요구받습니다. 주위 사람들이 내가 능력의 최대치를 발휘하길 기대하기 때문이죠. 그래서 항상 일을 완벽하게 수행해야 한다는 의무감을 느낍니다."

→ 비현실적인 기대는 일로 인한 스트레스의 주요 요인이다.

"일 때문에 아프지도 못해요. 건강이 어떠하든 내 책임을 계속 감당해야 합니다."

→ 육체적 요구가 큰 일은 스트레스를 준다.

"맡은 책임 때문에 큰 중압감을 느낍니다. 사람들에게 큰 능력을 보여줘야 해요. 사람들은 위기가 발생하면 맨 먼저 나를 찾아옵니다. 그런데도 내가 발휘하는 능력과 노력만큼 임금을 받지 못해요."

→ 적절한 보상과 인정의 부재는 직업 스트레스의 또 다른 주요 요인이다.

"회사에서는 아무런 교육도 해주지 않고 나에게 새로운 임무를 맡깁니다. 나는 그 일을 어떻게 해야 하는지 전혀 알지 못하는데 말입니다. 모두들 내가 그 일을 훌륭하게 해내기를 기대하지요."

→ 적절한 교육의 부재는 직업 스트레스의 주요 요인으로 인정된다.

"과연 내가 얼마나 많은 일을 완수할 수 있을지, 어떤 예기치 못한 사건이 일어나 비상사태에 돌입할지 정말 모르겠어요. 아무것도 예측할 수가 없습니다."

→ 예측 불가능성도 직업 스트레스의 한 요인이다.

통제력 부족 역시 직업 스트레스의 요인이다. 회사가 다른 회사와 합병될 경우 사장이 느끼는 스트레스의 강도는 어떨까. 그는 통제력을 거의 행사할 수 없고, 그가 느끼는 스트레스의 강도는 새로운 여건에 좌우될 것이다.

위에 소개한 사례들을 자세히 살펴보아라. 아마도 당신은 당신의 경험과 똑같은 사례를 발견할 것이다. 하지만 엄마들도 똑같은 경험을 한다. 놀라운가? 당신이 엄마들의 일을 이런 측면에서 생각해본 것이 이번이 처음인가? 안심해라. 당신 혼자만 그런 것은 아니다. 아빠들을 대상으로 한 이 부록의 목적은 엄마들을 칭찬하라고 강요하는 것이 아니라, 아빠들로 하여금 아이들 엄마가 매일 하는 일을 다른 관점에서 보게 하는 것이다.

우리는 엄마들이 받는 스트레스를 인정해야 한다. 엄마 역할을 한다는 것은 매우 혹독하고 크게 스트레스 받는 일이다. 당신이 아이들 엄마가 하는 일을 한 번도 '진짜' 일로 여긴 적이 없다면, 진심으로 권고하는데, 지금이라도 늦지 않았으니 생각을 바꿔라.

대부분의 남자들이 엄마 역할의 중요성을 기꺼이 인정한다. 그런데도 남자들은 과거 자신의 엄마가 하던 일, 그리고 지금 자기 아이의 엄마가 하는 일이 얼마나 피곤하고 스트레스 받는 일인지는 인정하지 않는 경향이 있다. 엄마의 일을 진정한 일로 간주하는 경우가 드물고, 하물며 다른 직업 활동과 똑같이 스트레스 받는 일로 간주하는 경우는 더욱 드물다.

하지만 너무 걱정하지 마라. 남자들만 엄마들이 경험하는 피로와 스트레스를 과소평가하는 것은 아니다. 많은 사람들이 엄마들의 어려움을 당연한 것으로 여긴다. 여성들 자신조차 이런 집단 무의식에 동조한다. 전업주부들이 하는 말을 들어보면 이것을 확인할 수 있다. "나는 그냥 엄마일 뿐이에요. 밖에서 일하는 여자들과는 다르죠!" 이런 발언의 논리적 근거는 명확하다. 엄마가 하는 일은 별로 가치가 없다는 것이다.

마찬가지로, 우리는 집 밖에서 일하는 엄마들이 엄마로서의 일까지 깔끔하게 해내기를 기대한다. 마치 엄마의 일이 특별한 노력 없이 완수될 수 있는 일인 것처럼 말이다.

왜 우리는 밖에서 일하다가 아이를 낳은 뒤 집에 있기로 한 여성에 대해 '일을 그만두었다'고 말하는가? 엄마의 일이 힘들고 고생스럽다는 것을 인정하기가 왜 그토록 힘든 걸까? 그것은 일반적으로 사회가, 특히 남성들이 모성을 편의적으로 여기는 데서 유래한다. 모성은 당연한 것, 자연스러운 것이니 큰 주의를 기울일 필요가 없다는 태도 말이다.

그렇다면 아빠들의 소진은 어쩌느냐고? 남성들이여, 이 책의 집필에 대해 당신들과 토론할 때 나는 이런 말을 자주 들었다! 당신들이 가정 안에서 중요한 위치를 차지하고 있는 것은 사실이다. 당신들은 가정의 재정을 책임지고, 당신들의 할아버지나 아버지보다 더 자주 아내의 일을 도와준다. 그것에 대해 우리 아내들이 정말로 고마워한다는 것을 알아주길 바란다.

하지만 통계 몇 가지를 당신들에게 소개하고 싶다. 아빠들이 과거보다 훨씬 많이 가사를 돕는다고는 해도, 아직은 여성들이 가사에 압도적으로 많은 시간을 소비하고 있음을 염두에 두어야 한다. 전업주부들의 경우 주당 평균 50시간을 아이들을 돌보고 집안일을 하는 데 소비하고 있다. 아마도 당신들은 이렇게 말할 것이다. "그렇죠, 하지만 나는 가족 모두를 먹여 살리기 위해 일하잖습니까!" 사실이다. 당신들 말이 옳다. 입은 비뚤어졌어도 말은 바로 해야 한다. 하지만 오늘날 여성들의 50% 이상이 가정의 재정을 일부 감당하기 위해 당신들처럼 직업 활동을 한다는 것을 알아야 한다. 연구에 따르면 그런 여성들도 주당 35시간을 가사 및 육아에 소비한다.

하지만 염려하지 마라, 아빠들이여. 당신들의 도움 역시 조사 결과에 나타나 있으니 말이다. 최근의 연구에 따르면, 아빠들은 주당 14시간을 가사와 육아에 소비한다. 집 밖에서 일하는 엄마들은 이보다 하루 평균 10분쯤 더 가사와 육아에 시간을 소비하며, 어린 자녀를 둔 아빠들은 여기에 10분이 더 추가된다.[70][71]

아빠들의 혈압이 직장에서보다 집에서 현저히 낮다는 사실은 흥미롭다. 엄마들의 경우엔 그렇지 않다. 엄마들은 집에서나 직장에서나 혈압이 똑같이 높다.[72]

---

70 R. 슈워츠 코완, 『더 많이 일하는 엄마들: 화로에서 전자레인지에 이르기까지 가사 기술 혁신의 아이러니』, 앞의 책.
71 K. H. 해먼즈, 「하루 24시간은 정말 충분치 않다」, 비즈니스 위크 온라인판, www.businessweek.com, 1998년 4월 15일.
72 C. A. 마르코, J. E. 슈워츠, J. M. 닐, S. 시프먼, D. 케틀리와 A. 스톤, 「일할 때 또는 일하지 않을 때 가정에서 성(性)과 자녀 유무가 혈압에 미치는 영향: 편파적인 응답과 새로운 발견들」, 『애널스 오브 비헤이비어럴 메디신』, 22, p. 110~115, 2000년.

당신들에게 죄책감을 유발하려고 이런 통계를 소개하는 것은 아니다. 지금까지 당신들이 주의를 기울이지 않았던 문제를 새로운 눈으로 바라보게 하려고 소개하는 것이다. 엄마들이 하는 일은 매우 중요하다. 하지만 그다지 존중받지 못한다. 이런 인정 부족은 엄마들에게 스트레스를 유발한다. 『마더후드 리포트』에 발표된 대규모 앙케트 결과를 보면 미국 엄마들의 25%만이 '남편의 도움에 매우 만족한다'고 대답했다. 그 외의 엄마들, 즉 10명 중 7명 이상의 엄마는 두 가지 이유로 불만이 있었다. 첫째, '남편이 하기로 약속한 일을 하지 않는다.' 이것은 충분히 예측 가능한 이유다. 하지만 엄마들을 가장 많이 괴롭히는 문제는 둘째 이유, 즉 '남편이 솔선수범하지 않는다'는 것이었다. 할 일이 널려 있는데, 그들 눈에는 보이지 않는단 말인가? 왜 항상 아내가 부탁하고 종용해야만 하는가? 더 심하게는 강요해야만 하는가?[73] 따분하고 지루한 일을 배우자에게 강요하는 기분이 드는 것보다 더 지독한 것은 없다. 엄마들은 배우자에게 도움을 청하려고 했다가 서로 언짢은 기분만 느낀 탓에 가사를 혼자서 감당하기로 할 때가 많다. 하지만 이런 낙담은 결국 분노로 이어진다. 그런 분노를 가볍게 여기거나 무시하지 말아야 한다.

당신은 아내의 스트레스를 덜어주기 위해 무엇을 할 수 있는가? 사실 할 수 있는 일들이 많고 전혀 복잡하지 않다. 엄마들은 무엇보다도 문제에 대한 인정과 약간의 호의를 바란다. 아내의 부담을 덜어주기 위한 당신의 헌신이 언제나 환영받을 거라는 것은 말할 나위도 없다! 직장 일이 바빠서 가사를 공평하게 분담하기는 힘들지라도, 당신에게 의지할

---

73 L. 제너비와 E. 마골리스, 『더 마더후드 리포트』, 뉴욕, 맥밀란, 1987년.

수 있다는 사실을 알면 아내에게는 큰 위안이 될 것이다. 다른 한편으로, 당신이 미소를 띠고 자발적으로 가사를 돕는다면 더욱 고맙게 여길 것이다. 당신도 저녁에 퇴근해서 집에 돌아갔을 때 아내의 얼굴에서 그런 미소를 보고 싶어 하지 않는가? 우리 아내들도 남편의 얼굴에서 그런 미소를 보는 것을 무척이나 좋아한다.

하지만 더 좋은 방법이 있다. 당신이 집에서 아내를 돕기 위해 어떤 일을 하든, 아내가 엄마로서 받는 스트레스가 완전히 없어지지는 않을 것이다. 아내의 상황을 이해한다는 걸 느끼게 해주고 싶으면, 솔선수범해 일을 분담하는 것 이상을 해야 할 것이다. 1,000명 이상의 엄마들을 인터뷰한 『마더후드 리포트』에 따르면, 엄마들은 '나를 존중해줘요. 나를 칭찬해줘요. 나의 가치를 제대로 평가해줘요. 내가 당신을 위해 그러듯이 당신도 나를 위해 옆에 있어 줘요!'라고 말하고 싶어 하는 것 같다. 하지만 많은 남편들이 아내가 그토록 필요로 하는 지원과 격려를 제공하지 않는다. 뿐만 아니라, '나는 당신이 하는 일, 당신이 제공하는 것, 당신이 매일 우리에게 주는 사랑을 별로 높이 평가하지 않아'라는 암묵적인 메시지를 보낸다.

이런 지원과 인정 부족이 엄마들에게 미치는 영향은 단순한 유감의 수준을 뛰어넘는다. 엄마들이 정서적 지원과 도움을 받지 못하면, 그 가정은 부정적 영향 아래 놓이게 된다. 『마더후드 리포트』는 "배우자가 인정해주고 격려해주는 엄마는 자신의 가정과 결혼에 대해 훨씬 더 긍정적인 태도를 갖게 된다"고 강조한다. "그런 엄마는 아이들에게 더 큰 인내심과 애정을 보여줄 것이고, 스스로를 더 높이 평가할 것이고, 자신의 모성에 훨씬 더 충족감을 느낄 것이다."

문제를 인정해라

우선 아내의 경험과 모성 스트레스를 인정하는 것이 중요하다. 아내가 매일 경험하는 일들을 공감의 눈길로 바라보아라. 아내 입장에 서 보아라. 그러기가 어렵다면 용기를 내어 며칠 동안 아내의 자리를 대신해보아라. 그러면 아내가 하는 일을 당연한 의무로 여겨서는 안 되고, 고유의 스트레스가 존재하는 어엿한 직업으로 여겨야 한다는 것을 쉽게 깨달을 것이다. 나는 앞에서 그 스트레스 요인 몇 가지를 소개했다. 문제를 더 깊이 이해하고 싶다면 이 책의 앞부분을 읽어보기를 권한다.

아내나 여자친구에게 자주 맞닥뜨리지만, 지금껏 말하지 못한 스트레스를 전부 말해보라고 권해라. 당신도 알겠지만, 우리 여자들은 이야기하는 것을 좋아한다! 그러니 그 특성을 활용해라! 그녀가 겪는 스트레스를 인정하고 이해하는 것은 당신이 그녀를 이해하기 위해 가장 먼저 해야 할 일이자 가장 중요한 단계이다. 이 단계를 놓치지 마라!

"고마워"라고 말해라

스스로 청소기를 돌리거나 저녁 식사를 준비했을 때, 당신은 흥미로운 일은 아니지만 노력해서 뭔가를 완수했다는 기분이 들 것이다. 당신 자신이 자랑스럽고 아내가 당신의 노력을 알아주기를, 당신에게 고맙다고 말해주기를 바랄 것이다. 당신은 그 감사의 말이 정당하다고 생각할 것이며, 사실이 그렇다. 그런데 아내가 당신의 노력을 인정하지 않으면,

그것을 나쁜 쪽으로 해석해 또 그렇게 하고 싶은 마음이 없어질 것이다. 내가 하려는 말이 무슨 뜻인지 잘 알 것이다! 당신이 직장에서든 집에서든 노력을 인정받고 보상받는 것이 당연하다고 여기는 것처럼, 아내도 당신에게서 똑같은 것을 기대한다.

당신에게 적용되는 것은 아내에게도 적용된다. 타인을 위한 헌신은 아무것도 아닌 것처럼 넘길 일이 아니다. "고마워"라고 말하는 데는 돈이 들지 않는다. 그 말은 인정의 부족에서 오는 스트레스를 줄여준다. 당신의 삶을 기분 좋게 만들어주기 위해 아내가 하는 모든 일들을 당신이 높이 평가한다는 것을 알면 아내에게 매우 큰 격려가 된다. 그것은 어려운 일이 아니며, 장담하는데 아내는 당신에게 매우 고마워할 것이다.

해결책을 제시하려 하지 말고 우선 귀 기울여 들어라!

스트레스를 이해하고 격려해주는 것은 엄마에게 매우 큰 지원이 된다. 하지만 다른 방법을 통해 아내에 대한 선의와 아내를 도우려는 마음을 보여줄 수도 있다. 그녀가 하는 이야기에 귀 기울여라. 그녀가 염려하는 모든 것을 당신에게 털어놓게 하라. 여자들은 내면의 긴장을 밖으로 표출할 필요가 있다. 자신이 느끼는 것을 누군가에게 이야기하고 누군가가 그 이야기를 듣고 이해해주는 것만으로도 여자들에게는 상당히 큰 위로가 된다.

문제에 직면할 때 남자들은 해결책을 찾아내고, 조언하고, 안내하려는 경향이 있다. 하지만 여자들은 대개 조언을 듣기를 원치 않는다. 그저 이해받기를 원한다. 이야기를 들어주기를 원하고, 자신이 느끼는 감정을 있는 그대로 인정받고 존중받기를 원한다. 지나치게 논리적이고 합리적으로 행동하다 보면, 때때로 동정하는 마음을 잊게 된다. 아내의 관점에서 상황을 보도록 해라. 그러면 아내가 느끼는 고마워하는 마음부터 시작해 온갖 놀라운 것들을 발견하게 될 것이다.

모성의 가치를 올바르게 평가해라

오늘날 아빠 역할을 한다는 것은 결코 쉬운 일이 아니다. 당신 역시 무시할 수 없을 만큼 많은 스트레스에 직면해 있다. 그럴 때 다른 사람이 그 스트레스를 인정하고 이해해주면 기분이 좋을 것이다. 그러니 아내의 삶에 점철된 스트레스들을 모르는 척 넘기지 마라. 그녀 역시 당신만큼이나 스트레스에 시달리고 있다. 게다가 아무도 그 스트레스에 주목하지 않는다는 불리한 점이 있다. 당신이 아내가 하는 일의 가치를 제대로 평가해주지 않으면 누가 그렇게 하겠는가? 엄마의 일과 그것에 관련된 어려움들을 존중하는 것은 곧 여성의 정체성을 존중하는 것이다. 엄마 역할을 한다는 것은 힘들고 스트레스 받는 일이다. 하지만 그것에는 단순한 일 이상의 가치가 있다. 세상에서 가장 고귀하고 중요한 일, 자라나는 세대를 위한 발판 역할이기 때문이다.

마지막으로 하고 싶은 중요한 말이 있다. 당신이 옆에 있는 그녀를, 아이들 엄마를 사랑한다면 그녀에게 그 말을 해라. 그리고 그녀에게 행동으로 보여주어라!
　내 말을 믿어라. 그러면 많은 것이 달라질 것이다…….

맺는말

　당신은 세 명의 석공 이야기를 아는가? 세 명의 석공이 각자 망치와 끌로 자신에게 맡겨진 거대한 돌덩이를 깎았다. 지나가던 낯선 행인이 세 석공을 보고, 첫째 석공에게 다가가 물었다. "지금 뭘 하고 있소?" 그러자 첫째 석공이 퉁명스러운 어조로 대답했다. "내가 뭘 하는지 보이지 않습니까? 돌을 깎고 있습니다." 행인은 둘째 석공에게 다가가 똑같은 질문을 했다. "지금 뭘 하고 있소?" 그러자 둘째 석공은 고개를 들고 빙긋이 웃으며 대답했다. "내 아이들을 먹이고 가족이 필요로 하는 것을 마련해주기 위해 일을 하고 있습니다." 마지막으로 행인은 셋째 석공에게 다가갔다. 그가 질문하자, 석공은 망치와 끌을 내려놓고 자신이 작업하던 거대한 돌덩이를 한 번 바라본 뒤 자랑스럽게 말했다. "나는 성당을 건축하고 있습니다. 내가 깎고 있는 이 돌은 웅장한 성당 일부가 될 거예요. 그것은 내가 이 세상을 떠나고 훨씬 뒤까지도 남아 있을, 신에게 바치는 헌정물이지요."

　세 석공은 똑같은 일을 했지만, 그 일에 대해 각각 다른 시각을 갖고 있었다. 첫째 석공은 별다른 동기 없이 일에 집중하느라 지루하고 피곤하고 의기소침해져 있었다. 둘째 석공은 자기가 하는 일이 가져다주는 이점을 이해하고 있어서 한결 만족스러워 보인다. 셋째 석공은 자신이 하는 일에 대해 시간을 초월한 좀 더 광범위한 영역 속에서 이해했다. 이런 관점 덕분에 다른 두 석공이 갖지 못하는 동기를 가질 수 있었고, 확고한 태도로 헌신할 수 있었다.

　엄마로서 우리는 통제할 수 없는 많은 사건과 직면한다. 하지만 삶을 바라보는 시각은 선택하고 결정할 수 있다. 우리가 선택하는 시각과 관점이 많은 차이를 가져온다.
　우리 엄마들이 일상에서 직면하는 스트레스는 우리의 사고방식이나 상황 인식의 결과가 아니다. 그래도 우리는 스트레스가 삶에 영향을 미치고 타격 입히는 방식을 통제할 수 있다. 그러기 위해서는 우선 우리의 경험을 인정하고, 엄마의 책임에 동반되는 스트레스 요인들을 식별해야 한다. 그런 다음 그 스트레스의 영향을 줄이기 위해 자신에게 가장 효율적인 방법을 찾아내야 한다.
　엄마들이 효율적인 해결책을 찾는다는 것은 모성 스트레스가 분명히 존재하고 있음을 의미한다. 그런데 모성 스트레스의 많은 부분이 우리의 통제력 밖에 있고, 앞으로도 그럴 것이다. 하지만 우리의 시각이나 관점을 통해 문제의 여건을 변화시킬 수 있다. 나는 오랜 연구 끝에 그런 접근법의 중요성을 깨달았고, 그런 접근법을 열렬히 옹호하게 되었다.

상황을 바라보는 관점은 정신상태에 따라 달라지고, 그 정신상태에 따라 문제의 해결책도 달라진다. 인생에 어떤 일이 일어나든, 우리는 긍정적이거나 부정적인 태도를 선택할 권리가 있다. 상황, 행위, 말(言) 등은 변하지 않을 것이다. 그러니 어떻게 할지 결정할 사람은 우리 자신이다. 똑같은 상황이라도 사람에 따라 다르게 자각하고 경험한다. 긍정적 시각으로 보는가, 부정적 시각으로 보는가에 따라 경험, 감정, 결과가 완전히 달라질 것이고, 유발되는 스트레스의 강도도 다를 것이다.

역경에 직면했을 때 우리에게는 언제나 선택권이 있다. 우리는 부정적인 것을 긍정적인 것으로 바꿀 능력이 있다. 물론 긍정적인 것을 부정적인 것으로 바꿀 능력(?)도 있다. 이런 태도는 우리 인간에게 너무나 소중한 것이지만, 많은 엄마들이 그것을 잘 알지 못한다. 나는 삶에 대한 관점이 그 사람의 삶에 지대한 영향을 미친다고 자신 있게 말할 수 있다. 나 자신이 긍정적 관점과 부정적 관점의 차이를 경험해보았기 때문이다. 긍정적 관점은 우리가 건설적이 되도록 도와주고, 부정적 관점은 우리를 그 자리에 머무르게 하거나 후퇴하게 한다. 시련이나 힘든 상황을 마주할 때, 나는 되도록 그 상황에 나를 위한 어떤 긍정적인 면이 있는지 찾아보려고 애쓴다. 그 상황이 나에게 무엇을 가져다줄 수 있는지, 개인적 차원에서 내 발전에 어떤 도움이 되는지 찾아보려고 노력한다. 나 그리고 다른 사람들에게 도움이 되기 위해 그 경험을 어떤 식으로 활용할 수 있는가 하는 것도 매우 중요하다. 그런 노력이 이 책을 집필하는 데 많은 도움이 되었고, 앞으로 집필할 다른 책에 대한 아이디어도 얻을 수 있었다.

부정적인 것들 한가운데에서도 긍정적인 것을 찾아내야 한다. 엄마들이 매일 삶에서 맞닥뜨리는 경험들을 수치화하면, 행복하고 즐거운 경험보다는 힘들고 불쾌한 경험이 더 많을 것이다. 하지만 많은 엄마들이 힘든 순간을 겪으면서도 엄마로서의 경험을 감사하게 여긴다. 모성의 기쁨을 모성에 관련된 좌절과 실망만큼 자주 느끼지는 못하지만, 그래도 모성의 기쁨은 좌절과 실망을 압도하고, 힘든 경험을 상쇄해준다.

일상에서 마주하는 멋지고 긍정적인 경험을 활용하고 그 혜택을 누리는 것은 오직 우리가 하기에 달렸다. 아이들의 미소, 포옹, 아이들이 하는 다정한 말을 우리는 절대 그냥 지나치거나 무시하지 않을 것이다. 처음 아이를 품에 안았을 때 느낀 경탄과 내면 깊숙한 곳에 간직해둔 아이에 관한 꿈을 절대로 잊지 말자. 힘든 순간은 지나갈 것이고, 아이들은 자라서 우리가 미처 그 사실을 깨닫기도 전에 우리 곁을 떠날 것이다. 세월은 빠르게 흐른다. 하지만 스트레스가 정점에 달해 있을 때는 그런 날들이 영원히 계속될 것처럼 보이기도 한다.

엄마라는 역할이 많은 스트레스를 주는 것은 부인할 수 없는 사실이다. 하지만 엄마로 산다는 것은 매우 소중한 특권이기도 하다. 아이들이 자라나는 것을 바라볼 때, 나는 자부심을 느끼며 그 사실을 떠올린다. 레오와 멜로디를 자주 꼭 안아준다. 아이들의 눈을 똑바로 응시하며 이렇게 말한다. "나는 세상에서 가장 행복한 엄마야. 그걸 확신해. 세상 모든 엄마들 중에서, 그리고 세상 모든 아이들 중에서 내가 너희의 엄마가 되었으니까." 이 다정한 순간을 나눌 때마다 아이들이 나에게 선사하는 행복에 경탄을 느낀다. 아이들은 상황을 미래지향적으로 보게 해주고, 모성이 상당한 스트레스를 넘어 비할 데 없는 기쁨을 안겨준다는 사실을 상기시켜준다.

우리가 엄마의 스트레스 현실을 인정하고 이해하기 시작할 때, 그리고 그것에 응답하기 시작할 때 모성의 멋진 측면이 표출된다. 그리고 엄마로서의 삶의 긍정적 측면이 부정적 측면을 어떻게 압도하는지 알 수 있다.

우리가 예상하는 것보다 훨씬 더 그럴 것이다.

마지막 제안

다음의 e-mail 주소를 통해 이 책과 관련해 저자와 소통할 수 있다.
burnout.maternel@wanadoo.fr

다른 책

스트레스와 모성 소진에 맞서 싸우기 위해 더 많은 것을 알고 싶어 하는 엄마들에게는 다음의 책을 권한다.

- 리비 퓌르브, 『완벽한 엄마가 되지 않는 방법』, 오딜 자콥, 파리, 1986년.
- 릴리안 느메피에, 『아이가 나를 괴롭혀요』, 알뱅 미셸, 파리, 2003년.

단체
AFTCC

100, rue de la santé

75674 Paris Cedex 14

Tél: 01 45 88 35 28

E-mail: aftcc@wanadoo.fr

AFTCC는 프랑스 행동 및 인지 치료협회이다. 12장에서 소개한, 스트레스와 소진에 맞서 싸우는 데 필요한 조언들 중 대부분이 행동 및 인지 치료기법에 기초를 두고 있다. AFTCC에 요청하면 행동 및 인지 치료기법을 실행하는 치료사들의 목록을 제공받을 수 있을 것이다. 이 치료기법을 강력히 추천한다. 엄정한 학문적 연구들을 기반으로 하고 있고, 1960년대부터 폭넓게 활용되어왔기 때문이다.

IFRDP

2, rue Legouz-Gerland

21000 Dijon

Tél/fax: 03 80 67 58 53

인터넷 사이트: www.ifrdp.net

E-mail: ifrdpkremer@hotmail.com

IFRDP는 개인의 발전을 위한 교육 및 연구 기관이다. 이 기관은 칼 로저스의 인간 중심 지원 관계에 특화되어 있다. IFRDP에서 이 방법론을 사용하는 프랑스 심리치료사들의 목록을 제공해줄 것이다.

유감스럽게도 엄마들에게 도움을 주는 단체는 그리 많지 않다. '기진맥진한' 엄마들의 이야기를 경청해주고, 그들이 스트레스를 관리하도록 도와주고, 그들 자신과 그들의 필요를 돌보고 그들의 가정까지 돌봐주는 적절하고 효율적인 지원을 제공하는 단체가 많지 않다.

그래도 우선은 대부분의 프랑스 도시에서 볼 수 있는 PMI(Protection Maternelle Infantile, 모자보호센터)를 언급하고 싶다. 이 센터는 갓 엄마가 된 여성들을 숙식시키고 영유아에게 의료 지원을 해주며, 엄마들이 새로운 책임에 익숙해지도록 실질적 심리적 지원을 해준다. 소아과 의사나 시청에 문의하면, 당신이 사는 지역에 있는 PMI의 주소를 알려줄 것이다.

미국 엄마들은 솔선수범해서 '서포트 그룹(support groups)'이라는 비공식 단체를 만들었다. 이 단체는 구성원들의 집을 돌아가며 일주일에 한 번 두세 시간 동안 모임을 연다. 그 시간을 통해 서로의 경험을 공유하고, 속내를 털어놓고, 울고, 웃고, 용기를 북돋워 주고, 안심하고, 그들을 궁지에 몰아넣는 모든 것들을 몰아낸다. 이 단체에 '메이드 인 USA'라는 독점상표가 붙지는 않았으니, 주도력을 발휘해 비슷한 단체를 만들어보라고 엄마들에게 권하고 싶다. 엄마들이여, 당신들의 단체를 만들어라!

최근에는 오스트레일리아에 일정 기간 엄마들이 머물 수 있는 특별한 센터가 있다는 사실을 알게 되었다. 센터의 책임자들이 일정 기간 엄마들을 담당한다. '모성적 태도로' 엄마들을 돌보고, 지원하고, 이야기를 들어준다. 이 센터의 목적은 엄마들이 배터리를 재충전하도록, 힘과 에너지를 갱신하도록 돕는 것이다. 거기서 엄마들은 일상에서 빼앗긴 모든 것을 재발견하고, 에너지를 충전하고, 휴식을 취한 뒤, 육체적 심리적으로 평온해진 상태로 나온다. 잠시 놓았던 삶을 더 좋아진 여건에서 다시 시작한다. 불행히도 프랑스에는 이런 센터가 없다. 매우 유감스러운 일이다. 하지만 이런 기관의 필요성이 곧 인정될 것이고, 비슷한 기관이 생겨날 것이다. 물론 그 일에도 솔선수범이 필요하다. 내 말을 새겨듣는 것이 좋을 것이다!

감사의 말

이 책을 집필하는 내내 너무도 소중한 도움을 준 데 대하여 캐서린 메이어에게 감사하고 싶다. 그녀의 재능, 인내심, 친절함 덕분에 이 모험을 매우 좋은 조건에서 끝까지 해낼 수 있었다. 프랑수아 르로르에게 수없이 감사한다. 그가 없었다면 이 책을 쓴다는 계획은 결코 구체화하지 못했을 것이다. 오딜 자콥의 신뢰에 감사한다.

내 아이들 레오와 멜로디에게 고마움을 전한다. 두 아이는 지난 열 달 동안 엄마에게 천사 같은 참을성을 보여주었다. 엄마를 지원해주고, 용기를 북돋워 주고, 영감을 주었으며, 그 기간 동안 맞닥뜨린 무척 고생스러운 순간에도 내가 절대 포기하지 않게 해주었다. 나의 첫 번째 팬이 돼주어서 고맙다, 멜로디. 너는 아침마다 내 PC에 수십 개의 포스트잇을 붙여주었지. 그 포스트잇에는 그림이 그려져 있기도 했고, 처음 글을 배우는 초등학교 1학년생이 경탄스러운 열정으로 쓴 '엄마, 파이팅! 엄청

많이 사랑해요!' 같은 짧은 말 몇 마디가 적혀 있기도 했어…….

　나와 이 책을 믿어준 모든 엄마들에게 감사의 말을 전한다. 때로는 우스꽝스럽고 때로는 비통했던, 하지만 늘 정직하고 엄마로서 성실했던 그들의 증언에 감사한다.

　마지막으로 이 책을 훑어보거나 정독하게 될 아빠들, 지성, 존경심, 사랑을 가지고 아내 또는 여자친구의 모성 경험에 대한 시각을 재검토할 모든 아빠들에게 감사의 말을 전한다.

엄마도 피곤해

초판   2017년 4월 10일   1쇄 발행

저자   비올렌 게리토
번역   최정수
발행   임창섭
출판   와우라이프
디자인   천병민

등록   2009년 12월 8일 제406-2009-000095호
주소   서울 마포구 성미산로 165-1(연남동, 유일빌딩 3층)
전화   02)334-3693   팩스 02)334-3694
e-mail   limca1972@hanmail.net

ISBN   979-11-87847-00-7   03590
가격   15,000원

이 도서의 국립중앙도서관 출판예정도서목록(CIP)은 서지정보유통지원시스템
홈페이지(http://seoji.nl.go.kr)와 국가자료공동목록시스템(http://www.nl.go.kr/kolisnet)에서
이용하실 수 있습니다.(CIP제어번호: CIP2017006815)